新版

BtoB マーケティング

DX時代の成長シナリオ

Business Marketing Strategy

余田拓郎
Yoda Takuro

東洋経済新報社

はしがき

これまでマーケティングは，消費財がその中心にあった．近年，この状況は変わりつつある．購買のグローバル化や電子商取引の拡大によって，部品や素材，あるいは設備，サービスなどの法人向けマーケティングへの関心が高まってきた．また，DX（デジタルトランスフォーメーション）の進展とともに，新規顧客の開拓や既存顧客との関係強化のあり方が大きく変化したことも，BtoB（Business to Business）領域におけるマーケティングへの関心を高める要因の１つとなっている．

技術革新の進展に伴う部品・工程の変更や顧客企業の系列取引の見直しが進み，新規顧客の獲得や関係性構築が重要性を増している．またグローバル市場への進出は，新たな顧客の取り込みが避けては通れない状況をもたらしている．一方，インターネットの普及や電子商取引の拡大に伴い，新規顧客の獲得機会が増している．ネットを活用した既存顧客へのアプローチも，営業人材の不足と相まって企業成長のための喫緊の課題となっている．このような環境変化の中で，新規顧客の開拓や既存顧客との関係強化を効率的に進めるために，法人向けマーケティングの積極的展開が求められている．

近年，BtoBの領域で拡大しているインサイドセールスやウェブマーケティングも，こうした環境変化に対処するための新たな取組みである．顧客の獲得や関係構築において，従来どおりの人的な営業活動にのみ依存したやり方だけでは効率が悪くなってきた．法人向けの営業活動でも，消費財で行われてきたような購買プロセスを理解しつつ，ステージごとに適切な対顧客活動，つまりマーケティングを展開しなければ，効率的に顧客を獲得して維持することは難しい．

どの部門のどの階層の人がどのような権限を持って意思決定にかかわっているのか，案件や取引先，購買ステージごとにその特質を検討し，適切な施策が行われなければ，営業活動もきわめて効率の悪いものとなる．従来の営業活動ではカバーしにくい領域が拡大する中で，法人向け営業の領域でも組織的なマーケティングへの転換が求められるようになっている．

本書は，日本のBtoB企業の持続的成長に向けた対市場戦略を考える書である．P・F・ドラッカーは，*The Practice of Management*（『新訳 現代の経営』上田惇生訳，ダイヤモンド社）の中で，企業の成長に欠かせないのは「イノベーション」と「マーケティング」だと指摘した．すでに半世紀以上も前の著作になるが，日本のBtoB企業についていえば，ほとんどが「イノベーション」に注力するものの，「マーケティング」は蚊帳の外に置かれたままである．その結果，イノベーションを収益化することに失敗している企業がきわめて多い．

対市場活動としてのマーケティングの欠落は，さまざまなところで見ることができる．たとえば，プライシング（価格づけ，見積り）である．日本のBtoB企業の多くが製造原価にいくらかの利益を上乗せして，価格をつけている．しかし，マーケティングのテキストを見れば，価格は，①原価の積み上げ，②競合の値づけ，③顧客のWTP（Willingness To Pay：支払意思額）を総合的に勘案して決めるべきであると書いてある．実際には日本のBtoB企業の多くが，①の原価にばかり注目している．

もし，顧客ニーズが本当に重要だというのならば，顧客の求める価格／品質関係に十分配慮したうえで，見積りを作成すべきだろう．その際には，品質や製造工程も見直さなければならないかもしれない．また，場合によっては，機能を省略することも必要になるだろう．しかし，顧客ニーズが重要だということが頭でわかっていても，実際の行動では，原価や利益という自社の都合によって価格が決められている．

このような傾向は，プライシングに限らない．自社の都合にしか目を向けない戦略展開が多く行われている．これをここでは「行き過ぎたシーズ志向」と呼ぶことにしよう．行き過ぎたシーズ志向は，プライシングに限らず，開発できた製品を売る，利用できる代理店を通じて販売する，捻出可能な前年並みの予算で広告を打つ，などのさまざまな場面で見ることができる．日本の多くのBtoB企業は自社の都合を優先させて，顧客に製品を提供しているといってよいだろう．つまり，対市場活動としてのマーケティングが軽視されているといえる．

＊　＊　＊

日本企業の売上高利益率は，この半世紀にわたりほぼ一貫して低下してきた．特に利益率の低下が顕著なのは製造業であり，なかでも素材や部品，設備といったBtoB企業の利益率の低下傾向は著しいものがある．行き過ぎたシーズ志向の結果，持続的成長の源泉となる利益にしわ寄せが生じているのである．

一方，日本の技術力はというと，いまだ優位に立つ業界が数多く存在する．半導体の製造にかかわる装置や炭素繊維，電池関連素材など世界をリードしている産業財も少なくない．日本企業のプレゼンスは世界においていまだ高いものがあり，上述の利益率の低下と符合しない．

現在，日本のBtoB企業が抱える課題は，技術の高さが利益に結びつかないところにある．取引は，価格に見合う製品だから成立するのである．利益を生まないということは，言い換えれば，顧客が低い価値としか認めていないからである．マーケティングの用語でいえばWTPが低いということになる．

WTPの低さは，さまざまな形で企業の成長に影響する．再投資のための資金に差を生むし，従業員に分配することのできる給与にも差を生む．それは，さらには優秀な人材の獲得にも影響を及ぼす．また，企業の時価総額にも影響することになり，これによってグローバル市場での戦略への制約や意図せざる離脱を生むことにもなる．

こうした課題はグローバル企業に限らない．収益性の低さは中小企業でより顕著だ．人材に限りがある企業こそ，マーケティングが重要だという認識を持つことである．営業人材に多くの経営資源を割ける大企業なら，人海戦術で顧客開拓や顧客囲い込みができる．中小企業ではそうはいかない．ところが，中小企業経営者の多くは，企画や調査・分析などの間接部門は，コストセンターとしてできる限り人員を絞り込もうとするようだ．現代の環境は，変化が激しく，それに戦略を合わせることが生き残るための必須条件だ．いくら競合他社より優れた営業力を有していても，向かう方向が間違っていれば，生き残りはおぼつかない．

特定のカテゴリーでトップシェアを誇る日本企業は数多く存在するが，海外企業と比べると利益率は必ずしも高くない．このことは，いくら高い技術を有していても，売り方次第で価格だけが競争軸となりうる，つまり，レッドオーシャンに陥りうることを示している．技術力あってのマーケティングである．他社と差別化された製品がある，他社にはできない高品質な製品やサービスが提供できる，そういった企業こそ売る相手は誰でもよいわけではなく，むしろ積極的に探してくるべきだ．つまり，マーケティングを展開し，自社の部品や素材に付加価値を認めてくれる潜在顧客を見つけてくることによって，自社開発技術が生かされることになる．

＊　＊　＊

本書のねらいは，部品や素材あるいは設備，システムなどの産業財を扱う企業の対市場戦略，つまりマーケティングを考えるところにある．イノベーションや高い技術力を成長に結びつける手段としてのマーケティングに注目するものである．

企業の成長は技術力だけでもたらされるものではない．技術以外の，とりわけ顧客や市場との関連の中で決めるべき戦略が，将来の成長に大きく影響することになる．日本のメーカーの競争優位は，確かに技術力だったのだが，それが今後も続くという保証はない．技術力は成長の必要条件だが，十分条件ではない．技術力を企業の成長にどのようにして結びつけるかが日本の経営者に問われている．

ドラッカーは，上述の著書で，「マーケティングの重要性を完全に理解できるようになるためには，販売を卑しい寄生的なものと見，生産を紳士的なものと見る社会的な偏見，およびそのような見方の結果としての，生産を事業の決定的な機能とする間違った理論を超克しなければならない」と続けている．このドラッカーの指摘する「販売を卑しい寄生的なものと見」ることを止めない限り，日本の製造業がグローバル市場での勝者となることはないだろう．

本書は，BtoBマーケティングのテキストではないし，その要点を網羅的，体系的に示そうという意図は持っていない．本書の趣旨は，近年の環境変化の中で，BtoBマーケティングに求められる考え方や新たな方法を提示し，マーケティングの導入に向けてのヒントを提供することである．

＊　＊　＊

本書は，前作と位置づけられる『BtoBマーケティング――日本企業のための成長シナリオ』を大幅に加筆修正したものである．前作を出版し10年以上経過したことから，インターネットの浸透やインサイドセールスの普及など，近年の環境変化を踏まえて加筆した．

また，本書は多くの研究者と共同で進めてきた成果でもある．

第4章と第7章の一部は，博報堂ブランドコンサルティング（現・博報堂コンサルティング）で行った首藤明敏氏，徳永朗氏，高山英樹氏との共同研究の成果に基づくものである．両章は，2006年の『B2Bブランディング』（余田・首藤編，日本経済新聞出版社）を踏まえたものであり，3氏との共同で進めた研究が土台になった．

また，第7章，第8章，第11章の一部は，坂下玄哲先生（慶應義塾大学大学院教授）との共同研究の成果である．坂下氏は，消費財分野のマーケティング学者だが，BtoBでもブランドを扱う際にはBtoC（Business to Customer）での知見が欠かせず，効果的な補完関係の中で研究を進めることができた．また，吉田秀雄記念事業財団からの研究助成を受けて行った研究の成果でもある．

第5章と第6章は，日経産業消費研究所主催の研究会ならびに公益財団法人日本生産性本部経営アカデミーにおける調査研究に基づいて構成したものである．特に，第5章の一部は，2010年度技術経営コース佐竹誠也氏との研究成果，第6章は2013年度同コース安川雄一郎氏との研究成果が反映されている．共同研究者である吉良秀彦，菅沼壮一，鈴木隆弘，高原潤，矢川一夫の各氏（以上，2010年度），安藤進，加知久典，佐々木龍一，塩谷晶，棚瀬省二朗，登坂正喜，西村泰樹の各氏（以上，2013年度）にお礼申し上げたい．

また，ブランドならびにマーケティング組織については，『ゼミナール マーケティング入門』（日本経済新聞出版社）の執筆に際して行われた，石井淳蔵先生（神戸大学名誉教授），嶋口充輝先生（慶應義塾大学名誉教授），栗木契先生（神戸大学大学院教授）との合宿や討論を参考に構成したものである．

そして，私の研究室のゼミ生および秘書の方々にお礼申し上げたい．研究室では，討論を通じて多くのヒントを得るとともに，資料や論文の収集にも協力いただいた．特に，博士課程の尾崎文則氏には，原稿に目を通していただき，多くのコメントを頂戴した．この場を借りてお礼を申し上げたい．

本書は多くのインタビューを通じて得られた知見や事実に基づくものである．インタビューに応じていただいた企業の方々に，この場を借りてお礼申し上げたい．最後になったが，本書の出版を引き受けていただいた東洋経済新報社と編集を担当してくださった佐藤敬氏と川村浩毅氏に深い謝意を表したい．執筆のきっかけは佐藤氏からのお声がけだった．心よりお礼申し上げたい．

2023年6月

余田拓郎

目次

第 III 部

持続的競争優位のためのマーケティング革新

序章

BtoB企業の現代的課題

本書のねらいは，日本のBtoB企業の収益向上に向けたマーケティング戦略を考えることにある．BtoBとは「Business to Business」の略称で，企業間取引を対象とするビジネス領域を指し，最終消費者との取引(BtoC＝Business to Consumer)と対比される用語である．本書のテーマはBtoB企業における成長のシナリオをマーケティングの視点から描くことにある．

これまで，わが国ではマーケティング活動に積極的に取り組もうとするBtoB企業は限定的だった．20世紀初頭に米国で誕生したマーケティングは，主に製造企業の「市場に対する活動」として発展を遂げてきた経緯がある．ここでいう市場とは，当時米国国内に形成されつつあった最終消費者によるマス市場であった．したがって，マーケティングの初期の目的は，マス顧客にいかに自社の製品を購入してもらうか，あるいは，新しい消費者市場をどのように創り出していくかという課題を，科学的な根拠に基づく手法を用いて解決していくことであった．

BtoB領域における対市場活動は，人間関係を重視した営業活動が中心であり，企業同士あるいは担当者同士の過去の取引実績や信用が重視される傾向にある．つまり，特定の既存顧客との長期的な取引が中心であり，企業間の取引接点の強化は，主に納入側企業の人的営業活動によって担われてきたというのが実状である．

しかし，ビジネスを取り巻く環境が大きく変化する中で，BtoB領域において顧客に対するマーケティング活動の重要性が認識されるようになってきた．BtoB事業を対象としたマーケティングシンポジウムやセミナーが近年急増しており，BtoBマーケティング関連の書籍も多数上梓されるようになった．また，BtoB企業でもブランドマネジメントに積極的に取り組もうとする企業が少なからず見られるようになったことも，マーケティングへの期待の表れといってよいだろう．たとえば，ネット印刷のラクスル，名刺管理のSansan，あるいはネット通販のモノタロウなどはテレビやラジオCMを多用し，これまでのBtoBマーケティングとは一線を画すマーケティングを展開し成長している．

一方，BtoB企業でマーケティングの導入に成功している企業は必ずしも多くはない．その理由の1つは，マーケティングを単なる市場分析のツールや手法として見ているからだ．たとえばサムスン電子では，1999年に本格的なマーケティングの導入を決めた後，社内教育に4年を要している．同社副社長のエリック・キム氏によれば，マーケティングに懐疑的なゼネラルマネジャーを教育し，訓練し，そして定着させるために苦労したという．[1)]

また，大手セメントメーカーにマーケティングを導入した事例によれば，活動をスタートさせて導入が終わるまでに5年を要している．その過程では，「支援者を集め→基本を徹底し→早い段階で小さな成功を重ね→業績評価指標を設定し→知識を共有し→マーケティングを社内に定着させ→取組みを強化する」といういくつものステージを経て，ようやく導入を終えたとある．[2)]

BtoB企業へのマーケティングの実践は，単にツールとして活用するというレベルのことによってもたらされるのではない．全社的に「導入」することをもって，ようやく実体のあるもの，さらには収益に結びつくものとなるのである．社内のある一部の部署での活用事例では，マーケティング「導入」の意義は限定的といわざるをえない．

1 BtoB購買の特質

BtoCビジネスで一般的に行われてきたマーケティング活動やブランドマネジメントなども，ことBtoBビジネスにおける対顧客活動となると期待は低いものだった．その理由は，BtoCとBtoBのビジネス上の基本的性質の違いによるものである．

BtoBとBtoCは，顧客の違い（組織・法人か最終消費者か）による分類であり，提供される財やその購買動機も当然異なってくる．BtoB取引で提供される財は，あくまでも生産活動や業務遂行のために必要な「ビジネス財」であり，より合理的で客観的な意思決定がなされるのが一般的である．この点で，選択に際して感情的な側面の影響を受けやすい消費財の購買行動とは対照的である．

またBtoB購買では，購買関与者が人数，階層ともに多数にわたり，購買に際して顧客側が組織的な意思決定を行うという特徴がある．購買に際してメンバーがそれぞれ異なった役割を果たすとともに，購買ステージごとに専門的な判断能力を有するメンバーが，主役を代えながら携わるようなケースもしばしば見られる．BtoB取引では稟議に際して最終判断を下す意思決定者の他に，使用者の立場としてかかわる人，あるいは技術上の評価を行う関与者など，顧客側のキーパーソンが複数存在する場合も珍しくない．

また，直接の購買担当者に加え，その上の承認者や経営トップなど，多層な関与者の意向や判断が購買に際して影響を及ぼすことになる．こうした点も，基本的には単独で意思決定がなされることが多いBtoCでの購買との違いであり，1人の選好や好みが購買意思決定に大きく影響を及ぼすことは少ない．その結果，BtoB購買は管理されたプロセスとして特徴づけられてきた．

さらに，原材料や部品など生産活動に投与される財の場合，特定の顧客によって購買が定期的に行われることが多くなるとともに，取引1回当たりの購買金額や購買量が大きくなるケースも少なくない．こうした状況では，顧客企業の購買担当者は製品選択の失敗のリスクをできる限り回避しようとするため，過去の利用経験に基づく製品知識や企業間での信頼関係に基づいて取引相手を選択する傾向にある．その結果として，固定的で長期的な取引が行われる点も，BtoB取引の特徴といえる．

こうしたBtoBビジネスの特質が，「BtoBにマーケティングやブランディングは必要ない」という誤解や軽視ともいうべき認識を生み出してきたといえるだろう．たとえば，既存顧客との長期的な契約に基づく取引が中心であることから，新規需要の創造を促すようなマス広告は不要である，あるいは，少数の特定顧客との取引が中心であるから市場ニーズの調査は不要である，取引するかしないかは顧客が決めることであり，ターゲットを決める必要はない，といった具合である．BtoB企業が顧客に対するマーケティング活動を積極的に展開してこなかった背景には，こうした理由がある．

しかし，近年BtoBを取り巻く事業環境が大きく変化する中で，BtoB企業でも顧客向けのマーケティングやブランディングが必要とされる場面が多くなってきた．以前から多少なりとも注目されてきた従業員向けのマーケティング，[3)] あるいは求人や投資家対策のためのコミュニケーションやブランディングに加え，とりわけ，顧客との取引接点の強化に向けたブランドマネジメントを展開する企業が増えつつあるのは注目すべきことである．

これまで品質やスペック，調達コスト，納期などにのみ注目した営業活動を展開する企業が多い中，マーケティングやブランディングに目を向ける企業も散見されるようになった．供給企業側にも意識変化のきざしが見られる．それではなぜ，BtoB企業がマーケティングやブランディングに取り組む必要が生じているのだろうか．次節では，BtoB領域におけるビジネス環境の変化に注目しながら，その背景について考えてみよう．

2 BtoBビジネスを取り巻く環境変化

企業間競争のグローバル化

まず，グローバル化の進展により，欧米企業や中国などアジアの企業に対抗して，新規顧客を取り込むことの重要性が増している．日本の取引先との間では自社の事業内容や強みを改めて説明する必要はなかったが，グローバル市場での新規顧客開拓ではそうはいかない．

たとえば，グローバル市場でのマーケティング戦略が評価され，2009年度の日本マーケティング大賞奨励賞を受賞した横河電機では，大規模なブランディングのきっかけとなったのは，巨大企業と競合する北米や欧州での知名度の低さにあったという．精油所や化学工場のプラントを制御する機器などを供給する同社は，日本ではリーダー企業だが，海外市場では，知名度や市場での実績が浸透しておらず，営業活動の中で門前払いされるなど，導入検討の土俵にも乗らないことがしばしばだったという．[4] こうしたケースは必ずしも珍しくはなく，多くのBtoB企業がグローバル市場で直面する悩みである．

グローバル市場では，これまでのように既存顧客を相手にした取引だけでは生き残れない．新規顧客の取り込みをきちんと行わなければ期待どおりの成長はもたらされない．その際，これまで培ってきた強みだけではなかなか勝てない状況が生まれている．

日本企業，特に日本メーカーの強みは，製品開発や生産現場における高度な統合力にあるといわれる．それを支えてきたのが，長期雇用や長期取引による「情報の共有」「濃密なコミュニケーション」「緊密な連携調整」である．そして，それが単なるもたれ合いではなく，内外での厳しい競争に基づく長期的な関係を構築してきたことが強みの源泉だった．[5] 日本の部品や素材メーカーも，セット（組立）メーカーとの長期的取引を軸として自社の事業分野を拡大してきたのである．

それに対して欧米企業は，自社の技術が最も生かされるような顧客をターゲットとして選び出し，マーケティング戦略や積極的なブランディングを展開することで付加価値の向上を図っている．ドイツの自動車メーカーは，高付加価値・高品質の乗用車をあえて高コストのドイツで作る道を選択し，ブランドを徹底的に作り込むことで市場での生き残りに成功した．これは自動車メーカーに限らない．BtoBのさまざまな事業分野においても，付加価値の高い製品を一貫して作っている企業が存在する．

一方，中国や台湾などをはじめとするアジア企業は，汎用品を低コストで作ることに強みを発揮してきた．そして，欧米企業や日本企業の生産拠点としてOEM供給を行いながら，品質を向上させるとともに，自国内の市場を拡大させることで高付加価値分野にも進出しつつある．

このように，日本企業はマーケティングやブランディングに長けた欧米企業と，低コストで品質も良くなりつつある中国などの企業の間に挟まれて，将来的なポジションが見えにくくなっている．日本のものづくりを強みとしながら，それ以外の成長ドライバーを獲得して優位に立つ戦略が求められているのは明らかである．

顧客企業の変化

顧客企業の購買行動にも変化が見られる．BtoB購買の現状を調査した結果によると，[6]「業者選定において経営者層が案件・導入決定に関与するケースや購買業務の集中化の傾向が強まっている」とする企業が50～60%以上見られる一方で，「業者の最終選定を現場レベルに委ねる機会が増えている」とする企業も50%程度にのぼっている．この結果を見る限り，調達・購買の集中化と分散化という，一見正反対に思える変化が同時に起きている．

調達・購買の集中化が進むと，購買意思決定はより多層な組織メンバーを巻き込んで行われることになり，営業を通じての接触が困難な層や関係性を築けていない層へのアプローチが重要な意味を持つようになる．このようなケースでは，ビジネス広告を展開したり，ブランディングにより営業活動を補完するための統合的なマーケティング活動が必要となる．

その一方で，購買の小規模分散化が同時に進行している．経営の迅速性が求められる状況で現場への権限委譲も進んでおり，製品カテゴリーによっては専門の購買担当者による購買割合が減少傾向にある．こうした場面では，よりBtoCに近い購買行動が取られることも多く，その結果，ブランドロイヤルティ形成による顧客獲得をはじめとして，ブランドがもたらす役割に期待が寄せられるところとなる．

このように，組織購買は旧来の枠組みから多様に変化しており，顧客との関係構築においては，従来どおりの人的営業に依存したやり方だけでは効率が悪くなっている．つまり，BtoB領域においても，BtoCで行われてきたような顧客の購買プロセスを理解しつつ，ステージごとに適切な活動を展開しなければ，効率的に顧客を獲得することは難しくなってきた．どの部門のどの階層が，どのような権限を持って購買の意思決定にかかわっているのか，案件や取引先，購買ステージごとにその特質を検討するなどの施策が求められるのである．人的営業活動とマーケティングやブランド戦略をうまく連携させて，効率的な対顧客活動を進めていくことが，BtoB企業には求められているといえるだろう．

以上のような購買行動の変化に連動して，企業イメージや評判の影響に関して顧客側の意識にも変化が見られる．同じく上述の調査において，評価基準の変化を尋ねた結果によると，「業者選定はもっぱら製品・システムなどや提案内容の客観的・合理的評価に基づくか」との問いに対して，ITシステム分野，および半導体・電子部品・電子デバイス分野のいずれかの購買関与者においても，「そう思う」「ややそう思う」との回答は，50%を超える程度であった．一方で注目したいのは，それを上回る割合の人が「企業や商品などに対するイメージや世評が業者選定に少なからず影響している」と答えている点である．

BtoB購買は，消費財に比べて感覚的な選択が許されず，厳しい管理が行われるため，製品の良し悪しを見極められる人材が合理的な判断を下すのが基本だろう．しかし，これらの調査結果を見る限り，旧来の常識が必ずしも通用しなくなってきていることがわかる．つまり，客観的判断のみでなく，企業イメージなども業者選定の判断材料となりうることが明らかである．

こうした現象が起こる背景にはいくつかの要因が考えられる．1つには，購買サイドで品質やスペックなどを判断することが困難な関与者層が増加していることが影響していると思われる．メーカーサイドが提供する技術の進展が速く，購買サイドのキャッチアップが十分でなく，その結果，購買に際してのブランドの影響が相対的に増しているのである．

また，より重要なのは，購買における時間的な制約が強くなっているという点である．購買の業務や意思決定において時間的な制約が強くなると，企業の評判や過去の取引における印象といった周辺的な手がかりによって，購買の手間をできる限り省こうとする．もちろん，購入スペックやニーズにマッチしない部品や素材を購入するわけにはいかないので，あまり重要ではない購買ステージ，たとえば引き合いを出したり，カタログを請求するようなステージなど，あるいは緊急で必要になるような間接材の購買などにおいてその傾向は強くなる．

戦略定石を変える環境変化

以上に述べてきたような購買サイドの変化に加えて，近年これまでのBtoBビジネスの戦略定石を大きく変えるような環境の変化も起こっている．

1点目は，新規顧客の獲得や関係性の新たな構築の重要性が増していることである．「はしがき」でも述べたとおり，多くのBtoB企業にとって新興市場をはじめとするグローバル市場での顧客獲得は，避けては通れない経営課題となっている．その他にも顧客獲得の重要性が増すいくつかの理由がある．

たとえば，技術革新の進展に伴う部品・工程の見直しやプロダクトライフサイクルの短縮化，そして顧客企業の系列取引の見直しによって，新規顧客の獲得が企業成長の鍵になりつつある．さらに，インターネットの普及や電子商取引の拡大に伴い，新規顧客の獲得の機会も増しており，購買サイドもたくさんの選択肢の中から調達先を選べる状況が生じている．このような状況において，新規顧客の開拓を効率的に進めるためには，潜在顧客に向けたマーケティングやブランドの積極展開が欠かせないところである．

環境変化の2点目は，製品格差の縮小や顧客が抱える課題の高度化を背景に，顧客のソリューション志向が高まっていることである．購買企業の要望に応える形で製品やサービスを納入する従来型の取引形態では十分な満足が得られなくなっている．供給側の主体的な需要喚起や課題解決提案といった，ソリューションを伴う取引形態が期待されるようになってきた．その結果，顧客フロントに立つ社員のスキル強化がより一層重要になっており，さらにはその限界を補う組織営業力の強化が求められている．このように，従来型の属人的営業による営業スタイルから，組織営業とそれを支えるマーケティング力やブランド力によって新たな競争軸を築き上げる必要が生じているのである．

3点目は，市場環境にかかわる変化である．市場が成熟あるいは停滞してくると，最終製品の売上が拡大しない中，サプライチェーン上でどれだけ利益を確保することができるかが，成長するうえで重要なポイントとなる．たとえばスマイルカーブという現象も，付加価値の取り合いの結果生ずる現象である．[7)]

スマイルカーブ現象とは，産業のバリューチェーンの中でプロフィットゾーンが移行し，川上に位置する部品と最終消費者に近い川下の営業サービスが付加価値を得るとされる動きのことである．こうしたプロフィットゾーンの移行が意味するのは，これまでセットメーカーの陰に隠れていた部品やサービスなどを提供するBtoB企業が，独自のブランドを築き上げることによって，収益力をより一層高めることができる可能性を有しているということでもある．

一方，インターネットの活用機会が増えていることにも注意が必要だろう．ネットといえば消費者向けのマーケティングが主戦場だと思われがちだが，決してそうではない．ウェブサイトの売上に対する貢献度は，BtoCよりもBtoB購買ではるかに高くなっている．

BtoBにおいてサイトの貢献度が高い理由は，BtoB購買の特徴に起因している．BtoB購買は何らかの目的を持って行われるため，ネットを通じた探索や調査にも何らかの目的がある．その結果，ネットでのさまざまな活動が次の行動や反応に結びつきやすく，結果としてネットの貢献が高くなるのである．ネットやサイトとBtoBマーケティングの相性の良さを十分認識したうえで，マーケティングを計画することが現代のBtoB企業に求められている．

3 BtoB企業の課題

このような環境変化の中で，BtoB企業はより工夫された形でマーケティングを展開しなければならない状況になっている．

欧米諸国やアジア諸国の企業との競争が激化する中で，日本のBtoB企業にも新規顧客の開拓や将来的なポジションを見据えたマーケティングやブランド戦略の積極展開が待ったなしである．たとえば，ブランドについてグローバル市場でのランキングを見ると，IBMやインテル，GEなどの典型的なBtoB企業がランクの上位を占めている．こうした企業と市場競争を繰り広げている日本企業は，顧客獲得で相当にハンディを抱えており，マーケティングにおいて周回遅れといわざるをえない．

ブランド力の差は，顧客獲得上のハンディに限らず，事業展開上も大きな制約を生むことになる．つまり，ブランド力の差は，WTP（顧客の支払意思額）や利益率，さらには企業の時価総額にも影響することとなる．スピードが欠かせない現代の企業環境の中では，素早い事業展開が求められる．欧米企業は，優位に立つ時価総額をバックに，企業買収も視野に入れた事業展開も選択肢となりうる．

一方，日本のBtoB企業・経営者の多くはマーケティング投資に関して消極的であり，また，その役割やフレームワークを正しく理解していない経営者も多い．

以前グローバルに事業を展開する日本企業の経営者にインタビューする機会があった．この会社が製造する部品は，世界市場で高い占有率を有している．その理由をこの経営者から聞き取り調査を行ったのだが，この経営者はその高いシェアについて「高い品質です．ブランドは……，そうですね，当社の場合はあまり関係ないですね」と回答された．

技術力に優れた製造企業の経営者にインタビューすれば，このような回答は決して珍しいものではない．技術を上手に生かしていこうという視点が欠けているといわざるをえない．技術力さえあれば今後も安泰だと考えるのは楽観的に過ぎるだろう．イノベーションやそれによって得られた技術を収益化するためのマーケティングが欠かせない．

たとえば，中国の新興自動車メーカーに吉利汽車（ジーリー）という会社がある．この企業は1998年に自動車の製造を始めた企業だが，人材育成や品質管理の徹底などを通じて急速に技術力をつけている．その結果，中国国内での消費者の評価では，日本車と同程度のバリューフォーマネー（価格／品質関係）を有し，急速に競争力をつけつつある．

また，吉利汽車の副総裁（当時）の趙福全氏は，日本企業に対する優位は，スピードだと言い切っている．[8)] われわれは，技術力が一歩でも半歩でも先行している今，何が必要とされるのか，どのような戦略が望ましいのかを真剣に考えなければならない．言い方を変えるならば，先発者の優位としての技術力は，学習効果のスピードに依存するため，逃げる企業より追いつこうとする企業の学習効果が速ければ，早晩技術的な優位は失われることになる．

4　本書の構成

本書は，BtoB企業がマーケティングを導入するに際して，活用していただくことを念頭に置いて書いたものである．特に留意したことは，

①マーケティングの可能性を最大限引き出すこと，②WTPを高め，かつ効率的にマーケティングを展開すること，③マーケティング革新を通じて持続的な成長をもたらすこと，の3点である．

本書は，BtoBマーケティングのテキストではない．したがって，マーケティングの要点を網羅的，体系的に示そうという意図は持っていない．近年の環境変化の中で，BtoBマーケティングに求められる考え方を提示することがねらいである．

とはいえ，議論をスムーズに進めるためには，マーケティングの基本的なフレームワークを理解することが欠かせないので，第Ⅰ部ではBtoBマーケティングの基本枠組みについて説明することから始める（第1章）．そして，マーケティングの基本となる市場の理解とターゲティングについて（第2章）議論する．第3章と第4章は，現代のマーケティングにおいて急速に重要性を増している顧客関係の管理とブランド展開である．

第Ⅱ部は，第Ⅰ部を踏まえたうえでBtoB企業が収益性を高める方策を考える．まず，第5章ではWTPを高めるための施策を，第6章では同じくWTPを高めるために行われるエンドユーザーのニーズを取り込んだ製品開発を扱う．そして第7章と第8章では，技術のブランド化がもたらすマーケティング効果を取り上げる．

第Ⅲ部では，将来にわたって持続的に成長しようとする際に避けては通れないテーマを扱う．第9章ではBtoB企業における顧客満足を，第10章ではデジタル媒体をマーケティングにどう取り込んでいくべきかについて，そして第11章ではBtoB企業における組織の考え方や市場志向の浸透に向けての施策を取り上げる．

BUSINESS
MARKETING
STRATEGY

第 I 部

BtoBビジネスにおける マーケティングの考え方

日本でも，マーケティングは企業活動に欠かせない考え方になったが，BtoBビジネスとの接点は必ずしも十分に議論されてきたわけではない．

第I部では，まずBtoBビジネスにおけるマーケティングの考え方を顧客や市場との関連の中で説明をすることから始める．マーケティング戦略の立案やマーケティング活動は，顧客や市場の理解が成否を決めるからだ．それらを踏まえて，現代のBtoBマーケティングの戦略においてきわめて重要と思われる，顧客関係の管理とブランドの展開を中心に議論する．

BtoB企業の成長シナリオを描く際に欠かせないのが，広告やブランディングを中心に置くプル型プロモーションと営業活動主体のプッシュ型プロモーションのバランスである．企業の成長シナリオに営業活動や広告・ブランドをどのように組み込んでいくかが現代のBtoB企業に問われている．

第 1 章

BtoBマーケティングの基本枠組み

ビジネス財市場に対して行われるマーケティングをビジネスマーケティング，BtoBマーケティング，産業財(生産財)マーケティング，あるいはインダストリアルマーケティングなどと呼ぶ．本書では，これらのマーケティングを総称してBtoBマーケティングと呼ぶことにする．

BtoBマーケティングとは，具体的には，一般企業，学校，病院，行政機関などの組織によって購買される製品やサービスのマーケティングを指す．**図表1-1**はBtoB市場とBtoC市場の違いについてまとめたものである．BtoBマーケティングを考えるうえでは，(消費財の)マーケティングの枠組みの中で議論されなかったいくつかの固有の問題を考慮する必要がある．

たとえば，購買が組織的な意思決定の結果として行われることから，組織の意思決定プロセスを理解するとともに，そのプロセスへの参加者の役割や性質に対応したマーケティング活動が必要である．

また，購買される対象物にも注目する必要がある．設備品では納入後，保守や修理が必要であり，原材料では継続的な安定的供給が重要であるなど，長期的な関係に基づいて取引が行われることが多い．さらに，売買に際しては製品の個別設計や顧客企業の生産ラインの改造・調整を必要とすることも少なくないため，売り手と買い手の双方向の情報交換が重要である．

マーケティング戦略やマーケティングマネジメントというとき，多くの場合，消費財の取引を暗黙の前提として議論されてきた．ビジネス財のマーケティングは，消費財のマーケティングと基本の部分は同じであ

図表1-1 BtoB市場とBtoC市場の比較

	BtoB（産業財）	BtoC（消費財）
購買動機	再生産／合理性	消費／感性
価格弾力性	低い	高い
購買関与者	多層	単独
購買場所	顧客	店舗
供給者との関係	固定／相互取引	薄い
顧客数	限定	多数
需要の集中度	高い	低い
需要の周期性	強い	弱い

り，同じ枠組みの中で議論できるものが多い．製品コンセプト，ポジショニング，市場細分化といった基本的な考え方は不可欠であるし，また製品，価格，プロモーション，流通チャネルという4つのマーケティング要素（マーケティングミックス）がマーケティングマネジメントの中心であることに変わりはない．

一方，マーケティングの対象や市場で交換されるものが異なれば，売り手企業の関心も異なり，固有の問題も存在しうる．本章では，次章以降での議論に先立って，BtoBマーケティングのフレームワークを押さえておくこととしよう．[1]可能な限り，（消費財）マーケティングで取り上げられないビジネス財に固有の課題に焦点を当てる．具体的には，まずビジネス財市場や企業の購買行動の特徴を明らかにし，それに対応してどのようなマーケティングマネジメントが必要であるかについて議論する．

誤解がないように付記しておくが，マーケティングを消費財と産業財という2分法的な分類で捉えることは望ましいことではない．本質にあるのは，商材の特徴を理解してそれに合ったマーケティングを展開することである．

1 ビジネス財市場の特質

消費財市場との比較において，多くのビジネス財市場に共通する特性としては，先にも述べたとおり，購買動機が合理的であり，購買に際して組織的な意思決定がなされる点を挙げることができる．また，需要の価格弾力性が低く，1回の購買金額・購買量が大きく，顧客は少数かつ地理的に集中しているなどの特徴を有している．さらには，設備品や原材料などのビジネス財では通常，顧客ごとの個別の製品設計，受注生産，直接流通といった特徴があり，販売においては技術的知識を備えたセールスエンジニアがあたることが多い．

とはいえ，ビジネス財と一口にいっても，溶鉱炉や大型クレーンのような主要設備品から，事務用品や事務机といったものまで多様であり，市場の特性も製品ごとに大きく異なる．財の性質に応じた売り方がそれぞれ必要である．つまり，先に述べたビジネス財の特徴は，その平均像に過ぎないのであって，実際のマーケティングマネジメントにおいては，製品ごとに内容は相当に変わりうる．

ビジネス財は**図表1-2**に示されるとおり，大きく，設備用機器，業務用消耗品，用度品，加工材料部品，原材料，業務サービスの6つに分類することができる．設備用機器は購買頻度が低く，単位購入量が多く，高度技術が必要であり，顧客に特定的な使用に基づいて注文が行われるなどの特徴を有している．購買の意思決定は担当重役が中心となって行われ，意思決定への参加者は多く，また意思決定には長時間を要する．加工材料部品や原材料では，安定的な供給体制や品質の維持が求められる．新規取引では，担当重役や設計部門，ユーザー部門などさまざまな部門の意思決定への関与があるが，再購買では意思決定に参加する階層や部門は限定的となる．

一方，用度品は購買頻度が高いものの小口購買が多く，製品は標準品である．また価格や配送を重視する顧客特性によって特徴づけられ，意思決定は購買部門の担当者によって短期のうちに行われることが多い．

図表1-2　ビジネス財の製品類型とマーケティング施策

		設備用機器	業務用消耗品	用度品	加工材料部品	原材料	業務サービス
製品特性	価格	高価格	低価格	低価格	高価格	高価格	低～高価格
	製品特性	高度技術 注文生産 技術革新の影響を受ける 景気変動の影響を受ける	標準品 在庫生産 市場が消費財市場にまたがる	標準品 在庫生産 市場が消費財市場にまたがる	標準品 在庫生産 景気変動の影響を受けやすい	顧客の設備，販売方針によって規定される 景気の影響を受けやすい	サービス財 顧客によってカスタマイズ
購買方法	購買量	大（高額）	小	小	大	大	小～大
	頻度	断続的	頻繁	頻繁	頻繁	頻繁	断続的～頻繁
	重視属性	性能 製品サービス	価格 配達	価格 配達	品質 納期	価格 品質	品質 価格
	意思決定	担当重役 参加者多数 長期的意思決定	部門マネジャー 短期的意思決定	購買担当者 短期的意思決定	担当重役 契約 自社生産との比較	設備担当重役 市場の需要動向の予測	担当重役 関連部門のマネジャー
マーケティング施策	販売促進	セールスエンジニア 巡回セールス リースシステム 資金的配慮 製品補修体制	頻繁なセールス 販売員の統制 在庫維持と迅速な配送	同左	永続的な購買供給関係 消費者への訴求 納期厳守	品質安定化 供給体制の維持 販売方法のルーチン化	顧客とのリレーションシップ
	販売組織	直販 顧客に近接した支店設置	直販・ディーラー・代理店併用 販売組織の分化（消費財／産業財）	流通業者の併用 販売組織の分化	直販・卸売・ディーラー併用 消費財市場をカバーできる販売組織	製品ごとに多様	直販 顧客に近接した支店設置

出所：Copeland (1924)；Brierty et al. (1997) を参考に作成.

業務用消耗品とは，生産や保守・修理に必要な消耗品であり，おおむねMRO (Maintenance, Repair, Operations) 品目に相当するものである．各種工具，潤滑油，消耗部品などがこれに含まれる．これらの製品は需要が不定期に生じるため，購買計画を立てにくい，品数が多いために管理が難しい，購入量が少ない割に購買頻度が高い，といった特徴を持っている．

このように，ビジネス財の購買行動には商材ごとに固有の特徴が存在しており，購買行動を理解したうえでマーケティングを展開しなければならない．近年，小規模事業所向けの文具通信販売が拡大しているが，これはビジネス財の購買行動を理解し，優れたマーケティングマネジメントを展開している例である．小規模事業所では総務部門や企画部門の担当者が片手間に文具を発注するケースが多い．そうしたケースでは，コピー用紙がなくなってから，あるいはプリンターのインクがなくなってから，慌てて近くの文房具店に買いに走ることになる．専任の購買担当者がいない，あるいは決まっていないため，在庫の管理が十分にできていないからである．

それに対して，アスクルは「明日来る」というコンセプトで，デリバリーを始めたのである．発注する担当者のニーズは，迅速性や利便性であり，ビジネス財だからといって必ずしも経済性が最優先されるわけではない．アスクルをはじめとする文具の通信販売は，その迅速なデリバリーや利便性が受け入れられたのである．[2)]後述するように，購買にかかわるメンバーを特定し，誰が発注者なのか，その人が最優先するニーズは何なのか，そしてどのような購買プロセスをとるのかについて理解することが重要である．

2　企業の購買行動

BtoBマーケティングにおいて重要なことは，ビジネス財に固有の次の２つの特徴を認識したうえでマーケティング戦略の立案や活動を遂行することである．

第１の特徴は，ビジネス財の購買行動が，「組織的に行われる意思決定」であるという点である．組織によって購買されるということは，購買にかかわるメンバーがそれぞれ異なる役割を果たしていること，購買ステージによって主役が変わっていくこと，購買状況によって意思決定の様式は多様に異なること，などの特徴を生むことになる．

第２に，顧客企業との取引が「長期的な関係」の下で行われるという点である．典型的なビジネス財300品目について行われた調査では取引年数の平均が13年という結果が報告されており，「長期的な関係」はBtoB取引に顕著に見られる特徴であるといえるだろう．[3)]なぜ長期的な関係になるのか，それがマーケティング企業にどのような経営成果をもたらすのかについて考慮したうえで，マーケティングマネジメントを遂行する必要がある．

ビジネス財の購買行動も消費者の購買行動と同様，基本的には問題解決行動である．多くの場合，単純な，即時的な行動ではなく複雑なプロセスであり，多数の人，多次元的な目標，潜在的なコンフリクトを有する決定基準を含むことになる．その結果，購買はしばしば，いくつかのステップを含む長期にわたるプロセスによって構成される．

組織の購買プロセスでは，組織の誰かが，ある購買行動を通じて解決されうる問題（目標状態と現実状態の乖離）を認識するときにスタートし，問題解決とともに購買行動が終了する．そのプロセスには，購買担当者に限らず組織のメンバーの多くの活動が含まれる．というのは購買状況を定義し，代替選択的なブランドとサプライヤーの間の区別を行い，評価を行い，そして選択を行うのは，組織のさまざまなメンバーだからである．購買にかかわるメンバーは，個人と組織の目標の両者によって動機づけられる．また，メンバーそれぞれが異なる役割を持ち，したがって，情報の探索方法や利用する状況にも相違が見られることになる．

購買担当者，エンジニア，ユーザーなど購買センターの構成メンバーの期待は，情報源による相違，あるいは歪曲知覚（同じ事実であっても知覚の仕方が異なる），専門教育，役割志向，ライフスタイルなどの個人のバックグラウンド，過去の購買にかかわる満足によって異なってくる．

たとえばエンジニアは納期，品質などへの期待が大きいが，購買担当者は価格への期待が大きく，両者の期待は異なっている．もちろん，取引される財，組織規模や購買環境によっては，個人単独の意思決定も存在しうるが，共同意思決定が行われる場合には，コンフリクトの解消を経て取引先あるいはブランドの選択が行われることになる．以下においては，企業で行われる購買行動をもう少し詳しく見てみよう．

購買プロセスの理解

マーケティングを計画する際に欠かせないのは，顧客の購買プロセスを理解し，そのステージに応じた適切な施策を展開することである．消費財の分野では購買行動の分析枠組みや態度変化に関するモデルが数多く蓄積されており，また，ビジネスの現場でも活用されている．一方，BtoBの領域では十分に活用されているとはいいがたい．

購買プロセスに関する検討がこれまで行われなかったというわけではないが，普遍的な購買行動モデルは提示されてこなかった．その理由は，先に述べた製品類型ごとにプロセスが大きく異なるからである．

たとえば，小さな事業所や工事現場などで購入される用度品や副資材では，消費財の購買プロセスに似たプロセスを経ることが多い．一方，原材料や大型の設備機器などは，多少異なってくる．こうした典型的なビジネス財では，①問題の認識，②ニーズの明確化，③製品仕様書の作成，④供給業者の探索，⑤見積仕様書の取得，⑥見積仕様書の評価と供給業者の選択，⑦発注手続き，⑧パフォーマンス評価，といったいくつかのステージから構成されるプロセスを経ることが多い．[4)]

ビジネス財のマーケティング担当者がまず取りかからなければならないことは，自社で扱う製品の購買プロセスについて，どのようなステージを経るかについての理解である．

顧客の購買プロセスの理解を通じて，初めて効率的なマーケティングが可能になる．それまでコンタクトすらなかった潜在顧客が，ある日突然契約をするわけではない．カタログや技術資料を取り寄せたり，見積りを入手したり，場合によっては試作品を使って工場で稼働させてみることもある．こうした成約に至るまでの行動を詳細に追っていくところに，マーケティングの本質が存在する．

たとえば，**図表1-3**はファネル（販売漏斗）分析という購買プロセスに基づく分析手法である．自社の潜在顧客が，成約までのどこで離脱しているのか，あるいは，あるステージに位置づけられる潜在顧客を次のステージに進めるためにはどのようなプロモーションが必要か，といったことを検討する拠り所となる．

従来の属人的な営業活動では，有望な顧客としてリストに載っていなかった顧客と突然成約に至ることは珍しいことではない．プロセスが管

図表1-3　ファネル（販売漏斗）分析――機械装置メーカーでの例

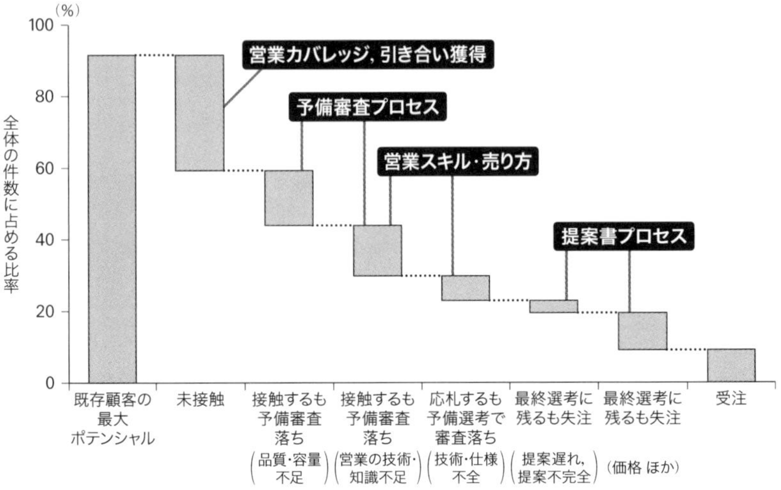

出所：ボストン コンサルティング グループ作成資料．同社の許可を得て掲載．

理されていないからである．こうした状況では，長期的な成功は期待できない．製造現場で行われる品質管理と同様，成約までの活動についての管理が欠かせないのである．

一方，購買プロセスは，購買経験を経て簡素化される．問題の認識から，パフォーマンスの評価まですべてのステージを経るのは新規購買である．購買経験を経るに従って，このプロセスの一部は省略される．このような購買経験と購買行動の関連づけを行っているのが，バイグリッドと呼ばれる考え方である．これは，購買タスクについて初めての購買，若干の修正を伴う購買（修正再購買），修正を伴わない再購買（単純再購買）という軸（購買フェーズ）に沿って，購買行動の状況（問題の新規性，必要情報量，新規代替製品の検討）を検討するフレームワークである．[5]

初めての購買では，問題の新規性は高く，必要情報量は多く，新規代替製品の検討は十分に行われる．修正を伴わない購買は，以前に購入したことのある製品を同じ売り手企業から購買するもので，典型的には原

図表1-4 購買フェーズとマーケティング

購買フェーズ	マーケティング	
新規	広告	詳細な製品説明と啓蒙により，既存の方法に代えて試用を促す
	販売促進	展示会でのデモを活用し，製品の有用性を示す 顧客企業での試用やデモを実施する
	販売	顧客のニーズを理解し，新製品が既存の方法よりいかにニーズを満足しうるかを強調する
修正再購買	広告	類似製品と比較し，自社製品の良さをアピールする
	販売促進	顧客企業でのデモや展示会でのイベントを実施する
	販売	工場見学や特別な下取り価格の提供などで，現在の顧客との関係を維持する．顧客ニーズの変化を予測し，素早く対応する
単純再購買	広告	リマインド広告の利用 企業イメージの構築
	販売促進	展示会でのイベント
	販売	顧客関係の構築のための人的販売を実施する EDI（電子データ交換）などにより受発注の自動化を進める

出所：Dwyer and Tanner (1999) p.72を修正．

材料や規格部品の補充購買がこれに当てはまる．また，若干の修正を伴う購買は，過去に購入した設備機器の使用経験に基づいて，供給者や条件の変更，不満足箇所の解消，希望する機能の追加などを考慮していくつかの代替案を検討し購買することになる．もちろん，こうした購買経験の進展によって，マーケティング活動も変えていく必要がある．とりわけ，販売促進の方法や広告の訴求点などは，顧客の経験に沿って展開されなければならない（**図表1-4**）．

購買にかかわるメンバー

ビジネス財の購買プロセスには，もちろん発注担当者だけが関与するわけではない．購買に際しては，問題を認識して発案する人，実際に使用する人（企業内のユーザー），意思決定に影響を及ぼす人，購買の意思決定を下す責任者，稟議に際して承認する人，供給業者が決まった後で取引条件を交渉したり，実際に発注書を発行する購買担当者など，さまざまな部門の，さまざまな階層のメンバーが，直接的，間接的に購買意思決定にかかわることになる．ちなみに，購買に際して何らかのかかわりを持つメンバーは，総称して購買センターと呼ばれている．

ここで注意しなければならないことは，まずメンバーごとに購買に際して重視する製品属性が異なることである．たとえば，プロダクトエンジニアや現場のオペレーターであれば品質や性能，あるいはアフターサービスなど自分が責任を負うタスクに従って多面的な評価を行うが，購買部門や管理部門の担当者は，評価の際の属性数は少なく，価格や納期，過去の納入実績などを重視する傾向にある．

図表1-5は建設機械の交換部品（タイヤ）について，購買にかかわるメンバーの重視属性（価格，技術など）がどのように異なるかを調査したものである．この調査結果によれば，購買にかかわる担当者を詳細に把握したうえで，担当者ごとにさまざまに重視属性が異なることを認識しておかなければ，適切なマーケティングや営業活動は展開できないといえるだろう．

購買において鍵を握るメンバーが誰で，その担当者が購買に際してどういった属性を重視するかを特定することが欠かせないとしても，購買経験とともに参加するメンバーや役割が変化するという点にも注意が必

図表1-5　購買メンバーの重視属性

(%)

属性	購買担当者	ユーザー	技術担当者	ゲートキーパー	意思決定者	全体
価格	36	42	24	23	26	24
納期	20	17	14	22	43	27
技術	16	7	18	28	5	19
ブランド	16	28	24	7	19	16
スペアパーツの在庫	12	6	20	20	7	14

出所：Bendixen et al.（2004）p.375を訳出．

要である．先に述べたバイグリッドと購買メンバーとの関連である．

新規購買では多くの場合，設計担当のエンジニア主導の下に供給業者が選ばれるが，購買経験を経て，たとえばVA・CR（価値分析・原価低減）活動の一環として供給業者の再検討が行われるときには，購買部門や工場の原価管理部門が主導して修正再購買が行われることが多い．

さらに，メンバーごとに好んで利用する情報源も異なるという点にも注意が必要である．消費財と同様，購買に際してはさまざまな情報が利用される．ユーザーや管理部門では，セールスパーソンやセールスエンジニアなどの人的な情報を好む一方，トップマネジメントでは広告やパブリシティなどの非人的な情報を重視することが多い．

また，購買のステージによっても，利用される情報が相違する．一般に，ビジネス財の購買ではセールスパーソンの提供する人的な情報が重視される傾向は強いが，その重要性は購買ステージによって大きく異なる．購買ステージの初期では非人的な情報が利用されることも多く，ステージが進むにつれて徐々に人的な情報が利用されるようになる．

具体的には，人的な情報は，製品や供給業者の認知というステージ初

図表1-6 BtoB領域におけるコミュニケーションメディア

目的	認知	知識	態度	選好	説得	購買
パブリシティ	○					
Fax	○	○				
広告	○	○	○			
e-mail	○	○	○			
オンライン	○	○	○	○	○	○
DM		○	○	○		
カタログ			○	○	○	
見本市				○	○	
販売促進				○	○	○
テレマーケティング					○	○
対面営業					○	○

出所：Lichtenthal and Eliaz（2003）p.10を修正．

期よりも，製品の理解や選択などステージ後期のほうがより利用される傾向が強い．一方，広告やパブリシティなどの非人的な情報はステージ後期よりも前期において利用されるケースが多い．この傾向は消費財におけるプロモーション効果と同様である．BtoB購買における適切なコミュニケーションメディアを**図表1-6**に示す．[6)]

3　マーケティングの考え方

「マーケティング」は，大変身近な言葉になったが，ビジネスの中で正しく理解され，実践されているかというと，必ずしもそうではない．単に「営業活動」を置き換えたものであったり，「市場調査」や「広告」のことを指したり，その内容や理解はまちまちである．また，マーケティングが適切に実践されているBtoB企業を見つけるのは容易ではない．

マーケティングマネジメント（活動）を展開するうえで，まず行わなければならないのは個々の製品・サービスや事業に関する目標（マーケティング目標）を明確にすることである．売上高を増やしたいときに，いつまでにいくら増やしたいのかを明確にしなければ，どのような方法で売上を増やすべきかについて決めるのは難しいだろう．目標というと，「売上倍増」，「市場シェア〇〇%達成」といった単純なスローガンで営業の現場を鼓舞するためのものというイメージがあるかもしれないが，決して安易に考えることはできない．

マーケティング目標は，製品やサービスに課される成果項目（売上，市場シェア，利益率など），その水準，そして期間の3要素について具体的に設定する必要がある．その際，目標とする成果項目には優先順位を付けることが重要である．優先すべき成果項目は，経営環境によって異なる．

たとえば，新たに開発した製品が，画期的新製品でこれまでに類似品が存在しないような場合は，市場シェアや利益よりも，普及による市場の拡大や認知度向上が優先項目となる．一方，商品・サービスの普及が進んでくる成長期には機会損失を極力減らすことがマーケティング課題となる．その場合，売上や市場シェアの向上を優先させるような目標設定に変えていかなければならない．さらに，市場の成熟期には競争上の地位によっても，優先すべき目標項目が異なってくる．[7)]

こうしたことを押さえながらマーケティングを実践するBtoB企業がどれだけ存在するだろうか．市場環境が変化しても，安直に売上増や利益増を目標に掲げ続ける企業を日本では数多く見かける．こうした目標設定におけるイナーシャ（惰性）の存在は，日本企業の抱える課題の1つである．

さらに問題と思われる状況は，ターゲット市場についても見られる．ターゲット市場とは相手にしたい中心的顧客層のことである．BtoBでは，既存顧客との取引を重視する傾向が強く，その結果，新しい技術や製品が開発されたとしても既存顧客を中心に売り込みを考えたり，あるいは，既存顧客の言いなりになることが顧客ニーズに応えることと同義に捉えられていたりする．そのような顧客との関係を「下請け関係」と呼ぶのであるが，そういったケースではターゲット市場を決めるという行為は不要なものでしかないかもしれない．

けれども，もし開発された貴重な技術を真に社会で生かそうとするならば，その技術がより重宝される市場をねらうべきである．つまり，開発された技術や製品をより欲しがる顧客を見出すことこそが，マーケティングの骨格をなす市場細分化（セグメンテーション）やターゲティングの基本的な考え方となるのである．

マーケティング目標の確認，ターゲット市場の設定を経て，さらにはその市場に適合する製品・サービスのコンセプトを策定していくことになる．コンセプトとは，提供しようとする価値のことを指すものである．「高品質の部品」を提供価値とするならば，少なくともこの軸の上では，競合より高い価値を持たなければ競争には勝てないだろう．もし，品質という軸で競合と大差がないのであれば，他のコンセプト（価値）を模索しなければならないということになる．

BtoB企業の中には，「製品コンセプト」は，一般消費者向けの消費財だけの話だろう，と考えている製品開発担当者をしばしば見かける．これは明らかに間違っている．自社の提供する製品やサービスについて，他社と比べてどのような（相対的に高い）価値を持たせようとしているのかを明確にしなければ，顧客からの支持は得られないし，収益は高まらないだろう．この製品コンセプトの問題は，現代のBtoB企業にとって非常に重要なテーマなので第5章で改めて取り上げる．

そして，ターゲット市場やコンセプトが固まれば，これを実際の活動，つまりマーケティングミックスに結びつける作業に移ることになる．

マーケティングミックスとは，マーケティングにかかわる諸活動のことであるが，実務の現場では，「製品（product）」「価格（price）」「プロモーション（promotion）」「流通チャネル（place）」という4つのカテゴリーに分けて検討するのが一般的である．この4つのカテゴリーは，その頭文字をとってマーケティングの4Pと呼ばれている．マーケティングのフレームワークを**図表1-7**に示す．

戦略をマーケティングミックスという活動に移す段階で，具体的なマーケティング投資が必要になる．その際，日本のBtoB企業に欠けているのは，投資の判断を行うための「費用対効果」である．費用対効果が計算できなければ，多くの場合，何ら根拠のない前年比○○%増（あるいは減）という判断が計画や稟議の拠り所となってしまう．費用対効果が計算できない理由は，①戦略や活動と成果に関する因果を描けていない（たとえば広告活動とその効果など），さらにはそのために必要な，②定量的な数値で議論できない，という点に問題があるからである．[8)]

マーケティングの諸活動でも，日本企業が得意としてきたPDCA（Plan, Do, Check, Action）を回すことが重要である．そのためには定量化を行い，それとともに活動と成果の関係を特定するための仮説，検証の繰り返しによって因果関係の精度を上げていくプロセスが欠かせないのである．[9)]

図表1-7　マーケティングのフレームワーク

◆市場目標	優先すべき成果項目は何か
◆製品コンセプト	どのような便益を顧客に提供するか
◆ターゲット市場	どのような顧客層を対象とするか
◆マーケティングミックス	
Product	顧客に販売するものは何か（製品，サービス，形態など）
Price	どのような支払い条件でいくらで販売するか
Place	顧客にどのようなチャネルを用いて販売するか（自社営業，代理店など）
Promotion	製品やサービスの情報をどのようにして顧客に伝えるか

出所：石井ほか（2013）の記述により作成.

本章では，BtoBの購買や取引の基本的な性格を理解することから始めた．引き続き次章では，ターゲティングの問題を取り上げる．ターゲティングとは，経営資源を投入する顧客を決める作業であり，成長に向けての重要な意思決定問題である．

第 2 章

BtoBビジネスにおける ターゲティング

前章で述べた顧客の購買プロセスの理解と本章で扱う市場細分化やターゲティングは，マーケティングの基本である．BtoB企業の中には，納入企業のニーズに忠実に従うことを通じて，顧客第一主義や顧客本位の経営を実践してきたと自負する企業は数多く存在するだろう．しかしながら，顧客第一主義を御用聞きと勘違いしてはならない．

既存の顧客の要望に応えるのは決して難しいことではない．ただ，それだけでは十分な付加価値（利益）が生み出されるとは限らない．顕在化したニーズだけでなく，より視野を広げる必要がある．自社の製品を最も欲しがっているのはどの企業なのか，その企業に向けてどのようにアプローチすればよいのか，こうした可能性を最大限に広げた貪欲な視点がなければ，企業に利益はもたらされない．

マーケティングを展開する際，まず，顧客の行動の多様性に目を向けなければならない．マーケティングは，均質な企業や人々の画一的な行動を前提とするのではないからである．こうした考えは，消費財に限ったことではない．ビジネス財であっても顧客とその購買行動は決して一様ではない．何を必要としているのか，どのような機能やどの程度の品質を求めているのか，納期が重要なのか，コストが最優先なのか，そして，どのような判断基準を用いて製品を選択しているのか，顧客の求めるものや購買行動を理解しなければ，適切なマーケティングを展開することはできない．

そして，顧客のニーズを理解したうえで，市場を細分化し，顧客の要求やスペック（仕様）に具体的に応えることである．BtoBビジネスでは，特定の顧客との長期的な取引関係によって，それぞれの顧客のニーズに合わせた仕様になりがちである．その結果，製品カタログがやたらに分厚くなるケースも少なくない．こうした顧客の違いに応じて1つ1つ異なる製品を作ったり，プロモーションや営業活動を個別に行ったりすると，コストがかかり，製品・サービスは高価になり過ぎてしまう．

消費財のマーケティングでは，このようなケースでは，消費者の多様な購買行動を何らかの共通点に基づいてグループ化し，多様性に応えながらも一定の範囲で標準的な需要を確保しようとする．これが，市場細分化の基本的な発想である．こうした発想は，個々の顧客のニーズに合わせることに慣れたBtoBビジネスでこそ重要だろう．

もちろん，細分化された市場に対する企業の対応の仕方は，特定の(細分化された)セグメントのみにターゲットを集中することに限定されない．集中化の他に，「専門化」「フルカバレッジ」という選択肢がある．専門化は，自社の強みを発揮できる複数のセグメントを選択するという対応である．フルカバレッジは，すべてのセグメントにアプローチするという対応である．本章では，市場の細分化とターゲティングの問題をBtoBのコンテクストで議論していく．

1 BtoBビジネスにおける市場細分化

たとえば，第1章で触れたアスクルは，10～30人程度の小規模事業所向け用度品の通信販売としてスタートした．小規模事業所では総務部門や企画部門の担当者が業務のかたわら用度品を発注するケースが多い．そういったケースでは，コピー用紙がなくなってから，あるいはプリンターのインクカートリッジがなくなってから，慌てて近くの文房具店に買いに走っていた．専任の購買担当者が決まっていないため，用度品の在庫管理が十分に行われていないからである．

それに対して，アスクルは「明日来る」というコンセプトで，事業を始めたのである．こうした小規模事業所では，迅速性や利便性が重視さ

図表2-1 産業財市場における市場細分化

産業統計的変数	買い手の企業規模，所在地，業種
使用状況にかかわる変数	買い手の要求する技術水準，製品・サービスを使いこなす能力，標準化の程度（標準品，特注品など）
組織購買行動上の変数	買い手のロイヤルティの度合い，注文数量（大口，小口など），突発的な注文の有無，購買基準（信頼，品質，価格，サービスなど），購買部門への集権化の程度
製品・サービスの属性変数	製品・サービスの品質，性能，サイズ，スタイル

出所：石井ほか（2013）p.225.

れ，ビジネス財だからといって必ずしも経済性が最優先されるわけではない．当時，用度品の通信販売は必ずしも高い経済性を有しているわけではなかったが，その迅速なデリバリーや利便性が受け容れられたのである．

つまり，このケースでは市場細分化が，事業所の従業員規模によって行われたことになる．一方，市場細分化の軸にはさまざまなものがある．部品・素材や設備などの産業財領域で比較的よく用いられるのは上で述べたような従業員規模や企業規模などだが，他にも，使用方法，組織の文化，組織の形態，購買に関与する組織メンバーなど，さまざまな軸で市場を切り分けていくことができる．**図表2-1**は，産業財の代表的な市場細分化の軸である．

BtoB領域でも欧米企業には，市場細分化の好事例が少なからず存在する．たとえば，ゼロックスは，1990年代に顧客満足度を向上させるため，顧客をCMA（Commercial Major Accounts：フォーチュン500社の大手顧客），主要顧客（フォーチュン500社以外の大手顧客），一般市場，政府・教育機関の4つに細分化し，それぞれに求められる要求を，故障時の応答時間や製品性能，耐用年数などについて個別に調査し，保証プログラムを設計した．[1)]

またデルでも，BtoBが主要な顧客だった1990年代に思い切った市場細分化を行い，成功を収めた．同社は，顧客を8つのセグメントに分類

図表2-2 デルのマーケットセグメンテーション

セグメント	購入プロセス	営業・外勤と内勤の比
大企業（従業員数1万8000人〜）	リレーショナル	1:1
大企業（同2000〜1万8000人）	リレーショナル	1.3:1
プリファードアカウント（同400〜2000人）	リレーショナル	1:3
ビジネスシステムディビジョン（同2〜400）	トランザクショナル	すべて内勤
カタログセールス	トランザクショナル	すべて内勤
連邦政府	ミックス	1:1.5
教育機関	ミックス	1:2
州政府・その他自治体	ミックス	1:1

出所：Rangan and Bell (1999) "Dell Online," Harvard Business School（金顕哲・山田哲也訳「デル・オンライン」慶應義塾大学ビジネス・スクールケース，2008年）を修正.

し，それぞれのセグメントについて，購入に際しての特質を明らかにしたうえで，営業活動における外勤と内勤の比率を決めた（**図表2-2**）．さらに，顧客セグメントによって，長期的なリレーションシップを重視しながら購入するか，あるいは，その都度バリューフォーマネーにより業者を選択し購入するか，そしてその中間の3つの購買タイプを識別し，マーケティングに変化を持たせた．つまり，顧客がサプライヤーとの関係を重視して購入するのか，個々の取引（トランザクション）ごとにサプライヤーを選び購入するのかによって，顧客の重視する属性（価格，機能，アフターサービスなど）が異なり，それによってプロモーションや流通チャネルをきめ細かく変えていたのである．

市場ニーズの把握

市場細分化の軸は，**図表2-1**に挙げたものに限らない．マーケティングの担当者は，新たな市場細分化の軸を見出そうとして，顧客の生の声に耳を傾けたり，あるいは「顧客の顧客」やエンドユーザーの動向を調べたり，場合によっては因子分析やクラスター分析などの統計手法を用いたりする．

市場細分化におけるこの可能性の広がりによって，マーケティングは創造的でダイナミックなプロセスとなる．BtoBでは多くの場合，顧客企業にはさらにその先に顧客企業がある場合が多く，顧客のニーズに限らず，広義の市場ニーズを収集するための仕組みや心がけが欠かせない．

一方，顧客をグループ分けするための切り口（市場細分化の軸）は，固定的なものではない．市場細分化は，新製品のマーケティングを考えるときにのみ使用するツールや考え方ではない．新たな市場細分化の軸を発見することで，製品開発やプロモーションなどに新たな展開を生み出すことができる．

BtoB企業の場合は，直接の顧客との接点は多い．しかし，納入した部品や素材が組み込まれた製品が，エンドユーザーでどのように使用されているのかについては，把握することは容易ではない．エンドユーザーの声や使用方法にも，さまざまなヒントがあるものである．たとえば，自転車部品で世界に知られたシマノは，大きく成長する以前からエンドユーザーとの接点を設けることを重視してきた．シマノでは，自転車競技のイベントを全国各地で開催し，自転車を楽しむ場を提供するとともに，開発陣や企画担当者はそこから新製品のヒントを得ていたという．[2)]

特に，1971年から約3年間をかけて「全米キャラバン」という全米の小売店を訪問するプロジェクトが展開された．全米キャラバンは，シマノ本社からの協力を得て，技術者を派遣し，2人1組の形で各自転車専門小売店（ディーラー）を半年かけて回っていた．4000ccのステーションワゴンに，新製品から部品，それに工具まで積み込んで，全米を回っていたという．「全米キャラバン」のねらいは営業，アフターサービス，クレーム対応，新製品の紹介，修理の手伝いに加え，エンドユーザーの情報収集であった．

この全米キャラバンによって，自社の製品にどういう問題があったのか，壊れた原因，製品の評価，それに加えてユーザーがどのように自転車に乗っていたのかがわかったという．キャラバン隊は半年で，次の組に入れ替えられた．全米6000カ所の自転車専門小売店を回るために，キャラバン隊を6回入れ替えて，3年間をかけてすべての小売店を回ったという．当時初心者向けの自転車部品が主力だった駆け出しのシマノが，キャラバン隊によって飛躍の大きなきっかけを得たという．[3)]

また，BtoBでは顧客との直接の接点があるから，ニーズもくみ取りやすいし，あえて市場ニーズの調査を行うまでもないという声をしばしば聞く．こうした認識は誤ったものである．BtoBでは，とりわけ部品や素材が組み込まれる最終製品のユーザーのニーズ調査や，あるいは現在取引のない潜在顧客のニーズなどを把握することが難しく，日々の既存顧客向けの営業活動に注力するあまり，潜在顧客や「顧客の顧客」などのニーズ収集がおろそかにされることが多い．

さらに，BtoBの場合，市場ニーズが多数の営業担当者らによって収集されることが多いため，ニーズ情報の扱いについても配慮が必要だ．通常，営業担当者やセールスエンジニアによる週報や出張報告として顧客情報がシェアされる．その結果，往々にして誰が収集してきたものかによって，その後の扱いに大きな差が生ずる．社長や経営幹部が収集した情報であれば，即座にその顧客情報に向けての対応が進められるだろう．けれども，そういった場合ばかりではない．つまり，属人的に得られた市場（顧客）情報が，組織内で活用されるような仕組みやシステムが欠かせない．貴重な市場情報が，埋没してしまい忘れ去られることのないような工夫が必要である．

市場細分化の軸として用いることができる変数には，さまざまなものがありうる．けれども，マーケティング成果を高めるためには，慎重に軸の選定を行わなければならない．「どのような市場細分化が適切か」を，マーケティング担当者は常に評価しなければならないのである．

■ 市場細分化のメリットとデメリット

一般に，市場細分化には次のようなメリットがある．まず，市場細分化を行うことで，マーケティングの手法や活動の効果と効率を高めることができる．市場細分化によって，顧客の多様なニーズや欲求（ウォンツ），評価の方法，あるいは使用方法などに対して，焦点を絞った的確な対応を行うことが可能になるからである．また，市場細分化を進めることで，市場全体の規模が拡大することがある．標準的な製品・サービスでは十分に満たすことのできなかったニーズや欲求に対応した製品・サービスが供給されるようになるためである．

その一方で，市場細分化は，企業のコスト負担を増加させることもある．市場細分化によって製品・サービスの種類が増えるため，生産工程や在庫の管理が複雑化する．また，製品のラインナップが必要以上に拡大したり，必要となるプロモーションの数が増え，コミュニケーションコストが増すこともある．

BtoB企業は特定の顧客のニーズに対して，仕様や納期などを個別に対応しようとする傾向がきわめて強い．[4)]その結果，市場細分化のデメリットが顕在化することが多く，注意が必要である．こうした負担の増大は，特にフルカバレッジをめざす場合に深刻な問題となることがある．

市場細分化の考え方

市場細分化を具体的に進める際には，以上のようなメリットとデメリットを踏まえたうえで，以下に述べる基本的な考え方を理解して進めなければならない．

第1に，細分化されたセグメントは，十分な売上と利益が確保できる規模でなければならない．小規模なセグメントは，企業にとって魅力が乏しい．あまりにもセグメントの規模が小さいと，生産量が損益分岐点を下回ってしまうおそれがある．実際に，BtoB企業では，カスタマイズが進み，その結果セグメントが小さくなる傾向が強く，損益分岐点を大きく下回るようなセグメントを数多く持つ企業も少なくない．

第2に，それぞれのセグメントは，マーケティングの手法や活動に独自の反応を示すものでなければならない．異なるセグメントの間では，必要となる製品の仕様や，価格に対する感応度などが異なっていなければならない．

たとえば，従業員規模は，市場を切り分ける際の代表的な軸だが，従業員数が異なることによって，顧客の重視する属性や購買行動などに違いがなければ，わざわざマーケティングミックスや活動を変える必要はない．一方，細分化されたセグメントの内部についてはその逆で，ニーズや行動の違いが少ないほうがマーケティングの効果や効率は高まる．

第3に，細分化されたセグメントは，マーケティングミックスの計画・実行・評価を確実に行うことが可能なものでなければならない．そのためには，①セグメントの規模が推定できること，②セグメントの特性から具体的なマーケティングミックスのあり方が示唆されること，③過大なコストをかけずに，セグメントに特化した企業活動が展開できること，といった条件が満たされなければならない．こうした条件を満たさないセグメントに対応しようとすることは，企業にとってリスクの高い行動となる．[5)]

2　BtoB企業のターゲティング

これまで述べてきた市場細分化はターゲットを決めるためのツールに過ぎない．より重要なことは，どのセグメントを標的とする（ターゲティング）かである．

ターゲットを選定する際に重要なことは，戦略性を持たせることである．BtoB企業は，引き合いのあった企業に対し購買スペックを満足する製品を納入すればよいという行動をとりがちである．

その理由としてはいくつかのことが考えられる．第1に，長期的な関係を軸として取引が行われることが多く，誰に売るかより，何を売るかのほうに関心があることが挙げられる．特定の得意先とのリレーションシップを軸として，製品をカスタマイズしたり，新たに製品開発したりする傾向が強いといえるだろう．

また，日本企業の場合，プロダクトライフサイクルの進展とともに，高品質化，高機能化をめざし，その製品特徴を前提として，ニッチ市場に向かう傾向がきわめて強い．その結果，ターゲット市場の潜在的広がりに目を向けず，成長期に機会損失を生むケースが多いようだ．

先に述べたとおり，細分化された市場に対する企業の対応には，「集中化」「専門化」「フルカバレッジ」という3つの選択肢がある．集中化は，特定のセグメントのみに特化するという対応である．専門化は，自社の強みを発揮できる複数のセグメントを選択するという対応である．フルカバレッジは，すべてのセグメントにアプローチするという対応である．なお，集中化から，専門化，フルカバレッジへと移行するにつれて，その実行には潤沢な経営資源が必要となる．

たとえば，マテリアルハンドリング（マテハン）の国内首位メーカーであるダイフクでは，市場の成熟化という環境変化の中で，思い切ったターゲティングを行い成功している．[6] 同社では，市場の成熟化を機に構造改革に着手した．それまでは，製品群の垣根が曖昧で，かつ，営業員が好きな製品を売っている状況であった．そこでまず，専門性（必要とされるスキルレベル）とビジネス規模の2軸で市場を細分化し，各セグメントに合った個別のマーケティングを展開することとなった．特に，高いスキルが要求されるが，事業規模が小さい顧客や競合が強い領域は，ターゲットから外すこととし，大規模システム，中・小型システム（自動倉庫など），小型機器の3つのセグメントにターゲットを絞った．

たとえば，ラックビル（立体自動倉庫）や配送センターなど投資額が大きい大規模システムでは，顧客にとってリスク低減が最重要ポイントであり，実績が重視されることになる．このセグメントでは，サポート部隊やエンジニアリング部隊を強化したという．

また，自動倉庫が中心となる中・小型システムは，比較的規模の大きな市場であり，また同社の中核事業でもある．この市場は，マテハンメーカー以外に，人的リソースで優位にあるフォークリフトメーカーが参入してきた結果，競争環境が大きく変化し，市場シェアを失うことになっていた．そこで，このセグメントでは，戦略機種を投入するとともに，徹底的に営業員のスキルアップを進めた．具体的には，製品・建築・消防などの各種知識で武装し，エンジニア部隊を使わずに自己完結できる営業組織をめざしたという．

一方，小型機器のセグメントは，従来，どの営業部門でも販売することが許されていたが，これを完全に独立させ，責任を明確化した．製品別にABC（Activity Based Costing）分析を用いて商品ラインナップをいったん整理し，また原価管理も徹底したという．売上規模がさほど大きくないセグメントをあえて独立させることで，利益責任を明らかにし，その結果，原価低減を実現している．

このように，顧客のニーズによってきちんと市場の細分化を行い，さらにフォーカスした市場には，それぞれの市場目標を明確化し，個別のマーケティングを展開しているのである．たとえば，小型機器については，多数の顧客に対して効率性を重視しながらローコストオペレーションを実践する一方，大型のシステムではソリューションを徹底的に訴求し，人的リソースを重点的に投入することで対応している．

BtoB企業であっても，このような市場細分化とターゲティングを戦略的に展開することが求められている．

ターゲット市場としてのBtoBとBtoC

新たな素材を開発したとしよう．その場合，必ずしも素材として従来の顧客企業に販売することが前提となるわけではない．その素材を組み込み，部品としてアッセンブル（組立て）メーカーに販売してもよいし，さらには最終製品にまで組み立てて，直接消費者向けに販売してもよい．あるいは，食材であればスーパーを通して消費者に販売してもよいし，レストランや食品メーカーに販売することも可能である．このように，BtoBとBtoCをそれぞれ1つのセグメントと見たとき，企業はいくつかの戦略を展開する可能性を有している．

実際BtoB企業は，同時にBtoC企業でもあることが多い．そのほとんどの場合，新たな技術や製品には，BtoB／BtoCの双方のビジネスチャンスが存在しうる．

BtoC企業である印象が強いが，実際には売上面や収益面においてBtoBの比重のほうが高いというケースは決して少なくない．BtoCの商品や広告を通じて広く一般層にまで浸透している電機メーカーや食品メーカーでも，その実態はBtoBビジネスの比重が想像以上に高く，売上や収益を支えていることが多い．たとえば，BtoC企業として知られたパナソニックや味の素の部門・事業別の売上構成比を見ても，BtoBビジネスの割合が大きい．

逆に，化学や鉄鋼，金属，機械などといった業界に属する，BtoBビジネスの比重が高い企業でも，まとまった規模のBtoCビジネスを展開し，身近な商品を広く一般の人々に提供している場合も少なくない．たとえば，化成品を中心としたBtoBビジネスを展開する一方で台所用品などの事業を展開する企業もあるし，BtoB向けの製図機器や工具を中核ビジネスとしながらDIY商品を手がける企業もある．

こうした企業では，せっかく両セグメントへのアプローチの可能性があっても，一方のセグメントへの関与が高くなったり，みすみすもう一方のセグメントでの成長機会を失っているケースが少なくない．

消費財として一般消費者に売る場合と，産業財として顧客企業に販売する場合では，将来的に期待できるシェアは大きく異なる．消費財の場合は，どんなにヒットした商品であっても，シェアが60%，70%と拡大していくことはかなり厳しいことである．もちろん，パソコンのOSやゲーム機など，きわめて高いシェアを獲得した製品も存在するが，多くの場合，ネットワーク外部性が利くような特殊な条件下である．[7)]一方，産業財の場合は，複数の企業と取引することができれば，大きくシェアが拡大する可能性を有している．

また，産業財として販売しようとする場合，前にも述べたとおり，取引は長期化する傾向があり，より安定的な経営が可能になる．こうして書くと産業財として位置づけることのメリットが強調されるが，こと利益率になると消費財市場にも大きな可能性がある．ターゲティングがきちんと行われ，流通チャネルに対する管理が行き届いていれば，高い利益率を確保することも可能である．

ベッド用のマットレス分野で急速に売上を伸ばしている「エアウィーヴ（airweave）」という商品がある．この商品を構成する素材は，産業用のポリエチレンの射出成形技術を応用して開発されたものである．この技術を開発した日本高圧電気の高岡本州社長（当時）は，極細の繊維状樹脂（ポリエチレン）を３次元で構造化したものを，ベッドのマットレス用に使用できないかと考えた．[8)]

まずは，ベッドメーカーにこの素材を売り込みに行ったが，必ずしもよい返事が得られなかったという．ウレタンやスプリングといった歴史のある素材が，広くベッドメーカーのエンジニアに受け入れられており，そういった伝統的な素材の変更にエンジニアが消極的だったからだ．一方，この素材は，適度な反発力を持ち，寝返りが楽に打てるとともに，中空の素材であることから，通気性が良く，また，カビやダニが発生しにくいという特徴を有していた．

こうした特徴を持つマットレス素材は珍しいことから，高岡社長は直接消費財向けとして，素材としてではなく製品として販売することを決意する．保守的なBtoBのエンジニアではなく，消費者の中でも特に革新的な採用（購買）行動をとるであろう，アスリートやトレーナーなどにターゲットを変更したのである．その間，水泳の北島康介選手やフィギュアスケートの浅田真央選手などにその効果が認められ，こうした著名なアスリートの採用行動とともに，新聞やテレビで取り上げられることも増えていったという．その後，一般消費者向けの売上が急拡大することになった．

一般消費者向けの売上の拡大は，その後のBtoBへの拡販にも追い風となった．たとえば，航空会社のファーストクラス用やハイエンドのホテルなどでの採用が次々に決まっていったという．

この事例が教えてくれることは，市場の導入期においては，BtoBとして売っていくのか，BtoCとして売っていくのかについては十分な検討が必要であるという点である．プロダクトライフサイクルの中で，どの順番でターゲットを拡大していくべきなのかについては慎重に検討すべきだろう．[9)]

BtoBとBtoCを兼業するメリット

一方，BtoBとBtoCの両者を取り込む場合，そのメリットも十分検討しなければならない．「選択と集中」という今日の企業経営に共通する命題に従えば，BtoBかBtoCのどちらかに集中するほうが望ましいようにも思われるかもしれないが，単純にそうとはいえない．兼業経営が自社にもたらす意義や両者の相乗効果を期待して，両セグメントを対象とする企業も多い．

特に，BtoB企業では，BtoCビジネスを行うことが自社内あるいは社会全般に対して与えるインパクトに注目して，兼業を維持しているケースが多い．たとえ利益率が期待できなくとも，BtoCビジネスを技術力や自社の存在価値を世の中に認知させる絶好の機会として重視するという考え方である．また，消費者に支持された，あるいはよく知られた素材や技術の場合，産業財メーカーからの引き合いや，取引交渉を円滑に進めることができるという点も，兼業の大きなメリットとなりうる．

BtoB企業に欠かせないターゲティング

BtoB企業にとって市場細分化がなぜ重要かといえば，市場細分化が顧客企業を主導するための出発点であり，そのために欠かせないツールになるからである．企業にとって市場のニーズを把握し，忠実に反映した製品を市場に提供していくことは当たり前のことである．問題は，市場ニーズを把握した製品を誰に向けて売っていくかである．長い間愛情を注いで育ててきた技術・製品は大事な虎の子である．その向け先として，最も必要とされるところを選ぶのは当たり前のことである．

最高の技術力をもって開発した製品を最大限生かすことができるのは，どの企業であるかということを市場細分化やターゲティングを通じて見極めることが，日本企業にとって重要な課題である．[10)]

第 3 章

BtoB取引における顧客関係管理

マーケティングは，顧客との間で行われる製品やサービスの交換を目的とする活動である．交換を生み出すために，マーケティングミックスの各要素に沿ってマネジメント活動が展開される．そこでは顧客のニーズにマッチした商品が開発され，価格がつけられ，広告を通してその価値が消費者に伝えられ，そして流通チャネルを通じて顧客の手に渡る．この一連のマーケティングマネジメントが一貫性を持って行われるとき，新たな交換が効率良く生み出されることになる．

さて，その結果，商品は予想以上に売上を伸ばしたとしよう．これ自体は企業にとって喜ばしいことに違いない．けれども，商品には寿命があり，いずれは代替商品に取って代わられ，市場から姿を消すものである．一方，より永続的な存在は顧客である．商品がすたれても顧客は引き続き存在する．企業の最終的な目標は，売上でもなく利益でもなく，ましてや市場シェアでもない．ゴーイングコンサーン（事業の継続）である．

そうであるならば，交換，つまり商品の販売を目的とするマーケティング活動より，顧客を創造し維持することを目的とするマーケティング活動にこそ注力しなければならない．4つのPを軸としたマーケティングマネジメント論の目的は，「交換」であって，顧客の創造，維持が中心的課題ではない．商品のはやりすたりが激しい昨今，顧客との関係に注目するマーケティングマネジメントが注目されている．

本章では，顧客関係についてのマネジメント問題を取り上げる．顧客関係のマネジメントには，顧客の獲得，顧客との関係構築，維持などの問題などが含まれる．

顧客企業との関係（顧客関係）をマネジメントしようとするとき，まず，誰との関係を結ぼうとするのか決めなければならない．前章で取り上げた市場ターゲットの問題である．顧客関係のマネジメントでも誰との関係を管理の対象とするのかを明らかにしなければ効率的なマネジメントは望めない．次に，どのような関係を結ぶのか，より強固なものにするのか，さらには，壊れかけた関係を修復するのか，それによってマネジメントの内容も異なることになる．

そして，具体的にどのような活動を展開するのかという問題がある．たとえば，いくら顧客維持という目標を掲げても，それが活動にリンクしていなければ，絵に描いた餅に終わってしまう．

1　顧客関係管理の適用領域

石けんやシャンプーといった商品を一般消費者に販売する場合，交換を効率的に遂行するようなマーケティング活動が必要である．そのための伝統的な手法が4Pをベースとしたマーケティングミックスである．

少し乱暴な言い方になるかもしれないが，そこでは誰が買おうと売り手にとってあまり関係はない．売り手は，自社商品を過去10回買ったことのある顧客と，初めて購入する顧客を識別することはない．あるいは今後100回くらい購入してくれそうな顧客も，あまり購入してくれそうにない顧客も同じように扱われ，同様のマーケティングプログラムによって対応される．

一方，設備や原材料，加工部品といったビジネス財を企業に販売する場合はどうだろうか．設備であればメンテナンスや補修部品が長期的に提供されることは重要であるし，加工部品や原材料の場合，一度採用されるとそれに合わせて製品や設備が設計されることが多く，長期間購入先が変更されることなく取引が続くことになる．

また，売り手にとっては，取引が継続的に行われることになれば，長期的計画に沿った生産や設備投資ができる．さらに，取引を開始するために必要なさまざまなコストが節約できるとともに，情報交換の単純化，あるいは営業効率の向上といった点で顧客との長期的関係のメリットが生まれる．

同じ売上が期待できるならば，新規顧客を獲得するより既存の顧客に販売したほうが効率的であり，顧客開拓のコストを節約できる分，利益率も高くなる．つまり，売り手は長期的な視点で顧客との関係を維持，管理するほうが経済的合理的に適っている．

同様の傾向はサービス財においても表れやすい．サービス財の持つ無形性や生産と消費の同時性といった性質のため，多くのサービスでは，品質の評価に困難が伴うことになる．目に見えるような形をなしていないことや在庫できないため，購入前に品質を確認することが難しく，そのことが取引の長期化をもたらすことになる．

たとえば，リンゴを買おうとするとき，外観を見たり場合によっては店頭に試食用サンプルが置かれていたりするかもしれない．それによって購入しようとするリンゴの品質をある程度予想することが可能である．けれども，コンサルティングや輸送サービスなどでは事前にその品質を知ることは難しい．

そのことは，一度使い始めたら他のサービスに変更しにくいことを意味している．売り手にとっては，顧客が負担するスイッチングコストを超える便益を顧客に提供しなければならないため，一般に新規顧客を獲得するためのコストが高いものとなる．そのような状況では，既存顧客との継続的な関係を維持，管理するほうが効率的である．

こうしたことを背景として，生産財や産業財などのビジネス財やサービス財の領域では，顧客との長期的関係の維持を目的としたマネジメントが注目されてきたのである．耐久消費財をはじめとして，一般の消費財においても，顧客との関係を管理することの重要性が認識され始めている．

一方，ビジネス財ではすべての領域で，顧客関係のマネジメントが最重要かといえばそれも間違いである．ビジネス財でも，4Pに始まるマ

図表3-1 BtoBマーケティングにおける顧客関係管理

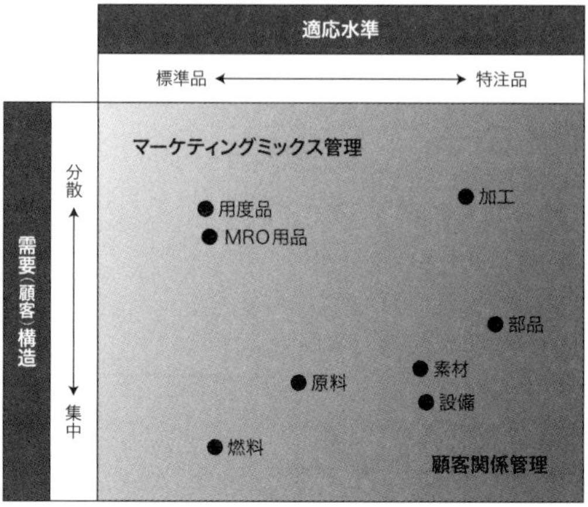

ーケティングミックスが重要な製品もあれば，新規の顧客がほとんど存在せず，また市場細分化やターゲティングなどが機能しないようなケースもあるだろう．どのような財で，顧客関係の管理が重要になるかを示したのが，**図表3-1**である．

用度品やMRO用品（メンテナンスや修理用品など）に顧客関係の管理が必要ないというわけではないし，一方，設備や素材などに4Pに代表される典型的なマーケティングマネジメントが不要ということではない．市場の集中度とカスタマイズの必要性に応じて，顧客関係管理の相対的な重要性を議論することができるという点を認識することが重要である．

2 顧客関係とマーケティングパラダイム

パラダイムとは，認識枠組みであり，マーケティングパラダイムとは，マーケティングの実務家や研究者が共有するマーケティングの考え方や行動の枠組みである．マーケティング領域にもいくつかのパラダイムが存在している．

従来のマーケティングパラダイムは，交換の実現を目的として行われる対市場活動として捉えられ，トランザクショナルマーケティング（パラダイム）もしくは，交換パラダイムと呼ばれてきた．交換が行われる理由は，交換によって交換主体の価値が高まるからである．交換主体とは，売り手と買い手である．つまり，売り手も買い手も価値が高まらなければ交換は実現しない．

価格づけ，プロモーション，チャネルなどの諸活動は，その先に期待される個々の交換を目的として行われる．その際，売り手だけでなく買い手の価値も高めるものになるようマネジメントされなければならない．もしそれが，売り手の価値だけを高めるものに終わるならば，交換は刺激によって買い手の価値を一時的に高めることによってもたらされたものであり，このような交換に基づく企業の成長は長続きするものではない．

この交換パラダイムに代わって近年注目されているのが，上で述べてきた顧客関係のマネジメントを中心に置く関係性パラダイムである．関係性パラダイムでは，組織間ないし個体間の関係に注目し，いかに有効な関係を開発，維持，発展させるかを議論の中心に置くものである．

たとえば，サービス財[1)]やビジネス財分野においては，比較的早い段階からサプライヤーとバイヤーの間に存在する長期的関係が指摘されてきた．前にも述べたとおり，産業財の取引ではサプライヤーを替えることのコストが，消費財に比べて高いために長期的関係が維持されやすい．[2)]また，産業財の流通業者とサプライヤーも消費財より相互依存が高く，密接な関係を持つ傾向があることが指摘されている．[3)]

関係性パラダイムでは，交換を目的とするのではなく，顧客とのリレーションシップの確立や維持を目的として行われる顧客関係のマネジメントが活動内容となる．関係性パラダイムが従来のマーケティング，つまり，マーケティングミックスを中心に据えたマネジリアルマーケティングの考え方や実践とどのように異なるのかを示したものが，**図表3-2**である．

図表3-2 マネジリアルマーケティングと関係性パラダイムの比較

	マネジリアルマーケティング	関係性パラダイム
基本概念	適合（フィット）	交互作用（インタラクト）
中心点	他者（顧客）	自他（企業と顧客）
顧客観	滞在需要保有者	相互支援者
行動目的	需要創造・拡大	価値共創・共有
コミュニケーション流	一方向的説得	双方向的対話
タイムフレーム	一時的短期的	長期継続的
マーケティング手段	マーケティングミックス	インタラクティブコミュニケーション
成果形態	購買・市場シェア	信頼・融合

出所：和田（1998）p.72.

顧客との長期継続的な関係

関係性パラダイムでは，「内部化市場（domesticated market）」という考え方がその根底にある．[4]内部化市場とは，競争的市場において取引が1回限りのものとして行われるのではなく，長期的かつ継続的な関係の中で行われる市場を意味する．関係性パラダイムでは，取引の無名性，断続性，あるいは伝統的な市場概念から離れ，継続性や安定性を基盤とする内部化市場で取引が行われる点が強調されたのである．[5]

顧客関係を長期継続的な関係として捉えることのメリットは何だろうか．顧客との関係を重視するようなマーケティングを展開すれば，まず，新規顧客獲得に必要なコストを節約することが可能である．世界中に分散した市場に対して，自社の新規顧客を開拓していく作業は非常に労力がかかるものである．一般に，新規顧客の獲得に必要なコストは，既存顧客の維持に必要なコストの数倍にものぼるといわれる．

たとえば，ある米国のクレジットカード会社の報告によれば，既存顧

図表3-3　BtoBにおける取引期間と利益

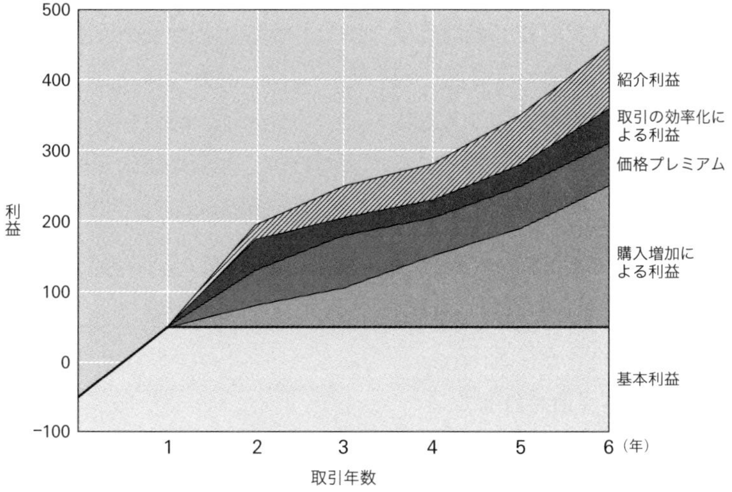

出所：Anton and Petouhoff（2001）p.16を参考に作成．

客を維持する割合が5％上昇すれば，1契約当たりのコストが18％低減し，収益は5年間で60％増大するという．また，別のサービス業の調査では，客離れの割合が5％減れば，25～85％の利益増につながるという．[6]顧客企業との関係を大切にし，その取引からさらなる取引が生まれれば新規の顧客開拓コストが節約できるだろう．

顧客リテンション（維持）のメリットは，顧客獲得コストの節約だけではない．**図表3-3**はビジネス財における利益と取引年数の間の関係を例示したものである．取引年数が長くなるほど売り手企業にとっての利益は増えていくという関係が見られる．顧客獲得コストとは別に，関係の長期化により営業活動コストも低減する．コミュニケーション効率が高まることや，顧客のニーズや購買行動に合わせたより効率的な販売方法を学習するからである．また，企業が取引先の企業と長期継続的な関係を築くことができれば，長期的な取引によって得られた信頼関係をもとに，新製品開発や合理化のための思い切った投資ができるようになる．

さらに，新製品・サービスの開発や導入を進める際，企業間の調整や交渉が必要となった場合でも，長期継続的な関係が形成されていれば，目先の利益を追求した駆け引きが行われる可能性は低くなる．ワンショットの取引の難点は，相手をだまして高く売りつけたり，安く買い叩こうとする誘因が生じることである．そのため，駆け引きが行われたり，監視役が必要になったりする．ところが，長期継続的な関係の下で行われる取引では，こうした機会主義的な行動を防ぐためのコストを負担する必要がなくなる．ビジネス財では，こうしたメリットを享受しやすい．

顧客関係が注目される背景

近年，顧客との長期継続的関係が重視されるようになった理由としてはいくつかのことが考えられる．

第1に，市場の成熟化である．市場が成長しているときには，新規顧客を獲得することはそれほど難しくはない．一方，市場の成熟化には2つの意味がある．

1つは，競争である．市場が成熟化し顧客が固定的になる中で，さらに成長するためには競合他社の顧客を奪い取る必要がある．このような場合，マーケティングコストは必然的に上昇する．もう1つは，時間の経過とともに生じる顧客サイドのさまざまな事情である．

たとえば，特定メーカーの機器の扱い方に慣れることや，なじみのブランドもできるかもしれない．慣れ親しんだやり方を替えて自社製品に乗り換えてもらうためには，相当なメリットがなければならない．このようなことから，成熟期には新規の顧客獲得コストが上昇し，新規顧客の獲得から既存顧客との関係を重視する方向にシフトすることになる．

第2に，アフターマーケットの拡大が考えられる．商品の販売後には，修理，部品取り替え，保守・点検などの需要が生ずることが多い．アフターマーケットとは，このような需要を対象として形成される市場である．耐久消費財や生産財では，所期の性能を維持するために，部品の取り替えや保守を必要とすることが多く，これらの需要が大きな市場を形成している．

たとえば，パソコンを導入した後には，さまざまなソフトを購入するかもしれないし，プリンターやスキャナー，あるいはパソコン用の机も購入するかもしれない．場合によっては，初期設定や保守などのサービスも必要かもしれない．

このような市場は，製品の高度化，複雑化，あるいは技術革新などに伴って拡大する傾向にある．製品の高度化によって，機能を補完するような製品が必要となったり，あるいは所期の性能を維持するための各種サービスが必要になったりするからである．製造業者はある商品の取引だけを目的としたマーケティング活動に加え，長期的関係の中で，アフターマーケットからも収益をあげようとすることは，マーケティング効率を考えれば理にかなっている．

一方，顧客関係強化の方向性には，サービス経済化の進展がかかわっている．サービス経済化とは，国民所得の増大とともに国民経済に占めるサービス産業の割合が増大する法則である．今後もビジネスにおけるサービス比率は上昇する傾向が続くだろう．前にも述べたとおり，サービス財には物財と違っていくつかの特徴が見られるが，そのことによって，過去の購買経験や長期的関係が顧客の購買意思決定に影響を及ぼしやすい．サービス経済化の進展が，マーケティングにおいて顧客関係が重要視されることに結びついているといえるだろう．[7)]

顧客との関係性に注目する関係性パラダイムが，サービスマーケティングやBtoBマーケティングの領域で先行していたのも，サービス財の特徴や派生需要の大きい産業財の特徴と無関係ではないだろう．ただし，こうして取引される商品や市場の他に，テクニカルな側面も無視できない．最近のCRM（Customer Relationship Management）として注目されているマネジメント手法は，データマイニングや大量の顧客データを処理するためのハード面での進展が寄与している．

たとえば，前章で触れたABC分析に基づくターゲティングや，近年拡大しているアカウントベースドマーケティングでは，顧客について，売上や利益といった経営数値によって大きい順に並べ，上位に位置する顧客を中心に重点的なマーケティングマネジメントを展開する．

従来は，顧客についてABC分析をやろうとしても，それぞれを識別することは非常に手間がかかる作業だった．近年，低コストで大量のデータを処理できるようになったことは，顧客データに基づく個別のマーケティングマネジメントを可能にしている．つまり，個々の顧客に関する購買データやさまざまなデモグラフィックス変数をデータベース化し，そのデータに基づいて効率的なマーケティング活動を展開することができるようになった．

3 顧客関係管理のフレームワーク

■顧客とは

これまで買い手のことを顧客と総称し使用してきたが，一言で顧客といっても，個々人ベースで見ると異なる役割を有している．それがよりはっきりと表れるのがBtoBの購買である．企業や組織による購買では，序章や第1章で述べたとおり，購買の意思決定を行う人，実際に使用する人，その購買に金銭的責任を持つ人，意思決定に影響を及ぼす人など，多様な役割を持つ人の共同の意思決定として購買が行われる．それぞれが購買において重視する属性は異なることが多く，それに応じてマーケティング活動を変えることが必要である．

また，購買経験とともに役割やかかわり方も変わっていく．初めての購買では，多くの場合，設計部門や研究部門のエンジニアが重要な役割を果たす．したがって，営業担当者はエンジニアとの信頼関係を築くよう注力しなければならない．

一方，継続的な納入が始まると，徐々にエンジニアの手は離れ，いずれは工場や調達部門へと意思決定のキーパーソンがシフトしていくことになる．運良く購買の意思決定権を持つエンジニアに接触できて，取引が始まったとしても，いつまでもそのエンジニアだけに売り込みや関係構築を図っていては，引き続き製品を購入してもらえるとは限らないのである．購買行動がルーチン化すると，意思決定のキーパーソンは現場の購買担当者になったり，あるいは本社の資材部門に移ったりするのが一般的である．

資材や機器を納入する際は，こうした変化を見逃さないようにしなければならない．同じ企業との取引でも，関係の内実はダイナミックに変化していくのである．

顧客と顧客関係

顧客と顧客関係は異なるものである．顧客は企業にとっての環境であってマネジメントの対象ではない．競合企業を直接マネジメントすることができないのと同じである．けれども，競合企業との関係はマネジメントできる．競合企業と戦略的提携関係を結び，事業領域の拡大や資源の有効活用を図ることは可能である．

顧客もマネジメントの対象にはならない一方，顧客関係はマネジメントの対象となりうる．顧客との関係には売り手企業として関与が可能であるし，さまざまなマーケティング活動を通じてコントロールが可能になる．

上述したように，すでに顧客との間に長期継続的な取引関係を確立している企業と，新たに製品・サービスを販売しようとしている企業とでは，一般に前者のほうがはるかに有利にマーケティングを展開していくことができる．たとえば，いったん顧客との関係を作り上げてしまえば，顧客のほうから定期的に発注をしてくれたり，引き合いを出してもらえるようになる．親密な関係にある顧客に対しては，新しい製品・サービスを推奨することも容易である．さらに，顧客が他の企業や製品との比較を行わずに購買を決定するようになれば，自社の商品・サービスは価格競争に巻き込まれにくくなる．

こう考えると，顧客関係は，企業にとって重要な資産だということができる．では，企業が顧客関係を長期に継続化させ，自社の資産として育成していこうとするとき，どのようなマネジメントを行えばよいのだろうか．

企業の資産としての顧客関係を管理しようとするとき，企業は次の3つの問題とかかわることになる．

①顧客関係の識別と選択
②顧客関係の構築
③顧客関係の維持

顧客関係をマネジメントしようとするとき，まず誰との関係を結ぼうとするのか決めなければならない．[8)]第2章で取り上げたターゲティングの問題である．顧客関係のマネジメントでも誰との関係を管理の対象とするのか明らかにしなければ効率的なマネジメントは望めない．

次に，ターゲット顧客との関係をどのように構築していくか，実際の組織の中でのマネジメントや活動にリンクさせていくことが必要となる．そして，顧客関係の維持にかかわるマネジメントである．一度構築された関係も，適切なメンテナンスを怠ると顧客の離脱を生むことになる．

以下では，顧客関係の識別と選択について触れた後，顧客関係の構築および維持するための活動について検討を加える．そして，顧客関係維持のための満足度向上や組織については第10章，第11章で取り上げる．

4 顧客関係の識別と選択

顧客関係のマネジメントは，自社にとっての優良顧客を識別することから始まる．もちろん，すべての顧客を相手にすることができればそれに越したことはない．けれども経営資源に限りがあり，相手を絞ってその顧客に最高のサービスを提供しようとする行動は，競争環境下における戦略定石といってよい．とりわけBtoB取引では，顧客同士が競合関係になることも多く，特定の顧客との関係強化によって他の顧客と関係を解消・排除されることに結びつきやすくなる．したがって，どの企業を顧客とするかは重要な意思決定となる．

優良顧客を識別する際に前提となる枠組みは，第２章で紹介した市場細分化によって与えられる．市場細分化によって企業は，潜在的な顧客の中から，顕在化させるべき顧客グループを識別することができる．一方，顧客との長期継続的な関係を形成する際には，市場細分化によってターゲットの候補となる顧客セグメントを，さらに次のような観点から識別し，選択していくことになる．

同じニーズを持つ顧客でも，獲得に要するコストや将来もたらされる売上には１人１人相違がある．従来のマーケティングマネジメントでは，こうした点は考慮されなかった．これに対して，顧客関係という見方をするならば，顧客獲得や維持のコストと将来にわたって顧客からもたらされる価値によって顧客の識別が行われるべきである．

たとえば，コンパクトクラスの乗用車のイニシャルマーケットとアフターマーケットについての分析によれば，新車を購入して買い換えるまでに，新車購入時の支払いの0.7倍のアフターマーケットが存在する．一度販売したらその顧客との関係はリセットされるというものではない．５年後，７年後の買い換えの時期には，前回の販売の際に得た情報を駆使して，販売活動にあたるだろう．また，新車の販売以外にも，車検や保険などのアフターマーケットが売上として期待できるし，場合によっては他の客を紹介してくれるかもしれない．これは新車１台についてのものである．顧客とのつき合いは顧客の一生涯にわたって継続しうるため，実際にはさらに大きなアフターマーケットが存在することになる．[9)] 対象顧客を絞り込む際には，顧客１人１人についてその顧客からもたらされる生涯価値（LTV: Life Time Value）に基づいて検討されなければならない．

一方，顧客獲得のコストも顧客ごとに異なる．顧客の獲得（受注）に際して，きっかけとなったプロモーションも異なる．チラシやダイレクトメールを見て来店したことがきっかけとなるケースもあれば，顧客を訪問することがきっかけとなる場合もある．それぞれ，コストには差があり，顧客獲得のためのコストは一律ではない．

一般に，こうした顧客に提供するあらゆる商品から得られる収益から顧客の獲得コストを差し引き，それを現在価値に割り引いたものを顧客生涯価値と呼び，優良顧客の選別のために用いられる．

顧客関係の構築

顧客との関係は，信頼関係の構築によって強化される．信頼関係とはお互いに相手を信頼に値すると認識することによって生み出される．相手が信頼するに値するかどうかは，2つの側面から考えなければならない．[10] 信頼に値するという関係は，相手が裏切らないであろうという期待（感情的信頼と呼ぶ）と相手の能力に対する期待（認知的信頼と呼ぶ）によって構成される．

どちらか片方が欠けても信頼関係は構築されない．いくら相手の裏切りがないことが確実であっても，相手が期待に応えるだけの能力を備えていなければ，意図しなくとも結果として期待は裏切られることになる．反対に，能力がいくら優れていても誠実に対応しようとする意図を持っていなければ，これまた期待は裏切られる結果となる．

たとえば，供給業者が納期までに取り決めた仕様どおりの製品を納入してくれるだろうという期待は，供給業者が機会主義的行動をとらないという確信がなければ生まれてこない．相手企業が契約を守ろうとする意図を持っている（と確信する）ことが，信頼できる相手だと見なす前提である．ただし，それだけは十分ではない．いくら取り決めを守ろうとしても，守るだけの能力を備えていなければ，結果として約束は破られる．供給業者の生産能力や設計能力に問題があれば，不良品が納入される可能性があり，信頼に値する業者であるとはいえない．つまり，相手企業から信頼できる相手だと思われ，その結果として信頼関係が構築されるためには，意図と能力の両面から取引相手が確信する状態を作り出さなければならないのである．

それでは信頼関係を構築するためには，どうすればよいだろうか．

第1に，顧客に自社の拠り所とする価値観(企業理念)を伝えることである．自分がどのような価値観や理念に従って行動するのかを明示することによって，顧客は(売り手の)将来の行動についての予測が可能になる．つまり，顧客本位の理念(価値観)を有しているならば，それを顧客に伝えることによって，顧客は将来予期しない事態が生じたときでも，顧客の立場に立って処理してくれるだろうと予測することができる．

こうした価値観の共有とともに，顧客企業の問題解決に貢献する能力を有しているのかについての積極的な情報提供が重要である．売り手企業は，自社の製造能力や設計技術，あるいは品質管理の実態について，できる限り客観的データに基づいて，能力面で信頼に値することをアピールしなければならない．

たとえば，シリコンウェーハの切断，切削装置で世界のシェア7割を誇っている半導体製造装置大手のディスコは，本社の一角にアプリケーションラボという同社が開発した装置を設置した場所がある．ここでは，単に装置を置いているだけではなく，エンジニアが顧客の前で実験したり，性能向上に関する相談を受けたり，さまざまな顧客とインタラクションできる場として機能させている．[11]

あるいは，先述の物流システム機器大手のダイフクでは，主力事業所内に「日に新た館」というのべ床面積約2万平方メートルに及ぶロジスティクスの展示場を併設している．ここでは，自動車の物流センターやピッキングシステムなどの最新システムを体験できるようになっている．[12] 開館10年で20万人の来館者を記録したという．こうした単なるショールームに終わらない顧客を圧倒する技術アピールは，顧客との信頼関係の構築で欠かせない活動である．

顧客との信頼関係を構築することは，顧客企業が他のサプライヤーにスイッチしようとする際に障壁として作用することになる．新たなサプライヤーとの信頼を構築して取引をスタートしようとするためには，顧客にとってもコストや労力を要するからである．一方，信頼関係の構築

図表3-4 信頼の規定図と結果

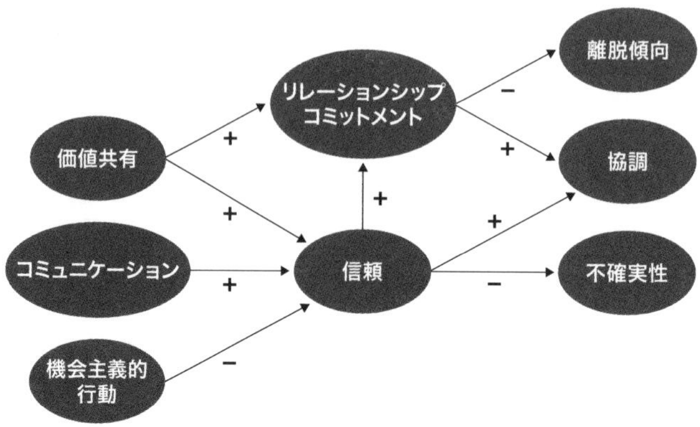

出所：Morgan and Hunt (1994) を修正.

によって，顧客の協調的行動を引き出すことが可能である．顧客のコミットメントを高めることを介して，顧客の関係からの離脱を抑制するとともに協調的行動を引き出すことが可能となる（**図表3-4**）．

コミットメントとは，相手とのリレーションシップを維持したいと願う永続的な願望である．それによって，関係の維持とともに協調的行動を期待することもできる．さらに，売り手と買い手の協調的な行動は，当該関係から生まれる便益を高めるように作用するため，さらなる関係強化に結びつけることができる．

依存度のマネジメント

信頼関係が築かれて取引が始まると，その取引への依存度やカスタマイゼーションレベルに留意することが重要になってくる．そのうえで，その関係から売り手企業，買い手企業両者が利益を生み出していく状態を作り出すことが，良好な関係を維持するために重要になる．

顧客との取引が継続的に行われるようになると，取引にかかわるさまざまな手間ややりとりが省略されていく．その結果，取引にかかわるコストは徐々に低減していくことになる．一方，一度取引が始まれば，取引主体の持つ情報は，取引に至らなかった企業の持つ情報よりも多くなり，そこに情報格差が生まれることになる．

このことは結果として，「市場取引」のコストを上昇させることに結びつく．市場取引とは，特定の相手ではなく不特定多数を相手とする取引を指す．他の条件が同じであれば，市場を通じての取引コストが時間経過とともに上昇する傾向があることは，市場取引を減らしていく誘因となりうる．つまり，取引のための取り決めや擦り合わせが必要な場合，市場での取引が淘汰され，特定のサプライヤー企業との関係が固定的なものになりやすいのである．

このような固定的関係は，お互いに大きく依存し合う状況でより生じやすい．そのような状況では，当該の関係を終えることが容易ではなくなるため，同一企業内(内部組織)取引に近い取引形態となる．

顧客との固定的な関係は，売り手企業にとって必ずしも好ましい関係ではないかもしれない．また，特定顧客との長期的関係は，売り手企業にとってその顧客の競合企業との取引に制約をもたらす可能性がある点にも考慮が必要である．もっと良い顧客との取引を逃す，つまり機会損失を生む可能性もあり，メリットとデメリットを考慮したうえで特定の顧客との関係の深さを決めなければならない．

一方，取引の依存度が均衡していない場合には，一方のパワーが増大するために，関係が長続きしにくい．その関係から生み出される利益がパワーのある企業に偏るため，一方の企業がその関係にコミットする誘因を低下させることになるためである．このようなケースで関係を長続きさせたければ，パワーを一方的に行使することがないよう配慮することが欠かせない．

もし，パワーを持つのが買い手企業であれば，売り手企業の一方的なカスタマイズが進みやすく，サプライチェーン全体で考えた場合，最適ではない状態が作り出される可能性がある．ある特定の購買企業に対して過度に依存しないように注意するとともに，特定顧客へのカスタマイズの水準が過剰にならないよう常に注意する必要がある．

日本の製造企業は，競合他社との差別化を図るために徹底して顧客にカスタマイズしがちである．ここでいうカスタマイズは，製品レベルだけではなく，サービス対応や納期，あるいは配送なども含まれる．もちろんこうしたカスタマイズによって，顧客への売上を獲得するようなケースも少なからず存在するだろう．しかし，往々にしてカスタマイズのコストを無視した受注活動になりがちである．

カスタマイズが受注における武器になるようなケースやカスタマイズを行うことが最低限欠かせないような財では，カスタマイズにかかわるコスト上昇を抑えながら，個別対応していく工夫も欠かせないだろう．たとえば，金型部品のカタログ通販を展開するミスミでは，「ハーフメイド」という手法で，個別顧客への要求に応えている．

ミスミといえば，BtoBにおけるカタログ通販の先駆者としてのイメージが強いが，金型部品という個別設計色の強い製品をカタログ通販で取引する前提が「標準化」にあったのである．つまり，単に顧客の要求する部品を個別設計してカタログに掲載するだけでは，製品点数がきわめて多くなり，利益を生み出すことが困難になる．同社の田口弘社長(当時)は，「営業活動を通じて，多様なユーザーの金型部品の企画はほんの少しだけ違うだけであったり，他のユーザーの部品の先端を少し削るだけでも十分使えることに着目していた．そこで，半加工の状態で在庫させておき，注文と同時に追加加工すれば，納期を短縮できるとともに大幅なコストダウンが図れる」ことに気づいたという．[13)]

ベースとなる部品は共通化しながら，最後の加工や仕上げの部分でカスタマイズするものである．ミスミのケースでは，「ハーフメイド」という手法によって，カスタマイズのコストを下げているが，その他にもいくつかの方法が考えられる．ハードウェアは標準品を使いながら，ソフトウェアやコンサルテーションで顧客に合わせたり，あるいは標準品の組合せによってカスタマイズを図る，といった工夫も可能だろう．

顧客関係の維持

先に述べたとおり，ビジネス財の取引における1つの大きな特徴は，顧客との長期継続的な関係である．長期的関係が継続する理由は，売り手企業と買い手企業それぞれにメリットが存在するからである．

買い手企業にとっては，設備であればメンテナンスや補修部品が長期的に提供されることは重要であるし，加工部品や原材料が長期にわたって品質や仕様が維持され，安定的に供給されることはきわめて重要である．また，取引先を変更しようとすると，品質や供給体制など一から交渉しなければならず，変更のためのコスト（スイッチングコスト）が新たにかかることになる．

一方，売り手企業にとっては，長期継続的取引によって将来の不確実性を減らし，計画に沿って生産や設備投資ができることや，情報交換の単純化，営業効率の向上などのメリットがもたらされる．

このように売り手企業，買い手企業両者にメリットがあるから，長期的な関係が継続することになるのである．その一方で近年，プロダクトライフサイクルの短縮化や技術革新の加速化，あるいは生産地の移転などによる価格の変動（低下）により，買い手企業側には特定の供給業者との長期的関係を継続するメリットが薄れつつある．このような状況で，売り手企業が長期的関係を維持するためには，より積極的に顧客関係の維持に努めなければならない．

C・フォーネルによれば，収益の源泉として新規顧客の獲得と既存顧客の維持（防衛戦略）の2つのシナリオが存在する．そのうち，顧客との関係を維持するための方法は大きく2つある（**図表3-5**）．その1つは顧客満足である．顧客の知覚する品質や価値によって満足度が高まり，その結果，顧客ロイヤルティの向上を通じて良好な顧客関係が維持されることになる．なお，BtoB企業の顧客満足については，第9章で取り上げる．

顧客との関係を維持するためのもう1つの方法が，顧客サイドにスイッチング障壁を設けることである．顧客満足が顧客維持の唯一の方法

図表3-5　収益の源泉

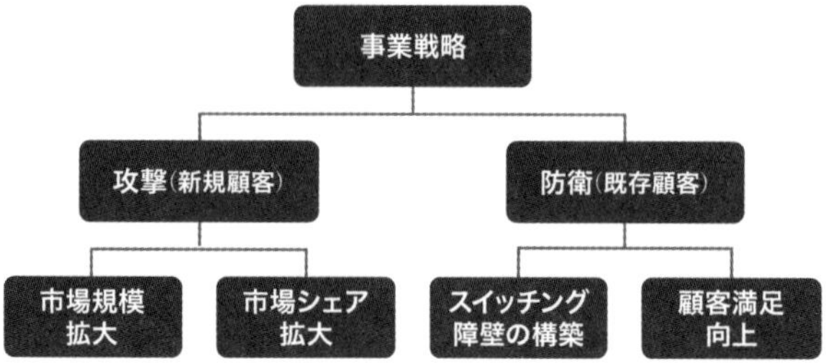

出所：Fornell（1992）p.8.

ではないし，顧客満足が直接顧客維持に結びつきにくい状況も存在する．そのような状況では，スイッチング障壁を組み込むことも念頭に置かなければならない．スイッチング障壁には，その取引でしか使用できない資産（取引特定的資産）の存在や，供給先を変えるために必要なさまざまなコスト，さらには顧客企業のオペレーターの使い勝手や習慣なども関係してくる．

スイッチング障壁のうち，マーケティングとの関連でとりわけ重要な要素が，先に述べたとおり顧客との信頼関係である．購買しようとする製品やサービスの品質がわかりにくい場合には，購買に際して売り手企業との信頼関係が影響を及ぼすことが多い．

たとえば，品質に重要な影響を及ぼしうる材料の調達を考えてみよう．おそらく，新規調達に際しては，さまざまな角度から，その材料を評価することになるだろう．場合によって，試作し，そのできあがった製品の耐久性やフィールドテストを行うかもしれない．けれども，それでも予測できない要素がありうる．

そのようなとき，セールスパーソンやサプライヤー企業との信頼関係が重要である．多くの一般消費財では，売り手企業との信頼関係が購買を左右することは少ないかもしれない．たとえば，石けんやシャンプーなどの日用雑貨では，もし期待した商品でなかったとしても，次回以降違うサービスや製品にスイッチすれば，買い手企業にとって，被害はさほど大きなものにはならないからである．

一方，ビジネス財では購入後も所期の性能を維持するためにはメンテナンスが必要であったり，あるいは原材料であれば長期的に調達することが前提であったりする．そのため，サプライヤー企業が継続的にスペックを満たす製品を供給する能力があるか，品質管理が徹底されているかなど，取引を前にしてさまざまな面からチェックする必要がある．けれども，いくら入念にチェックしてもビジネス財の場合，製品の複雑さゆえに，品質や性能あるいは安定供給などが自社の期待に沿ったものとなるかどうか，確かめようがないケースも少なからず存在する．そのような場合，セールスパーソンや相手企業との信頼関係が，取引を始めるために重視されることになるのである．

このことは，信頼関係が顧客にとってスイッチング障壁にもなりうることを意味している．顧客との間に信頼関係が結ばれることによって，お互いに信頼に値する状況が作り出されている．取引相手が信頼できるということは，信頼できるかどうかわからない他の企業と取引するより，さまざまなコストや手間を節約できるからである．このようなケースは特にビジネス財の取引でよく見られるし，長期的な関係になりやすい一因でもある．

5　関係構築とプロモーション戦略

最後に関係構築とプロモーション戦略との関係について触れておきたい．[14] 先にも述べたように，BtoB取引では，相対的に人的営業(プッシュ型プロモーション)の役割が大きく，その一方展示会や広告あるいはインターネットなどを利用したプル型プロモーションが軽視されがちである．それには理由がある．限られた市場の中で，過去に取引経験のあるような顧客が多ければ，マス広告など多用せずとも顧客に容易にアプローチができるからである．しかしながら，この構図はいかなる環境でも成り立つのかというと，そうとはいえない．

図表3-6　プッシュ戦略とプル戦略の性質

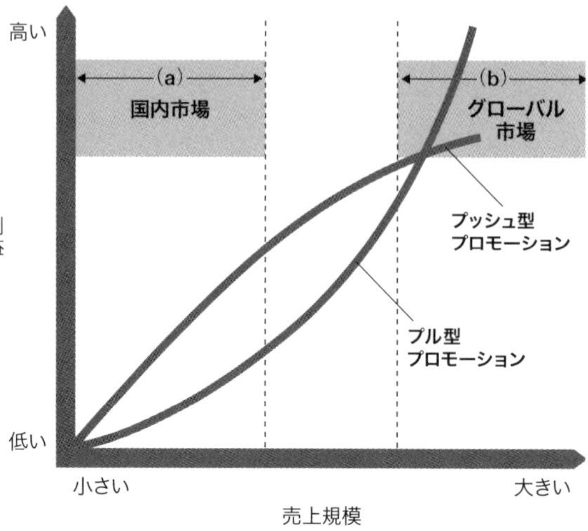

多少荒っぽい言い方が許されるなら，プッシュ型プロモーションは，セールスパーソンの人数に応じて売上が立つので，セールスパーソンを1割増やせば，売上も1割増えるといえる．一方，セールスパーソンをどんどん増やしていくと，徐々にエリアの重複や非効率的な顧客への対応が増え，営業効率も低下していく．それに対し，プル型プロモーションは，固定的なイニシャルコストが相対的に大きく，また投入額が小さい場合には，その効果は限られる．その一方，広告費などの投入の拡大とともに固定費が配賦され（薄まり），規模の経済によって費用対効果が高まるような性格を有している．これを模式的に表したものが，**図表3-6**である．

たとえば，国内市場での売上規模が**図表3-6**の(a)で，一方グローバル市場が(b)であるようなケースを考えてみよう．このようなケースでは，国内市場で以前から展開してきたプッシュ型プロモーションが，グローバル市場でそのまま有効であるとは限らない．[15] むしろ，グローバル市場では規模の経済によってマーケティング効率を高めている欧米企業に対して，不利になる可能性が高い．実際，日本企業の利益率の低減傾向には，こうしたプロモーションのやり方におけるミスマッチが大きく関与しているケースが見られる．ビジネス財といってもさまざまなケースがあり，普遍的な法則であるとはいえないが，市場の状況に応じてプロモーション効率，つまりコスト構造が異なることには留意が必要である．

第 4 章

ブランディングによる インサイドセールスの強化

日本型BtoBマーケティングは，ファーストコンタクトから成約までを人的な営業活動を中心に展開するところに特徴がある．人的営業に依存した売り方が世界的に見て一般的かといえばそうともいえない．欧米では，広告やブランディングを活用したいわゆるプル型プロモーションも活発である．そもそも，欧米に比べて日本で人的営業への依存が高かった理由は，需要が地理的に集中しているからである．

一方，近年需要が分散しつつあることに対応する形で，プル型プロモーションが見直されつつある．このことはプル型プロモーションと活動内容が重なるインサイドセールスの強化にも結びついている．インサイドセールスとは内勤型営業のことで，フィールドセールスと対比されるものだ（**図表4-1**）．コロナ環境下では，対面での営業活動に大きな制約が課されることになった．その中で明らかになったことは，従来の営業活動の相当程度が非対面でも可能だという点である．ニーズを顕在化させることや顧客リストをつくるために行われてきたセミナーはオンラインでも支障はなく，仕様に関する打合せもウェブ会議で十分可能である．つまり，これまでフィールドセールスが担ってきた役割を非対面中心のインサイドセールスで代替しようとする動きが強まってきた．

フィールドセールスに対するインサイドセールスの相対的な重要性は，コロナ前から認識されていた．[1] その理由の1つはコミュニケーションコストの低下によるところが大きい．とりわけ，インターネットを通じた顧客接点強化の費用対効果はきわめて大きい．BtoBブランドを定期的に調査しているトライベック・ブランド戦略研究所によれば，

図表4-1　マーケティングプロセスの管理

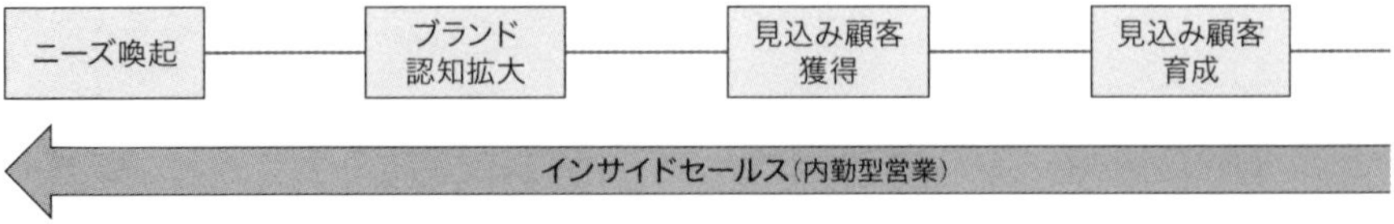

BtoBの購買においてサイト閲覧後，資料等をダウンロードしたケースが15.2％，資料請求が9.4％と報告されている．消費財の購買と比較するときわめて高い．[2]

一方，フィールドセールスの担い手である営業人材はどこも引く手あまたで，転職市場での価値も上昇傾向が続いている．その結果，フィールドセールスの費用対効果は相対的に低減傾向にあるといえるだろう．このような状況下，フィールドセールスにつなぐまでのインサイドセールスの積極的な展開が重要になっている．

今後，BtoB企業のマーケティングを効率化していくうえで重要なことは，インサイドセールスの効果を最大限引き出すため，ブランドを積極的に活用することである．プル型プロモーションは，製品力とともに重要性が増していく．製品力が高い場合，事前の広告や情報提供によって顧客の関心をひきつけやすいからである．インサイドセールスをより効果的なものにしようとするならば，製品やサービスに対する期待，つまりブランド力が高くなければならないということである．

たとえば，広告をよく見る業者に対しては，その業者のパンフレットに目を通す傾向が強いこと(問合せ効果)や，セールスパーソンへの否定的な態度をとる傾向が低いこと(オープンザドア効果)などが，営業支援に対するブランドの効果として知られている．[3]

BtoB企業のブランディングはフィールドセールスの補完にとどまらない．市場が成熟してくると最終製品の売上が拡大しない中，サプライチェーン上でどれだけ利益を確保できるかが重要な経営課題となる．た

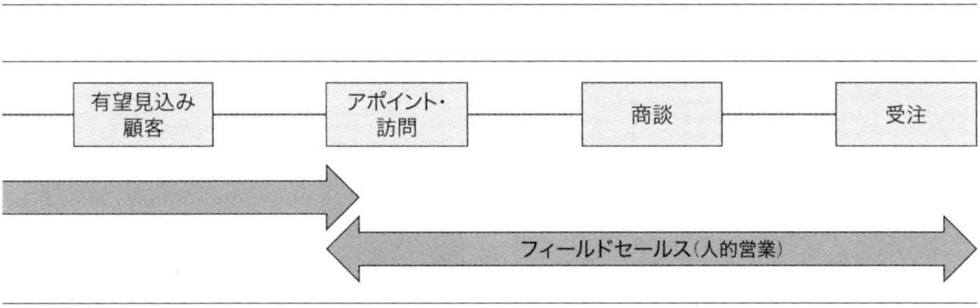

とえば，スマイルカーブ現象も付加価値の取り合いの結果，生ずる現象である．[4] スマイルカーブとは，サプライチェーンの中でプロフィットゾーンが移行し，川上に位置する部品と最終消費者に近い川下の流通・サービスが付加価値をとるとされる動きのことである．これまでアッセンブル（組立）メーカーと比較して低い利益率に甘んじてきた部品メーカーやサービス企業などのサプライヤーが，独自のブランドを築き上げることによって収益力を高めていく姿勢は，成熟期の戦略として理にかなっているだろう．

本章では，マーケティングの効率化やインサイドセールスの強化に大きく寄与するBtoB企業のブランド展開を扱う．

1 BtoB企業とブランド

ブランドを企業の重要な資産として捉える「ブランドエクイティ」という概念が日本で紹介されたのは1990年代である．その後，さまざまな企業が全社横断的なプロジェクトを組織し，ブランド戦略の再構築に取り組んできた．しかしながら，その中心は消費財を扱うBtoC企業であり，BtoB企業におけるブランドへの理解は遅れているというのが実態である．

BtoB取引では，専門化した購買担当者によって品質やスペック，調達コスト，納期などを判断基準として意思決定が行われ，このような状況では，主観的な判断要素の１つであるブランドが入り込む余地は少ない．また，長期的な取引関係が前提となることが多く，既存顧客との取引が中心であれば，あえてブランド構築に注力しなくても，過去の取引実績があれば十分だということになる．

ところが，状況は変わりつつある．企業環境の変化や事業戦略の変更が，BtoB企業であってもブランドの価値を理解し，積極的に活用すべき状況を生み出している．技術革新の進展に伴う部品・工程の見直しや顧客企業の系列取引の見直しによって，新規顧客の獲得や関係性構築が不可欠になっている．とりわけグローバル市場への進出は，多くの場合，既存の取引先との関係強化だけでなく新たな顧客の取り込みが避けては通れない．

その一方，インターネットの普及や電子商取引の拡大に伴い，新規顧客の獲得機会も増しており，購買サイドも選択肢の中から調達先を選びうる状況を生み出している．このような状況において，新規顧客の開拓を効率的に進めるためには，潜在顧客に向けたブランドの浸透が欠かせない．顧客にニーズが発生した際に，企業名が想起され，引き合いが来なければ，いくら優れた製品を持っていても受注に結びつくことはないだろう．

取引のない顧客からの引き合いをはじめ，さまざまな営業局面において，企業の持つブランド力が大きく影響する．筆者らの調査によれば，品質や機能を重視する購買のプロフェッショナルであっても60%以上の人が，引き合いや発注先の選定に際して「当該企業の持つ企業イメージや期待などが強く影響する」と答えている．[5]

序章でも述べたとおり，グローバル市場における知名度の低さから営業活動で苦労する企業も多い．また，合併や事業部門の統合，あるいは分社化等によってもブランドの役割が増しつつある．組織再編によって，組織としての一体感，求心力が低下するのは避けられない．BtoB企業では，製品やサービスが一般生活者の目に触れたり，話題になることが限られている．その結果，従業員が自分の仕事の社会的影響や意義を自覚しにくく，仕事や勤務先への誇りや愛着を感じる機会は決して多くない．

特にグローバル市場に積極進出する企業にとって，企業理念や使命の浸透は喫緊の課題となっている．そういった課題に対処するため，ブランディングによって組織への求心力を取り戻そうとするBtoB企業が，組織再編などに伴って少なからず見られるようになってきた．

さらに，一般生活者との接点が少なくなりがちなBtoB企業では，人材や資金などの外部経営資源の獲得においてブランドが果たす役割も大きい．従来，人材や資金などの獲得は，大学や特定の金融機関との固定化された関係の中で行われてきた．しかしながら，海外への事業展開や事業構造の変化に伴い，新たな領域の人材獲得や資金調達先の多様化によって，積極的なブランド構築が求められるようになっている．このような環境の変化を契機として，ブランドの重要性を認識するBtoB企業が徐々に増えている．従業員向けや人材・資金調達のため，その他にも営業活動を側面から支援するため，産業広告などを通じてコーポレートブランドの構築に努める企業が少なからず見られるようになった．本章では，BtoB企業がブランドを収益に結びつけるためのシナリオについて議論する．

2　グローバル企業におけるマーケティング課題

積極的にブランドを活用する姿勢が，日本のBtoB企業にも散見されるようになった．しかしながら，グローバル市場に目を向けてみると，日本のBtoB企業のブランド戦略にはいくつかの課題が見られる．**図表4-2**は，流通科学大学の横田浩一教授（当時）の行った知名度に関する調査結果である．この調査によれば，日本企業のグローバル市場での知名度や信頼度は低く，マーケティングや営業活動において不利な状況に置かれているといえるだろう．

一方，**図表4-3**は，インターブランド社が毎年公表している企業ブランドの価値ランキング（2022年版）からBtoBの比重が大きい企業を抜粋

図表4-2　グローバル企業の知名度

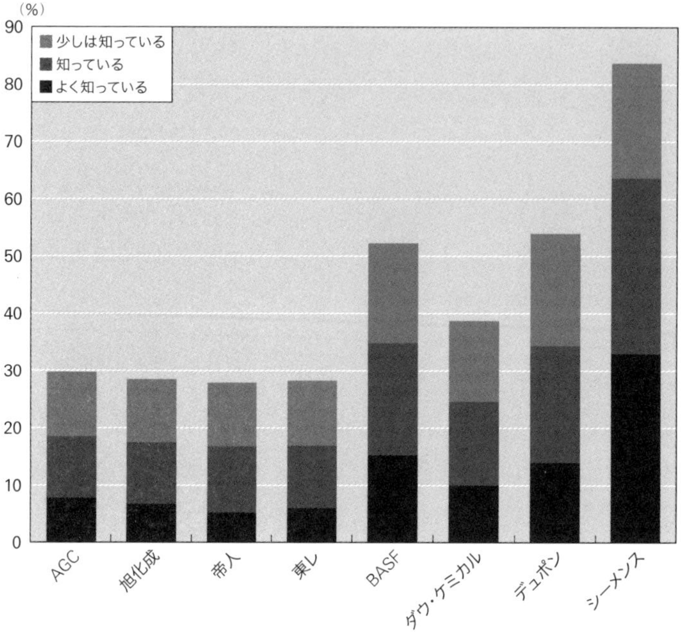

出所：横田（2013）をもとに作成.

したものである．グローバル市場では，BtoB企業といえどもブランド価値の高い企業が多数存在していることがわかる．その一方，日本のBtoBに関連する企業でベスト100位に顔を出すのは，ソニー（39位），パナソニック（91位），キヤノン（97位）のみである．この3社は，BtoBの取引額は大きいものの，BtoCのブランドに定評があるので，純粋にはBtoB企業としてのブランド価値とはいいがたいだろう．こうして見ていくと，グローバル市場での日本のBtoBブランドのプレゼンスは，明らかに見劣りがするものである．

さらには，国内市場でも状況は変化している．高いブランド価値を有する外資系企業が，効率的な営業活動やブランドを前面に出したマーケティング活動を展開し，顧客獲得競争やCRMにおいて，日本企業は

図表4-3　ブランド価値ランキング（BtoBの比重が大きい企業）

順位	企業名
5	サムスン
15	シスコ
18	IBM
19	インテル
20	SAP
31	アクセンチュア
33	GE
36	セールスフォース・ドットコム
83	キャタピラー

出所：インターブランドのホームページ「Best Global Brands 2022」(https://interbrand.com/best-global-brands/　2023年1月15日アクセス).

後塵を拝すことになっている．日本のBtoB企業は，グローバル市場であっても国内市場であっても，競争するうえでブランディングやブランド戦略から目をそらすことができない状況にある．

3　ブランドの効果

ブランドは消費財の専売事項ではない．産業財の購買でも，ブランドは，差別化された製品・サービスを，買い手が他社の製品・サービスと識別するための手がかりとなる．また，ブランドを通じて製品・サービスを情報化することで，当該製品の有用性を高めたり購買時の選択確率を高めたりすることもできる．[6)]

たとえば，購買担当者が引き合いを出すときの想起集合に入っていなければ，問合せを獲得することは期待できないだろう．産業財でもブランドのさまざまな機能をマーケティング活動に活用できる．グローバル市場で活躍する企業の中には，すでにブランドをマーケティング戦略や活動の中心に位置づけている企業も散見される．

それでは，ブランドにはどのような効果が期待できるのだろうか．もう少し詳細に見ていこう．

第１に，ブランドには「識別機能」がある．たとえば，特定の地域で釣れたサバに「関サバ」という固有名詞を付けると，他の地域で釣れたサバとは異なるものである，ということを主張することができる．それと同時に，同じブランドを付与されたサバは同じものとして扱われる．つまり，ある製品へのブランドの付与を通して，その対象となる製品群を１つのものとして特定化する役割を果たしているのである．

企業は価格競争を回避するため，差別化を図ろうとする．他社の製品やサービスとの差別化を実現するために，他社にはない特性や機能を付加しようとするだろう．けれども，それだけで差別化が実現できるわけではない．そもそも，他社製品と識別する手段がなければ差別化は図れない．中世ヨーロッパのギルドでは，マークを定め，それを付けるように職人たちに義務づけた．その理由は，粗悪品の製造者を選別するためだったといわれる．

仮に，品質面や属性面で違いがあったとしても，その違いを買い手の購買担当者や技術者が識別できなければ，他社のものと同じだと認識されてしまうだろう．企業はブランドを付けることで，どこにでもある製品から，独自の品質や機能を持った製品へと，自社の製品・サービスを転換できるのである．

第２に，ブランドには「保証機能」がある．部品メーカーや加工業者が，自らの製品・サービスにブランドを付与するとき，それは「優れた品質や属性の製品・サービスを供給し続ける」という企業の意思表示となる．

上述のギルドの例では，マークを付けることによって「保証」が提供されることになる．粗悪品は一度購入され使用されると，期待どおりの品質や機能を有していないことがわかってしまうことになるため，名前を名乗りにくい．製品に固有の名前や製造者のマークを付けることは，責任の所在を明確にし，その内容物を保証することにほかならない．

一方，見方を変えるとブランドを付けることによって，内容物に対する保証という責任とともに，何らかのトラブルがあった際のリスクも抱え込むことになる．つまり，あるブランドについて，品質や性能にかかわる重大なトラブルが発生すれば，買い手は，同じブランドとして供給されている他の製品・サービスからも遠ざかってしまうだろう．

ブランドによる保証機能を活用する場合，こうしたリスクも付随することになるため，自社の製品・サービスの品質や機能を管理し，保証できる体制を確立しておくことが前提となる．このように考えると，製品・サービスに付けられたブランドには，単なる名前やマークとして他社製品から識別するだけの機能を超えて，企業にとってより重要な意味を持つことになる．

ブランドの第3の機能が「想起機能」である．想起機能とは，製品ブランドや企業ブランドが買い手に対して，ある種の知識や感情，あるいはイメージなどを想起させる機能である．ある企業で，部品や素材，あるいは設備の購入が必要になったとしよう．その場合，買い手は製品選択に必要な情報を一から収集するわけではない．過去の情報探索や経験に基づく記憶を購買にかかわる意思決定のための情報として利用するからである．

もちろん，ブランドが想起されるという状態にも，いくつかの次元がある．それは，人々がブランドの名前を記憶していることだったり，その名前から何らかの知識や感情，イメージを想起することもある．

そのいずれであっても，ブランドを知っていることで，買い手の「情報処理負荷の削減」が可能になる．[7] ブランドの想起機能には，他にもいくつかのメカニズムが存在するが，BtoBの取引では，とりわけこの情報処理負荷の削減によるブランドの想起機能に目を向ける必要がある．ブランドは，買い手が記憶している製品・サービスの品質や属性，あるいはそれらを供給する企業の能力などを想起する手がかりとなる．製品・サービスに付与されているブランドからの連想を利用することで，買い手はそれらの情報を新たに収集したり，判断したりしなくても済む．そして，買い手がこうしたブランドを利用した購買意思決定を行うとき，製品・サービスはブランドによって差別化される．つまり，ブランドの効果が生まれることになる．

さらに重要なことは，想起機能の存在が，ブランドを競争優位構築のための資産として位置づけることを可能にする点である．つまり，ブランドは，企業にとって貴重な資産として有効に活用すべく，長期的な視点を持つマーケティング課題として扱わなければならない．

ブランドによる想起機能は，人々の記憶を源泉とするものである．記憶は時間経過の中で形成される．そこに，企業の長期的な競争優位の源泉としてブランドを位置づけたり，資産としてマネジメントすることの意義を生み出しているのである．

たとえば，「コカ・コーラ」「リプトン」「コダック」「ジレット」といったブランドは，1920年代にそれぞれの商品カテゴリーを代表する米国のトップブランドの座を占めるようになった．これらのブランドは，現在でも米国の代表的なブランドとしての地位を保っている．このように，人々とブランドとの絆は，企業がそのメンテナンスを怠らなければ，きわめて長期間にわたって生き続ける．ブランドには，持続的な競争優位を築くための「資産」としての可能性が備わっているのである．

4 BtoBブランディングのフレームワーク

以上，述べてきたブランドの機能をBtoBの取引に関連させて，議論を進めてみることにしよう．ブランドとは，「ある売り手の財やサービスを，他の売り手のそれとは異なるものとして識別するための名前，用語，デザイン，シンボルおよびその他の特徴」(米国マーケティング協会の定義)である．

ブランドによって，自社の部品や素材あるいはサービスなどを他社商品から識別することが可能になる．また，信頼の印でもあり，将来もそれを継続していくという約束をすることで，顧客企業には安心して購入してもらえるようになる．また「想起」も，ブランドの重要な役割の1つである．企業の購買であっても，常に十分な時間をかけて商品を選択しているわけではない．選択プロセスを簡略化して，手間をかけずに自社のニーズを満たす商品を選ぼうとする．

ブランドの機能は，BtoBビジネスでも基本は同じである．BtoBでも，商品名や企業名は他の商品や他社と識別してもらうためのものであるし，名前を付与した商品を長期にわたって提供することで，顧客には安心して取引を開始してもらうことができる．

このように，BtoBでも顧客に向けたブランド効果に注目することは重要である．それとともにBtoBでは，より幅広いステークホルダーを念頭に置いたブランディングへの取組みが欠かせない．直接の顧客に加え，従業員やリクルート市場，あるいは株主などに向けたブランディングは，目的意識を持って展開しなければならない．BtoCでも，従業員や株主などに対するブランディングは重要である．けれども，売上や利益に直結する消費者向けブランディングが積極的に展開されることによって，とりわけ広いステークホルダーを意識しなくても，ある程度の知名度向上やイメージの形成が期待できる．

BtoBではそうはいかないため，消費財の場合よりも，より幅広い枠組みを意識しながらブランディングを検討する必要がある．ここでは，BtoBブランディングを包括的に議論するため，その対象（ターゲット）に

図表4-4　BtoB企業のブランディング

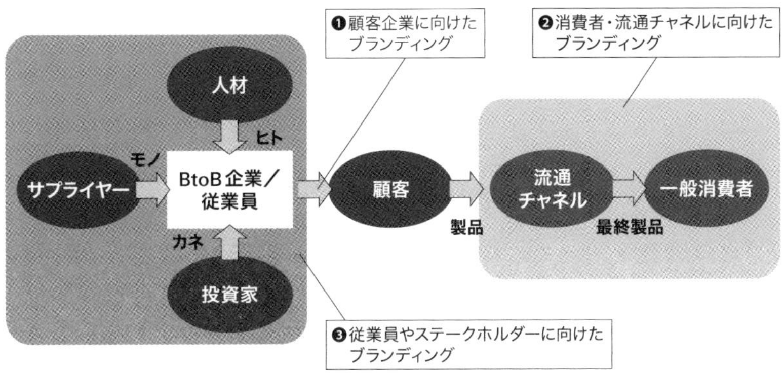

出所：余田・首藤編（2006）p.46を修正．

よって，大きく以下に述べる３つの類型で捉え，議論を進めることとしよう（図表4-4参照）．

顧客企業に向けたブランディング

第１は，直接の買い手である「顧客企業」に向けたブランディングである．これは，取引接点を強化するために，あるいは営業効率を向上させるために行われる．

BtoBで扱う製品は，部品や素材，情報機器，用度品などの有形の財に加え，情報システムや土地活用，資金運用などきわめて多様だが，そこでは，営業活動を中心とした取引接点の強化がマーケティング戦略の核となる．

こうした取引接点強化に向けたブランド展開は，BtoCと異なるBtoB固有の課題といえるだろう．昨今，新たな取引の拡大や従来の取引関係の見直しが進む中，取引接点強化に向けたマネジメントの重要性は高まっている．

流通チャネルや最終消費者に向けたブランディング

第２は，顧客企業の顧客，すなわち流通業者や最終消費者に向けたブランディングである．これは主として，川下からのプル効果を期待して行われる．最終消費者の他，流通業者に向けたブランディングも含まれる．

具体例としては，インテルによる「Intel Inside」のブランディングやコミュニケーションを挙げることができる．インテルは，最終消費者に向けて強力なブランドを構築することで，セットメーカーへの納入シェアを高い水準で維持している．ビジネス財の多くは，消費者の需要に派生する形で生まれるため，ブランド展開の対象として積極的に取り組むことが望まれる．

また，ここで期待されるブランド効果には，すでに得られている利益を，より長期にわたって継続させるために，ブランド浸透を通じて流通業者と一般消費者から支持を取りつけるという側面もある．

インテルでは，「Intel Inside」のキャンペーンや「Pentium」などのネーミングを通じてブランドを形成することで，最終消費者からの支持を得るとともに，価格プレミアムを実現しているといえるだろう．インテルは，消費者がパソコンを選ぶときの争点がMPU（マイクロプロセッサ）に移行している状況を積極的に活用し，ブランディングによって自社の優位を確実なものとした．イノベーションのスピードが速く，製品が陳腐化しやすい半導体のような産業では，特にブランドによって優位性を継続させることが有効である．

ステークホルダーに向けたブランディング

第3は，「ステークホルダー」に向けて行われる企業の社会性などの訴求を目的としたブランディングである．BtoB企業を取り巻くステークホルダーには，企業活動の担い手である従業員や将来の従業員（リクルート市場），企業活動を資金面から支える投資家，あるいはより間接的だが企業活動に強い影響を及ぼす社会などが含まれる．

今日，多くの企業が社会的価値の向上に向けた活動を強化している．一方，BtoBビジネスを中心に展開する企業では，商品を媒介にしたステークホルダーとの接点が限られるため，自社に対する関心喚起や評価獲得が難しい．その点，BtoB企業ではBtoC企業より，ステークホルダーを明確に意識してブランドマネジメントに取り組むべきだろう．

これら3つのブランディングの類型のうち，顧客企業との取引接点強化に向けたブランディングについて本章で，また，部品や素材，技術，サービスのブランド化については第7章，第8章で取り上げる．

5　顧客企業の購買行動とブランディング

企業と顧客の間には多様な接点がある．日々の活動で目にしたり，耳にしたりする評判やマス広告，あるいは展示会やホームページを通じた情報提供，さらには営業担当者による接触や技術説明，納入時の据付作業，購入後のメンテナンスやCRMなども顧客との接点として重要である（図表4-5）．

近年，顧客接点の強化は，BtoB企業の喫緊の課題となっている．昨今の経営改革の取組みが，BtoB取引における顧客企業との関係性を変容させているからである．

スイッチング障壁の高さや，長期的な関係の継続に基づく企業活動のメリットなどから，これまでBtoB取引では，顧客企業との関係が固定化される傾向が強かった．しかし，顧客企業が事業再編の一環として

図表4-5　BtoB企業と顧客との取引接点

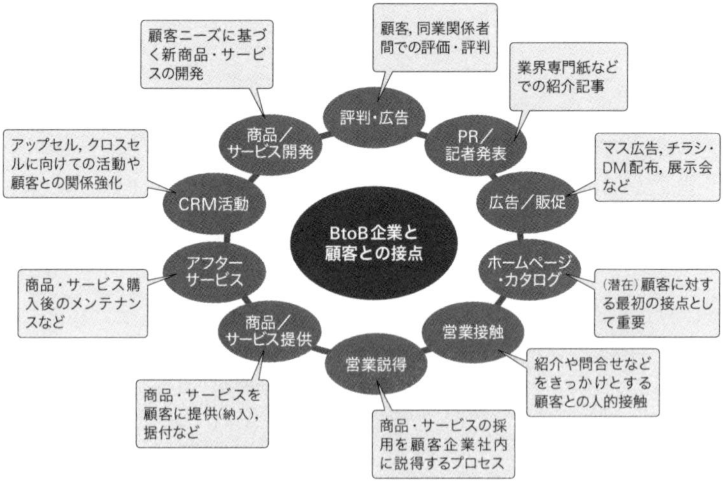

出所：高山（2004）；余田・首藤編（2006）を修正．

行った「系列の見直し」によって，これまで築いてきた長期的な関係が解消されることも多く，BtoB企業は新たな取引先との関係構築が急務となっている．

また，技術革新の加速によるプロダクトライフサイクルの短縮化[8]や電子商取引の台頭によって，企業間の関係性に依存した取引そのものの価値が低下しているケースもある．そのような場合にも，新たな顧客価値を提供する顧客接点を一から構築することが求められる．

しかし，顧客接点強化の重要性が増す中で，ブランドがどのような役割を果たすかについては十分に議論されてきたとはいいがたい．顧客接点との関連の中でブランドの貢献を明らかにするためには，顧客接点の中心的要素となる「顧客企業の購買行動」に関する理解が欠かせない．

■顧客接点に影響を及ぼす購買行動の変化

第1章でも述べたとおり，BtoBの購買において指摘される典型的な特質は，組織的な購買行動が行われることと合理的な動機の下で客観的な意思決定が行われることにある．

BtoB取引において顧客企業では，成約に至るまでのさまざまな局面で，それぞれの役割を担う担当者が，おのおのの立場で購買行動に関与する．また，購買行動そのものは合理的な動機によるもので，意思決定プロセスでは専門知識に基づく客観的な判断が下されるのが一般的である．

ところが，昨今の環境変化により，BtoB取引における組織購買はさまざまに変化している．たとえば，低価格化が進むコピー機やプリンターなどの情報機器の購買で象徴的に見られるように，購買部門から現業部門への購買意思決定権限の分散化が進む傾向にある．このような場合，各部署の総務担当者の裁量で購入が決められることが多い．

しかし，同じ情報機器でも，ネットワークなどを装備するインテリジェント化した複合機の購買では事情が異なる．コピー機やプリンターとは逆に，部門長クラスなど上層部までもが関与するケースも見受けら

図表4-6 購買行動の変化

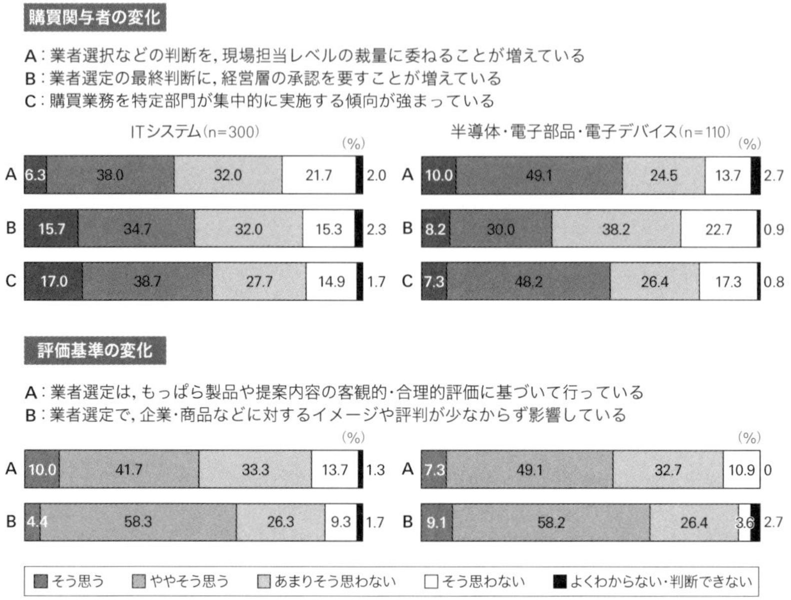

出所：余田・首藤編（2006）p.54.

れる.[9]

また，大型化する案件では，社内の多様な部門が，購買活動の中でさまざまな立場から購買活動に意見するようになり，これまで想定しなかった部門や担当者が関与する現象も起きている.

博報堂が行った「BtoB購買関与者調査」[10]によれば，業者の最終選定を現場レベルの裁量に委ねるケースが増えていると答える企業が50%程度を占める一方，経営層が案件・導入決定に関与することが増えていると答える企業も相当数存在している（**図表4-6**）.

このように企業の購買は，これまでの枠組みから多様に変化している．どの部門のどの階層がどのような権限を持って意思決定にかかわっているのか，案件ごとや取引先ごとの特徴を詳細に検討することなしに，的確なマーケティング戦略の立案・実施は困難になっている.

図表4-7 ベアリング購買企業についてのクラスター分析の例

No.	%	クラスター記述子	購買担当記述子	購買記述子	プロセス記述子
1	49%	きわめて実体的	伝統的，節度，客観的	典型的，製品指向	教科書的，構造的
2	37%	ブランド受容	多数，洗練	きわめて重要，リスクをともなう	新しい提案を受け入れる，綿密
3	14%	低い関心	低い関連性，無頓着	習慣的，低いリスク	利便性，低関与

出所：Mudambi (2002) p.531を訳出.

また，購買の手続きや評価基準にも変化が見られる．同じく「BtoB購買関与者調査」によれば，「業者選定はもっぱら製品・システムなどや，提案内容の客観的・合理的な評価に基づくか」という質問に対して「そう思う」「ややそう思う」と答えた人は，調査対象とした3つの製品カテゴリー（ITシステム，情報機器，電子デバイスなど）いずれの購買関与者においても，5割を若干超える程度にとどまっていた．それに対し，これを上回る割合の人が「業者選定においては，企業・商品などに対するイメージや世評が少なからず影響している」と答えている．

消費財と違って感覚的な選択が許されず，厳しいコスト管理が行われるBtoB取引であるため，製品の良し悪しを見極められる人が客観的にかつ合理的な判断を下す，という常識が必ずしも通用しなくなっている．

たとえばS・ムダンビによれば，ベアリングの購買企業のクラスター分析の結果，ブランドを拠り所として購買の意思決定を行う（購買担当者の）クラスターが37%の割合で存在したという（**図表4-7**）．一方，従来の伝統的な製品指向の強いクラスターは49%を占めていた．ベアリングの購買におけるブランドを受容するクラスターの特徴は，購買の重要性が高く，洗練されており，詳細な検討プロセスを経るという特徴を有していたという．ベアリングのような典型的な産業財であっても，相当程度の購買担当者が，サプライヤーの選択時にブランドの影響を受けている．

こうした現象が起こる背景として，いくつかのことが考えられる．

まず，品質やスペックなどを判断することが困難な関与者の増加である．新分野進出をはじめとする事業構造変革や業務効率の追求によって，顧客企業では，使用者・開発者など担当者レベルにおいてさえ，製品に精通していない，技術に明るくない，などといった状況が拡大している．

特定領域のコンサルティングサービスの導入，あるいは多くの小規模企業・事業所におけるITシステムの導入などにおいては，そもそも顧客側に案件にかかわる十分な知識がなく，提供される商材や提案の価値を評価できる人材がいるとは限らない．また，客観的なデータに基づいて判断ができる人であっても，特定の局面においては，売り手企業に対するイメージを参照した主観的な判断がしばしば行われている．この点については後述する．

購買に関与するメンバー

BtoBのブランドマネジメントを検討するにあたっては，上で述べたように，組織購買と判断属性の変容という実状に即して課題を設定し，対応を検討すべきである．

顧客企業の購買行動は，購買関与者や購買環境，購買する財，あるいは購買する局面で大きく変わる．また，意思決定に用いられる情報や判断基準も絶えず変化している．ブランドマネジメントは，このような購買意思決定のダイナミズムを理解したうえで行われなければならない．

以下においては，まずBtoBの購買行動において重要な要素であり，取引接点におけるブランドマネジメントの成果に大きな影響を及ぼす「購買プロセス」と「購買センター」について整理する．

BtoBの購買行動も基本的には問題解決行動であり，その点では消費者の購買行動と変わらない．しかし，多様なメンバーによる共同意思決定として購買が行われるという点では，BtoB固有の課題が存在している．組織購買行動は，組織の誰かがある購買行動を通じて解決されうる問題（目標状態と現実状態の乖離）を認識したときにスタートし，問題解決とともに終了する．

そのプロセスには，購買担当者に限らず，組織の数多くのメンバーの活動が含まれる．購買に何らかの形でかかわる人の集合を「購買センター」と呼ぶ．売り手企業は，発注者だけに注目すればよいわけではない．購買に際しては，問題を認識して発案する人，実際に使用する人，意思決定に影響を及ぼす人，購買の意思決定を下す責任者，稟議に際して承認する人，供給業者が決まった後で取引条件を交渉し，実際に発注書を発行する購買担当者など，さまざまな部門の，さまざまな階層のメンバーが直接的あるいは間接的に購買意思決定にかかわる．

購買センターのメンバーは，個人と組織の目標の複雑な相互作用（やりとり）によって動機づけられる．また，メンバーはそれぞれ異なる役割を持つため，情報の探索方法や利用する情報にも違いがある．もちろん，メンバーごとに購買にかけられる時間や重視する製品属性が異なるため，ブランドの効果も異なってくる．購買プロセスと購買関与者を理解することは，BtoB領域でブランドを展開するうえできわめて重要な作業となる．ブランドが効果を発揮できるステージやステップ，あるいはその対象を明確にしなければ，有効なブランドマネジメントを展開することはできない．

購買プロセスにおけるブランドの役割

組織購買行動は，単純で即時的な行動ではなく複雑である．多数の人，多次元的な目標，潜在的にコンフリクトを有する決定基準を含んでいるため，いくつかのステップを含む長期間にわたるプロセスから構成される．営業活動におけるブランドのかかわりについて議論を進める前に，まず営業活動の対象となるBtoBの購買プロセスについて整理してみよう．

ビジネス財の購買プロセスは，大きく分けて「案件化」と「取引先選択」の２つのフェーズで捉えることができる．案件化のフェーズでは，

図表4-8 | BtoB購買の基本モデル

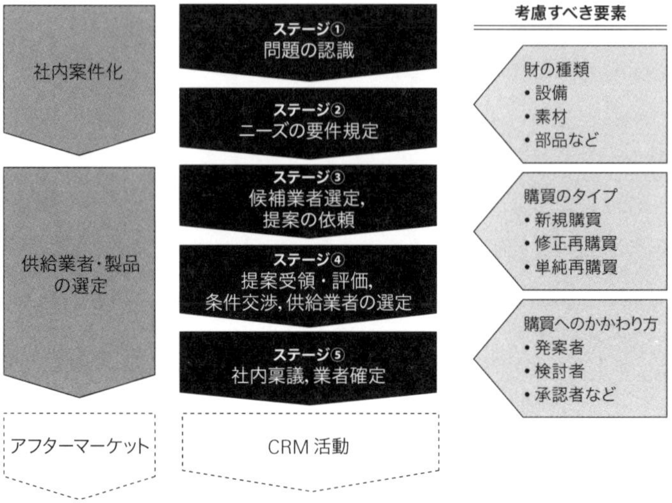

出所：余田・首藤編（2006）p.59を修正.

①解決すべき問題の認識と②購入スペックや予算，納期といったニーズの要件規定によって構成される．さらに，③候補業者選定・提案の依頼，④提案受領・評価，条件交渉，供給業者の選定，⑤社内稟議，業者（商品）の確定という取引先・購買商品の選択ステージが続くことになる（**図表4-8**）．第1章でも述べたとおり，購買プロセスは「購買経験」を経て簡素化される．問題の認識からパフォーマンスの評価まですべてのステップを経るのは新規購買である．購買経験を重ねるに従って，このプロセスの一部は省略される．

まず，「①問題の認識」では，改善・解決すべきビジネス課題や，品質向上のための改善すべき業務プロセスなどが認識される．そのきっかけとなるのは通常，現場における不具合や改善提案と売り手企業のセールスパーソンによる提案である．そういった提案を受けて，購買企業内の「誰か」が解決すべき問題や提案された商品の価値を認識して購買を発案する．そして，その重要度・優先度が社内で評価され，公式に案件化される．

このステージでは，売り手の営業活動とマス広告・記事情報による意識喚起が重要である．財やターゲット企業特性によって発案者は異なり，部門・職階を絞り込んで特定することすら困難なこともある．このステージでは，雑誌や新聞記事などのマス広告による引き合いや，セールスパーソンの接触が重要であり，広告の問合せ効果やオープンザドア効果への期待が高くなる．

次いで，「②ニーズの要件規定」では，課題や社内事情に応じて発注の条件，つまり購入スペックや納期，あるいはおおよその予算などが検討される．ここでは買い手企業の購買条件やスペックの検討を支援する活動が中心となるために，売り手としてはそれに資する情報を含んだパンフレットや技術資料，あるいは購入スペック作成に対する支援体制の整備が必要となる．

そして，「③候補業者選定，提案の依頼」という供給業者を選定するステージに移行すると，まず何社かに声をかけて要件（購入スペック）を提示し，提案（納入スペックや見積り提出）の要請を行う．買い手企業は選択肢となる企業を絞り込むべく情報収集を行い，必要に応じて企業との接触を行う．したがって，売り手企業は候補企業としてノミネートされるべく，印刷物・電子媒体などによる会社概要や技術紹介・製品案内などを通じて，製品・サービス・技術の優位性を訴求する情報提供（広告）を行い，対応しなければならない．

そして，買い手企業は購入条件に対応しうる企業か否か見極めたうえで，提案依頼を実施した後，「④提案受領・評価，条件交渉，供給業者の選定」を行う．システマティックな購買活動が行われている企業では多くの場合，組織としての選定基準をあらかじめ規定しており，それに沿って客観的な評価が下される．売り手には，提案書だけでなくさまざまな技術資料や試作品などの提示を通して，その評価基準に沿った提案である旨を理解してもらうための情報提供が求められる．

その後，成約に向けての「⑤社内稟議，業者確定」のステージへと移る．これは，マネジメント層や購買部門による最終的な評価，承認がなされるステージである．稟議プロセスに関与するメンバーは，営業活動ではカバーしきれないことが多い．そのようなケースでは，大規模なITシステムや情報機器など，財によってはこのステージをクリアするための手段として，マス広告の活用を念頭に置かなければならない．

BtoB取引における広告効果を考える際には，以上のような購買ステージに分類して議論されることが一般的であるが，ブランドの効果を議論するうえでは不十分である．BtoBのブランドマネジメントで重要なことは，購買ステージに加えて，購買に関与する人を識別することである．先にも述べたとおり，BtoBの購買に際しては，さまざまな部門の，さまざまな階層のメンバーが，直接的，間接的に購買意思決定にかかわることになる．

購買における企業イメージの影響

このようなBtoB取引における購買行動で，ブランドや企業イメージはどのように影響するのだろうか．まず，先述の「BtoB購買関与者調査」に基づいて，どのような購買局面で，企業に対するイメージの影響を受けるのかを見てみよう．**図表4-9**はこれまで取引のないサプライヤーに対して，「どのようなイメージの企業なら，営業員の面会要請に応じて話を聞く気になるか？」，および「どのようなイメージの企業なら，提案内容・水準が確実に順守されると思うか？」を尋ねたものである．

この結果によれば，取引経験のない企業に対しても，「技術力が高い」「顧客ニーズに合った商品・システム開発力がある」「信頼できる」といったイメージが，営業活動に影響を及ぼしている．つまり，提示されるスペックや価格が優れているといった客観的な判断だけでなく，企業イメージも加えて意思決定を行っているものと解釈できる．また，「広告をよく見聞きする」といった広告への単なる接触よりも，広告などを通じて獲得されたさまざまなイメージや印象が影響しているようである．

一方，購買センターのメンバーによっても重視する製品属性やブラン

図表4-9　意思決定局面における企業イメージの影響

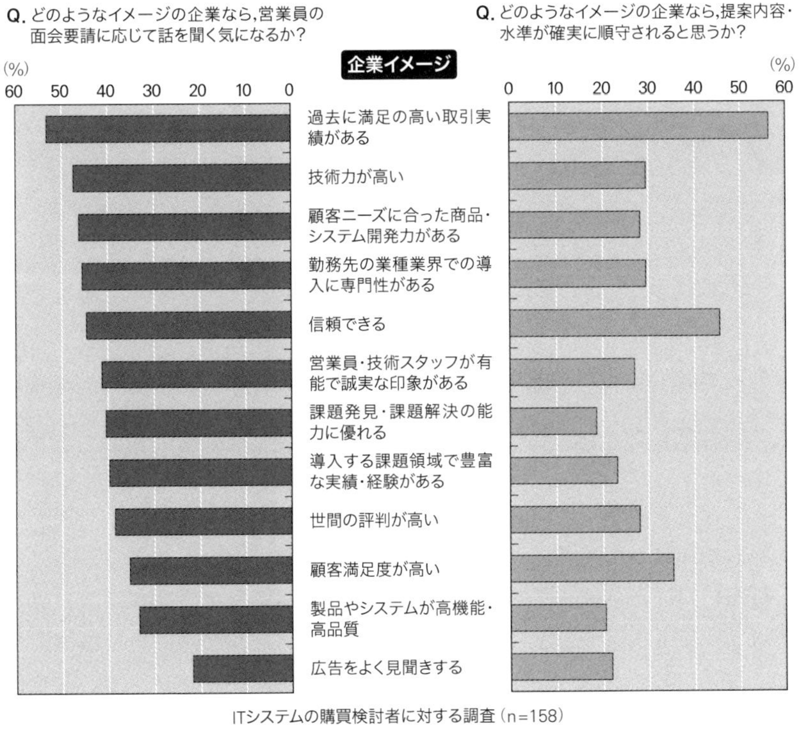

出所：余田・首藤編(2006) p.59を修正.

ドの影響が異なる．たとえば，プロダクトエンジニアや現場のオペレーターであれば品質や性能あるいはアフターサービスなど，自分が責任を負うタスクに従って多面的な評価を行うが，購買部門や管理部門の担当者は，価格や納期，過去の納入実績などを重視する傾向にある．[11] ブランドの効果を議論する際にも，購買への関与者が誰であるかという視点が重要になる．

たとえばN・S・アレクサンダーらは，購買センターのメンバーがどういった属性を重視するかについても調査している．[12] それによれば，意思決定者とユーザーはブランドの影響を受けやすい一方，インフルエ

図表4-10 | 購買センターにおいて重視される属性の比較

	ブランド	耐久性	リード タイム	技術 サポート	価格	合計
ユーザー	42.05	27.81	10.53	8.91	10.67	100%
インフルエンサー	22.52	42.52	11.16	8.74	15.02	100%
意思決定者	48.07	20.45	10.04	7.01	14.42	100%

注：1. インフルエンサーとは，購買に関してアドバイスなどを通して影響を与える人を意味する．
2. 数値は，コンジョイント分析の結果得られた重要度である．
出所：Alexander et al.(2009) p.5を訳出．

ンサーでは，耐久性や価格に（相対的に）重きを置くという結果が得られている（**図表4-10**）．つまり，豊富な知識でアドバイスする立場のインフルエンサーでは，ブランドの影響が低くなると解釈できる．

また，この研究では，BtoB取引におけるブランドの価格プレミアム効果も検討されている．彼らは，産業用タイヤについてコンジョイント分析を行い，ユーザー，インフルエンサー，意思決定者について，ブリヂストン，ミシュラン，グッドイヤーがノーブランド品に対して有している価格プレミアムを調査した．その結果によれば，ノーブランド品に対するブランド品（3社平均）の価格プレミアムはおよそ20%であり，[13] また価格プレミアムは，意思決定者とユーザーがインフルエンサーに対して大きいことが明らかにされている．

一方，筆者らが行った調査では，購買活動へのかかわり方に関して，主に「業者選定の検討実施メンバーとして関与」している層と「意見・情報提供などで検討を側面支援する立場で関与」している層では，前者のかかわり方が強い層のほうが，企業イメージの影響を受けにくいという結果が得られた．[14] つまり，低関与の購買層のほうが，サプライヤー企業のイメージに影響を受けやすいということである．

実際の企業活動において，購買にかかわる意思決定は常に時間的制約に迫られている．このような状況においては，あまり重要でない購買（低関与）でブランドや企業イメージを判断の拠り所とするようなケースが少なからず存在する．

6　顧客接点強化とブランドマネジメント

BtoB取引では，基本的には多くの意思決定が客観的なデータや基準に基づいて行われているということが，多くの研究者によって指摘されてきた．このような判断は認知的処理と呼ぶことができる．BtoB購買では，需要喚起時の商品案内や取引先選定時の技術・実績などの情報や見積り仕様書などに基づいて，性能や品質，あるいは納期，価格など客観的数値を比較検討する処理様式がとられる．[15] いかに購買プロセスが変化しようとも，ビジネス財の営業活動においては，この点への対応を忘れてはならないだろう．

その一方で，先に述べたとおり主観的な判断が介在する傾向が拡大している．スペック，品質，納期・納入価格など客観的な属性以外の「周辺的手がかり」の影響を受けた主観的判断に基づいて購買されるケースが増しているのである．このような意思決定様式においては，ブランドがきわめて重要な役割を担うことになる．売り手としては，商品やサービスに対する客観的な評価基準への対応だけでは十分ではない．あらかじめ抱かれている信頼感などの企業に対するイメージや，主観的評価が意思決定を左右する状況も考慮しなければならない．

BtoB購買における関与と知識水準

それでは，どのような購買状況において，主観的評価や企業イメージといった周辺的手がかりを参照する意思決定のウエイトが増すのだろうか．前節で述べたとおり，ブランド効果を検討しようとするとき，広告効果を分析するフレームワークに従って，つまり購買ステージを軸として議論するだけでは不十分である．ブランドの効果となると，個々の記憶にかかわるものであることから，誰に対する効果であるかに注目しなければならない.

そこで注目すべき軸が，先述の購買における関与の水準である．ビジネス財の購買プロセスでは，意思決定の情報処理に影響を及ぼす要因として，購買の重要性[16]や動機づけの強さ[17]が挙げられる．これらが購買への関与を高め，結果的に十分に時間をかけた検討をもたらす．つまり，購買に対する関与水準が高いほど，企業イメージなどの周辺的手がかりへの依存が相対的に低下すると考えられる．

そして，もう1つの軸が，購買サイドの知識水準である．[18]消費者の購買行動における情報処理の違いを説明するR・E・ペティとJ・T・カシオポの精緻化見込みモデルによれば，周辺的手がかりへの依存は情報を精緻化する動機づけと情報の精緻化能力に影響を受ける．すなわち，購買サイドの知識水準が高くなければ，スペックや品質などの客観的なデータを十分に処理することができず，主観的な属性に影響を受けやすくなる．[19]

図表4-11に示すとおり，BtoBの購買行動においても，財に対する知識水準・評価能力や購買への関与水準によって感情的な処理の比重が変化することになる．[20]

情報機器販売のキヤノンマーケティングジャパンでは，近年，顧客企業の決済が組織の上位者に上がる傾向が見られ，それに伴い，セールスパーソンがカバーできない購買関与者が増えているという．そのような場合，商品に十分な知識を持っていない経営幹部が稟議にかかわるようになり，よく知らないブランドよりもよく知っているブランドを選ぶ傾向がある．[21]

同様に，IBMの「e-business」というサービスブランドも，専門家を要するIT部門を対象とするものではなく，CEOやCIOなどの経営トップや，あるいは実際に使用者となるユーザー部門へのブランド構築を意図したものであるといわれる．[22]必ずしも十分な知識を有しておらず，製品の判断能力に劣るようなメンバーが購買にかかわる局面では，ブランドによって情報処理を節約する傾向が強く現れる．

一方，ブランドの効果はこうした稟議にのみかかわるような経営層

図表4-11｜BtoB購買の意思決定モデル

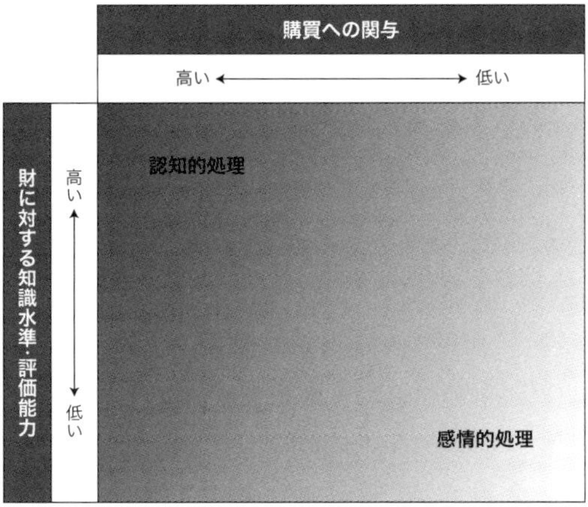

出所：余田・徳永（2005）p.15.

に限定されるものではない．**図表4-11**に従えば，きわめて高い判断力を有するエンジニアや購買の専門家に対しても効果を有する．それは，関与水準が購買に影響を及ぼすからである．先述の購買プロセス（**図表4-8**）を見てみよう．各ステージでは，購買への関与水準に違いがあることが想定される．そして，関与水準が低いステージほど，周辺的手がかりに依存した意思決定となりやすい．

たとえば，業界紙や雑誌記事に接して引き合いを出すかどうか，あるいは案件化を促すためのセールスパーソンの訪問やアプローチに対して買い手が面会に応じるか，など購買の初期のステージではブランドの果たす役割が大きくなる．多くの場合，面会するかどうかは，それにより得られるであろう情報内容への期待によって判断される．しかし，実際には面会してみなければどのような情報が提供されるのかはわからないため，期待はそのセールスパーソンの所属する企業に関して持っているイメージに左右されることになる．

また，購買企業が引き合いを出す企業を選別する際も，事前の期待が影響を与えることになる．候補企業をリストアップするに際しては，もちろん情報収集を行わなければならず，そのためにはコストや労力がかかる．この段階では，業者の最終選定ではないため，過去の購買や使用経験，あるいは評判などを参考に（つまり，コストや労力を節約）しつつ，候補となる業者を決めることになる．

この傾向は，昨今の電子商取引や電子市場の拡大に伴って顕著になっている．電子市場はサプライヤーの探索コストの低減をもたらし，その結果，候補になりうる企業を多数検索することができるようになった．とはいえ，買い手サイドでは候補企業すべてに声をかけ，検討を進めていくことは，相当に重要な部品や製造設備以外では考えられない．そこで，事前にいくつかの企業に絞り込むことになるが，その際，候補企業に対する期待やイメージが影響を及ぼすことになる．このように，各ステージにおける個々の意思決定があまり重要ではないような状況では，ブランドなどの周辺的手がかりが参照されることになる．

以上述べたことをデータによって確認してみると，以下のとおりとなる．**図表4-12**は，情報機器とITシステムの製造企業24社を挙げ，それぞれの企業のブランドイメージ指標を横軸に，案件化フェーズにおけるブランドの効果を縦軸にとって，両者の関係をプロットしたものである．ブランドの効果は，案件化フェーズの例として，「問合せをしたいかどうか（問合せ促進効果）」を個々の企業について尋ね，得られた回答を指標化したものである．回答者は，購買において主たる検討者となる人である．

この調査結果によれば，比較的評価能力の高い購買メンバーであっても，購買プロセスにおいてブランドの影響が認められている．また，紙幅の関係でデータの詳細は割愛するが，専門の購買担当者について購買プロセスの各ステージにおけるブランド効果を確認すると，より初期のステージのほうが，ブランドの効果は高いという結果も得られている．[23)]

図表4-12 案件化フェーズにおけるブランド効果

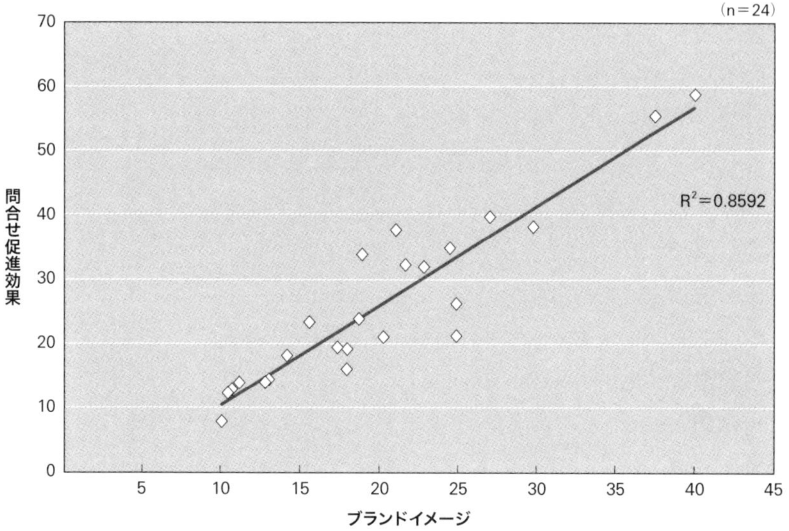

注：回答者は，情報機器，ITシステム案件における検討者．ブランドイメージ（横軸）は，「よく知られている」「評判が高い」「親しみを感じる」など，21のイメージ項目による指標である．問合せ促進効果（縦軸）は，「問合せをしたいかどうか」についての回答を指標化したものである．
出所：余田・首藤編（2006）p.74.

購買製品・タイプとブランド

関与水準については，上述の購買ステージやメンバーの他にも，購買する製品によっても異なる．つまり，用度品や事務機器などの比較的関与水準の低い財を購買する際には，やはりブランドの影響を受けやすいと考えられる．1990年代，エプソンは有名タレントを使った大規模なテレビ広告によって，数十万円を超えるカラーレーザープリンターの拡販に取り組んだ．[24] プリンターのような必ずしも関与が高くない製品の導入では，比較的ブランドの効果は高くなる．

スピードが求められる経営環境において，現場への購買権限の委譲が進んでいる．その結果，関与の低いメンバーの判断が増え，より一層ブランドの利きやすい状況が生じている．専門の購買部門が全社的にプリンターシステムを入れ替える場合と比べ，部課単位で導入する場合では，製品に対する関与が相対的に低く，エプソンのこうしたブランド展開は，顧客企業の購買分散化に積極的に対応するものである．プリンターのような事務機器に限らず，名刺管理，印刷，人材募集，アプリケーションソフトなど，ブランド力を活用する企業は急増している．

さらに関与水準は，新規購買，再購買などの購買タイプによっても，大きく影響を受ける．一般的には，新規購買ではきわめて高い関与を持ち，したがって，できる限り多くの情報を収集し，ミスのないように調達先を決めようとするだろう．一方，再購買の場合には，多少手間を省きつつ，周辺的手がかりへの依存が増す傾向がある．

新規購買でも関与が低い状況ではブランドが影響することになる．たとえばITシステムの場合，そのソリューション領域が新規性の高いものであれば，解決課題そのものの啓発から始めなければならない．しかも，顧客企業が必要性を感じていない状態であるため，購買に関する関与が低い状態を想定して施策を構築しなければならない．このような場合には，新規購買であってもブランドの役割が相対的に高くなる．

本章では，BtoBにおける顧客接点強化に関連して営業活動における企業ブランドの効果を考察した．顧客接点におけるブランドの効果をまとめると，**図表4-13**のとおりである．この図表が示すとおり，さまざまな場面で一定のブランドの効果が期待できるだろう．誤解のないように述べておくと，BtoB取引では，基本的には多くの意思決定が客観的なデータや基準に基づいて行われており，いかに購買行動が変化しようとも，この基本の部分は最重要である．また，売り手企業の立場でブランドの役割を検討してきたが，買い手企業にもブランドの恩恵が存在することも忘れてはならないだろう．それは，ブランドの本質的な役割である情報処理の節約である．こうしたメリットを認識しなければ，BtoBビジネスにおいてブランドが根づくことはないだろう．

事業構造の変化やグローバル化に伴い，新規顧客の開拓を余儀なくされる中，ブランドマネジメントの重要性が増しつつある．固定的取引が

図表4-13 顧客接点におけるブランドの効果

BtoB企業と顧客との接点	ブランドの効果・役割	フェーズ
評判・広告	ブランドを浸透させることで，良い評判や口コミを醸成し，顧客から問合せを促す（問合せ効果）	インサイドセールス
PR・記者発表	ブランドが強化されることで，記事などに取り上げられやすくなる	
広告・販促	高いブランド力によって，新規顧客の注目を集めやすくなる	
ホームページ・カタログ	●ブランド発想の設計やデザインにより，新規顧客の視認性や理解が高まる ●高いブランド力によって，ホームページへの注目度を高めることができる	
営業接触	事前にブランドを浸透させておくことで，営業が顧客にコンタクトしやすくなる（オープンザドア効果）	フィールドセールス
営業説得	意思決定への関与者の合意が得やすくなる（コンセンサス効果）	
製品やサービスの提供	●高いブランド力によって，新規顧客の注目を集めやすくなる ●製品やサービス使用時の顧客満足感が高まる	
アフターサービス	サービスフロントの従業員の行動をブランド価値に沿ってレベルアップできる	
CRM活動	●ブランドが顧客と企業との関係を深め，顧客ニーズが収集しやすくなる ●高いブランド力によって，提案が受け入れられやすくなる	CRM
製品やサービスの開発	ブランドを製品・サービスの開発指針とすることで，顧客の受容性が高まり，さらには製品開発への参加や協業を促進できる	

出所：余田（2010）を一部修正.

中心のBtoBにおいても，このようにビジネスの変化が激しくなるにつれ，新規顧客の獲得の重要性が増しており，その際，強いブランドを持つ企業のほうが，新規顧客獲得で優位に立ちやすい．

ビジネス財の取引においては，元来ブランドの効果は軽視されてきたことから，この分野の研究は1990年代後半まできわめて限定的であった．消費財でのブランドにかかわる諸研究の刺激を受けて，徐々にではあるが研究が蓄積され始めている．とはいえ，まだ，緒についたところである．十分に吟味された仮説を慎重に検証するという研究は数少ないし，体系立てて議論されるまでには至っていない．[25]

本章では，暗黙的に企業ブランドを想定して議論したが，基本的なフレームワークに変わりはないとしても製品ブランドについての議論も必要である．また，効果に関しても，より網羅的な研究が望まれる．たとえば，高いブランドイメージによって，訪問回数を節約することができたり，あるいは納品後のアフターフォローを効率的に行うことも期待できるだろう．[26]こうした効果も含め，BtoB取引におけるブランド効果を体系的に捉え，検証する努力が欠かせない．

ビジネスの現場では，ターゲットに対して普段からどのようなイメージを形成しておくべきか，どのような情報接点を通じてそれを行うべきか，ブランドを最大限に生かすためには，どのような営業プロセスをとるべきなのか，などのことを常に念頭に置いた戦略展開が望まれる．

BUSINESS
MARKETING
STRATEGY

第 Ⅱ 部

BtoB企業の収益向上策

本書の中心にある問題意識の1つは，BtoB企業が持続的に成長するための利益創出にある．利益創出は行き着くところ，入りを増やし，出を減らすということである．これをマーケティングの視点で考えるならば，顧客のWTPを高めるとともに，出を減らすため顧客獲得や維持のコストを低減して効率的なマーケティングを展開するということにほかならない．

第Ⅱ部では，まず第5章でWTPの向上に向けた施策を紹介する．第6章では，顧客企業の先にいる顧客，つまりエンドユーザーや消費者のニーズを製品開発にどのように生かすかという問題を取り上げる．第7章と第8章は技術のブランド化（成分ブランド）がテーマである．第7章では，成分ブランドの対外的な効果と展開の方法を，第8章では成分ブランドの内部に向けての効果，具体的には製品開発プロセスにおける効果について事例を中心に紹介する．第Ⅱ部はいずれも現在進行形のテーマであり，この領域の先行研究や先行事例を交えながら議論を進めていく．

第5章

WTPと製品コンセプト

日本企業の利益率は，この半世紀徐々に低下してきた.[1] 特に利益率の低下が顕著なのは製造業である．製造業の売上高営業利益率の平均値は，この60年間でおおむね８%から直近では２～３%にまで低下している.

たとえば**図表5-1**は，生産用機械器具と金属製品の営業利益率の推移

図表5-1　製造業の売上高営業利益率の推移

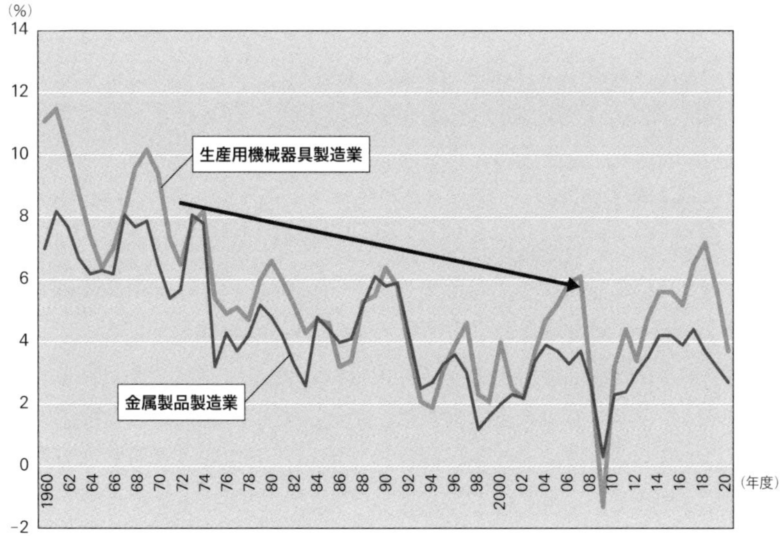

出所：財務総合政策研究所『法人企業統計調査』より作成.

である．このグラフに見られるように，日本の製造企業の利益率は長期間にわたって低下傾向にあり，特に近年では，きわめて低い利益率に甘んじているのである．米国と日本の個別企業の利益率を比較しても，IBM，インテル，オラクルといった企業とNECや富士通，あるいは日立製作所，東芝などとの利益率の差は相当に大きなものがある．

収益性の差は，再投資や研究開発投資に影響し，さらに企業価値の差にも結びつくことになる．企業価値の劣位は，たとえば新規事業展開に向けたM&Aにおいては戦略上の制約を受けることになるし，あるいは時価総額の高さを拠り所とした海外企業の拡大成長路線に飲み込まれる懸念もある．

しかし，こうした利益率の低減傾向の中でも，世界をリードしている部品や素材，設備も決して少なくない．本章では，BtoB企業の収益向上に向けたマーケティングについて考えてみたい．

1　優れたマーケティングの実践

マーケティングは，日本のBtoB企業に根づいているとはいいがたい．そもそも，「営業活動」を置き換えたものであったり，市場調査のことを指したり，その内容についての理解はまちまちである．まず，日本のBtoB企業に必要とされるのは，マーケティングの正しい理解だろう．マーケティングの戦略要素は，単に広告や営業といった狭い機能に限定されるものではなく，対市場活動を広く捉え，それを活動内容として理解しなければならない．こうした理解がなければ，マーケティングの存在価値や貢献は限定的となるだろう．一方，マーケティングはマネジメントツールの１つである限りにおいて，ビジネスにおいて何らかのソリューションが提供されなければならない．つまり，より重要なことは「正しく実践される」ことである．

日本の企業には「マーケティングがない」と指摘されることがしばしばある．価格を決め，売り場を決め，広告や販売促進に向けた活動を展

図表5-2　マーケティングミックスの統合

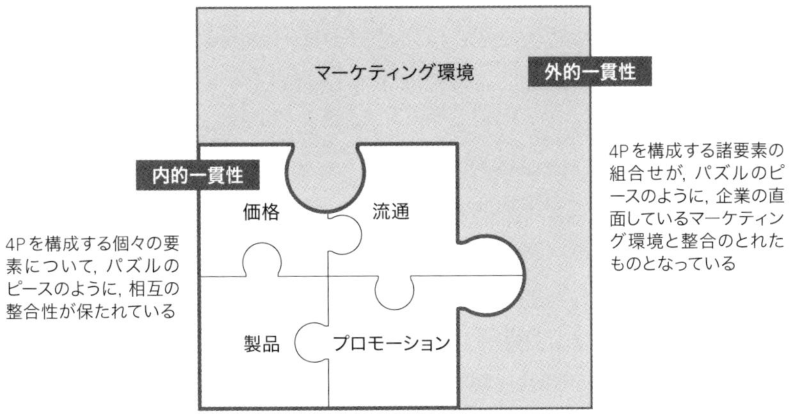

出所：石井ほか（2013）p.37.

開する，つまりマーケティングにかかわる諸活動を行わない企業は皆無だろう．にもかかわらず，マーケティングがないと指摘されるのはなぜだろうか．

それは，マーケティングを展開する上でのポイントが押さえられていない，ということに尽きる．マーケティングとは，ターゲットを決めて，製品，価格，流通，プロモーション（マーケティングミックス）にかかわる複数の手法や活動を，ただ漠然と実行することではない．それでは，マーケティングを正しく実践しようとするならば，どのようなことに留意すべきだろうか．

第1に，内的一貫性の確保が欠かせない（**図表5-2**）．マーケティングのテキストなどでは「統合」という概念がしばしば取り上げられる．統合とは，構成要素の単なる寄せ集めではなく，マーケティング要素間の整合性を確保することであり，これを内的一貫性と呼ぶ．

製品ラインナップとプロモーション手段を例にとって，具体的に考えてみよう．プロモーションには，売り手側が製品選択に大きく関与するプッシュ型プロモーションと買い手が自ら選択するようなプル型プロモーションがある．プッシュ型プロモーションではセールスパーソンが顧客のニーズや購買スペックを聞き取りながら，ニーズを満たす自社製品を提案することになる．一方，プル型プロモーションでは，事前に提供された広告やカタログなどを参考にして，買い手が選択し購入することになる．

２つのプロモーション手段と製品ラインアップとの関係（一貫性）には次のようなことがいえるだろう．まず，取引する製品の選択に売り手が関与できる場合には，製品ラインナップが充実していればいるほど顧客のニーズを満たせる可能性が高まる．とはいえ，ラインナップを拡充していくと買い手が自ら選択しようとする場合，必ずしも適切な選択ができるとは限らない．製品に関する知識が不足しているからである．そのため，買い手自らが選択を行うプル型プロモーションでは製品ラインナップを絞るのが定石である．このようにマーケティングを構成する変数間の整合性を確保するのが内的一貫性の考え方である．

もちろん，内的一貫性は4Pに限らずマーケティング目標，ターゲティング，ポジショニングなどマーケティング全般にかかわる問題でもある．マーケティング目標とターゲットとの間には，整合性が確保されなければならないし，ターゲティングやポジショニングと整合性が確保されるようマーケティングミックス（4P）を検討しなければならない．

マーケティングを展開するうえで留意すべき第２の点は，外部環境との整合性（外的一貫性）である．いくら戦略要素間に一貫性が確保されていたとしても，それが企業をとりまく環境に適合するものでなければ成功はおぼつかない．上述の事例に沿って説明するならば，ウェブを活用したプル型プロモーションは，一般に市場が分散した状況で，さらには顧客の知識水準が高い（つまり，顧客自らセレクションできる）場合に効率が高いコミュニケーション手段である．このことを無視して，経営資源の配分を行うと，きわめて非効率的なマーケティング活動となってしまうだろう．

このようにマーケティング活動を，企業や市場環境と整合的なものにすることが欠かせない．マーケティングに関連する環境は多様であり，無数の要素が含まれるのだが，とりわけ重要なものが，顧客，競争，取引，組織の4要素である．マーケティングに優れた企業であっても，この外部環境とマーケティングの整合性について検討を怠ったことから失敗した製品は数多く見ることができる．マーケティングに長けた企業は，内的一貫性に目を向けるあまり，この外的一貫性が大きく欠落するケースが多いといってよいかもしれない．

2 収益性から見たマーケティング課題

以下においては，BtoB企業におけるマーケティングのあり方をより具体的に考えてみる．ここで強調したい点は，戦略部分の重要性である．

まず，日本のBtoB企業のマーケティング活動についての課題として挙げられるのは，ターゲット市場の設定やその市場に適合するコンセプトの策定といった，マーケティングにおける戦略が欠如している点だ．ターゲット市場とは相手にすべき中心的顧客層のことである．BtoBの購買では，既存顧客を重視する傾向が強く，新しい技術や製品が開発されたとしても既存顧客を中心に売り込むことが多い．けれども，開発された貴重な技術を真に社会で生かそうとするならば，その技術がより重宝される市場をねらうべきである．つまり，開発された技術や製品をより欲している顧客を見出すことこそが，マーケティング戦略の骨格をなす市場の理解やターゲティングの基本的な考え方となるのである．

さらに重要なことは，ターゲット市場に適合する製品・サービスのコンセプト策定である．コンセプトとは，提供しようとする価値のことを指す．「高品質の部品」を提供価値とするならば，少なくともこの軸の上では，競合より高い価値を持たなければ競争には勝てないだろう．一方，「競合他社より品質が高い」と言い切れる経営者がどのくらいいるだろうか．意外と品質の高さが当社のウリ（価値）だと信じながら，よくよく自問自答してみると，競合と大差が無かったりする．こうした場合，高い品質を維持しながらも，他に競合企業に勝てる価値を模索しなければならない．たとえば，耐久性であったり，維持コストの低さであったり，トラブル時の対応の迅速性であったり，さまざまな可能性が存在しうる．これが，自社製品のコンセプトを確定する際に欠かせない考え方だ．

先に述べた日本企業の売上高利益率の低減傾向は，コンセプトを自ら策定せず，顧客の要望に一方的に委ねていることに一因があると考えられる．つまり，顧客は同じような要望を競合企業にも提示している．その要望に応えることにばかり目が向くと，同じコンセプトの製品が市場に提供されることになる．そのような状況では，受注の決め手は価格にならざるを得ず，結果として，レッドオーシャン市場に陥ってしまう．

そもそも自社製品やサービスの価値内容を顧客に一方的に依存するということは，自社の成長を顧客に委ねているということにほかならない．自社の成長は自分で責任を持ち，しっかりグリップするのが真っ当である．そうでなければ，製品開発から売上までの仮説検証を自ら繰り返すことが不可能になってしまうだろう．

コンセプトを決めることは，提供する製品の価値を決めるということであり，取引において至極当たり前のことなのだがなかなか難しい作業である．「顧客の要望＝自社製品の提供価値（コンセプト）」という価値観を持ち，良かれと思ってやってきた活動であるから，一朝一夕で変えられるものではない．さらに，コンセプトの策定にかかわる問題だけでなく，影響が広範囲にわたることも実践のしにくさを生んでいる．

3 高収益を生むキーエンスの商品企画

ここでは，コンセプトを自ら決めることに関するヒントを先進事例に沿って考えてみたい．センサーを始めとした産業用測定機器や制御機器などの開発・製造・販売を行っているキーエンスの事例である．[2)]同社は，顧客の要望に過剰に反応せず，自ら提供価値を決めて成長している．ごく一部のハイテクホビー商品を除いてはコンシューマー向け商品の製造・販売をしていないため，一般的な認知度は高くはないが，1989年の上場以来，きわめて高い売上高営業利益率を上げ続けている．2018年３月期から2022年３月期までの５年間の営業利益率（平均）は53.4％である．

まず，同社では市場や顧客情報の収集に相当に力を入れている．直接の窓口は，全社員の60％以上を占めるという営業グループである．同社の営業は，ただ単に商品を売るだけではなく，顧客のニーズを探り出すことにより重きを置いて活動している．そのため彼ら／彼女らは，大企業から中小企業まで国内だけで10万社に及ぶという膨大な顧客との接触頻度を高め，実際に商品が使用される顧客の現場に深く入り込んで観察を行っている．それにより顕在化した要求や不満はもとより，その裏側に潜む顧客自身ですら気づいていない本質的な問題，すなわち潜在ニーズを探り出すことに力を注いでいる．

キーエンスが直販営業体制を堅守する理由の１つがここにあるという．代理店を経由した間接的な顧客との接触では，彼ら／彼女らが求める密度の高い情報は到底入手困難なためである．

営業グループにより収集された各種情報を，社内の他グループに伝達するため，主に以下の３つのツールが存在する．この情報収集は定常業務の中で，組織的，定型的に行われており，高度にシステム化されたものである．

- **ニーズカード**……ほぼ月１回の提出が目標とされる．顧客の潜在ニーズを図（ファジー情報）として記入する．セールスパーソンは1000人以上在籍するので，月に1000件以上のカードが提出されることになる．商品企画グループが集約し，新商品企画立案の参考とする．新商品企画に採用されたカードは表彰され，提出者には報奨金が出る．表彰されたカードの内容については，全営業で共有されるが，その他のカードの内容については，営業にはフィードバックされない．

- 用途アプリ……顧客への提案事例を報告するものである．採用不採用は問わず，どのような提案を行い，どの点が顧客に評価されたかを報告することになっている．また，顧客がどのように使用しているか，想定外の用途や商品の使いこなしの事例が記載される．販売促進グループで集計し，評価の高い事例，また横展開可能な事例については，全営業へフィードバックされるが，全体像は公開されない．報告の件数・内容に応じて報告者の評価に加算される．
- 顧客データベース……顧客の詳細な情報（決裁システム，決裁時期，予算金額とその消化具合，キーパーソンの趣味まで多様な情報）で，定型フォーマットが用意されている．競合他社の情報についての記入項目も設けられている．逸注した場合は，販売促進グループより詳細な報告が求められる．データベースの内容は，営業で相互閲覧可能であり，内容をもとに営業同士で情報交換を行う場合も多い．用途アプリと同様に，件数・内容に応じて評価に加味される．情報生成における営業グループの役割は基本的に収集までで，情報の分析整理以降は，販売促進グループや商品企画グループが主導的な役割を果たしているという．

一方，営業グループによって収集された各種の情報は，その内容により社内連絡先が分類されている．潜在ニーズに関する情報をもたらすニーズカードの内容については，全件，商品企画グループが集約し新商品企画立案の参考として活用される．

用途アプリ情報の一部事例については，前述のとおり，営業にフィードバックされるが，その他の情報については，販売促進グループによる仕分けの後，商品企画グループに展開されている．既存商品の提案に対する顧客の反応や，実際の使われ方の事例（特に想定外用途での使用）などは，潜在ニーズを推測するための示唆に富む内容が多く，ニーズカード情報とともに商品企画の参考とされているという．

販売促進と商品企画グループはともに経験豊富なメンバーが少数で担当しており，情報の共有範囲を限定することで，情報伝達の速度と質の確保・向上を図っている．

こうして収集された市場・顧客情報に対しては，新商品の開発に反映されるよう意図されている．新商品の企画については，商品企画グループを中心に，商品開発・販売促進グループの三者が協働し，検討・立案する．検討に際しては，ニーズカードや用途アプリの情報を大いに活用するが，その検討過程においてメンバーは，直接顧客を訪問するなど，情報の徹底した検証を行い，精度を高めている．商品企画グループにより企画された新商品については，商品開発グループにより開発が行われることになる．具体的な開発においては，数人から十数人と比較的小規模のプロジェクト体制が採用されており，開発段階での機動性を担保している．

キーエンスの新商品開発では，「顧客の欲しいというものは作らない」という．逆説的にも取れる言葉であるが，これは顕在ニーズ，つまり要望を解決するための商品は新規に開発しない，という意味である．なぜならば，今，目の前にある顧客の要望・不満は，競合メーカーにとってもたやすく把握できるニーズであり，その解決のための商品も（ある程度の技術があれば）容易に開発できることになる．結果として待っているのは，厳しい価格競争のみであり，同社のめざす「付加価値の最大化」は到底望めない．

そこでキーエンスは，収集した膨大かつ精度の高い情報をもとに，顧客ですら気がついていない問題を探り出し，そのソリューションを備えた商品を開発し，顧客に提案する．これらの商品は，潜在ニーズに対応するものであり，「世の中に無い」「世界初」の商品であることが多く，競合商品は限定的である．競合他社が追従して同様の商品を上市してくるまでは，その潜在ニーズに対する解決策を有するのは唯一キーエンスの商品のみであり，顧客にとっての価値は必然的に高まることとなる．

反面，顧客によっては，自己の抱える問題に対する100％の解決が得られない，という不満が発生する可能性がある．この不満は「コンサルティング営業」により補完している．

キーエンスの実践する「コンサルティング営業」は，単に商品を売り込むだけではない．顧客の置かれている状況を徹底的に検証することで，何が問題なのかを見極め，その解決策となる商品や使い方を提案する手法である．解決策の検討に際して，同社の営業担当者は，販促部隊より展開される他顧客での事例も参考にできるため，より具体的かつ効果的な解決策を立案できるものと思われる．これらの手法は，そもそも，自社の商品に対する十分な知識と，密着による顧客の熟知なくしては成立しない手法である．同社が直販体制を採用するからこそ可能であるといえる．

キーエンスの高い収益性には，工場を持たないファブレスというビジネスモデルであることや徹底的にムダを省いてリソースを最大限活用する活動内容があることは異論のないところである．しかし，リスクをとって自らコンセプトを決めるところから利益が生まれていることには，BtoB企業として学ぶべきところが多い．

4 WTPの向上と営業活動

一方，WTPに大きく影響するもう1つのマーケティング要因が営業活動である．CRM活動などにおいては，近年コミュニケーション手段として拡大しているメールや，あるいはテレコール(電話勧誘販売)，ダイレクトメールなどさまざまなツールを利用することができる．けれどもBtoBの場合，やはり中心的な役割を果たすのは，営業活動である．収益性向上には営業活動の内容とそれを担う営業人材が大きくかかわってくる．本章の後半では収益性を向上させるための営業活動と営業人材の問題を取り上げる．

営業タイプとWTP

収益性向上に向けて，セールスパーソンはどのような活動を心がけるべきだろうか．日経産業消費研究所で行った営業力に関する調査では，

図表5-3　4つの営業タイプ

行動重視型営業

- 精神的な気合いが重要である
- 営業は体力勝負だ
- 走り出してから考える
- スローガンによる鼓舞が必要だ

関係重視型営業

- 顧客満足を継続的に測定している
- 顧客満足による業務評価を行っている
- 信頼関係の構築を優先している

提案型営業

- 製品以外の多様な情報を提供している
- スタッフ部門と連携している
- 数値・具体例による企画・提案を行う
- 売り込みより企画・提案を重視する
- 販売後のフォローを重視する

ワークショップ型営業

- 得意先と共同で問題解決する
- 個人よりチーム型営業スタイルである

注：日経産業消費研究所との共同調査による.
出所：余田(2000) p.168の記述により作成.

4つの営業パターンが識別されている．行動重視型，提案型，関係重視型，ワークショップ型である．4つの営業タイプは，東京証券取引所に上場する製造企業への調査によって(サンプル数396社)，営業活動に関する15の質問項目を因子分析して得られたものである．[3] この結果によって得られた各営業タイプの特徴を**図表5-3**に示す．

売り手の営業活動は，買い手の問題解決を目的とした購買行動に伴って生じるものである．したがって，購買活動や販売活動の目的となる問題解決方法を，買い手側あるいは売り手側が知っているかどうかという次元によって，営業活動のパターンが識別できるのである．[4]

たとえば，買い手は問題解決策を知っているとともに，売り手もその問題を解決するであろう自社製品がわかっている場合には，買い手にとっての営業課題は売り損じや機会損失を防ぐことである．そのような場合，配荷や売り込みのタイミングが重要であり，行動重視型営業が経営成果創出のために適合的となる．

■提案型営業

提案型営業は問題解決方法について売り手側は既知，買い手側は未知という場合に適した営業タイプである．このタイプは，売り手から買い手への企画提案，製品以外の多様な情報の提供といった営業活動によって特徴づけられる．売り手側が問題解決方法を知らないにもかかわらず提案を行っても，買い手側には的が外れたものとなったり，ニーズに合致しないものになるだろう．

一方，売り手側が既知であっても，買い手も同様に既知であれば，解決策を知っている購買担当者に解決策を提案したところで，買い手側はそれに付加価値を認めることはできず，売り手側に利益がもたらされにくい．売り手側が既知，買い手側が未知のときに提案することによって大きな利益がもたらされる．これを前出の日経産業消費研究所の調査データで見ると**図表5-4**のようになる．

この分析結果に示されるとおり，提案型営業が利益に関して最も有効な営業タイプである．一方，売上の増加に最も寄与する営業タイプは関係重視型営業である．関係重視型営業は，顧客の満足度向上を中心に置いた営業活動であり，奉仕型営業といってもよいだろう．生産財や産業財の取引で広く見られるような個々の顧客にカスタマイズした製品提供などがこれに含まれるだろう．

それに対して，行動重視型営業や関係重視型営業では低い相関関係となっている．ワークショップ型営業は売り手企業が顧客企業と共同で問題解決策を練るものである．共同作業の中で場合によっては顧客企業からアイデアが提案されることもあるだろうから，進め方次第では利益に結びつけることができるだろう．

自動車メーカーではサプライヤー企業側から提案された原価低減策は，一定期間は当該サプライヤーにも利益が還元されるように納入価格の設定が行われる．それに対して，奉仕型営業では，問題解決のアイデアは問題解決策を知っている買い手企業によって提示される．

そのような場合，買い手はそのアイデアをいくつかのサプライヤーに

図表5-4 営業タイプと経営成果の相関係数

営業タイプ	利益の伸び	売上の伸び
提案型	**0.2155***	0.1325
行動重視型	−0.0890	0.1436
関係重視型	0.0703	**0.2076***
ワークショップ型	0.1491	0.1321

注：*有意確率5%未満.
出所：余田（2000）p.169.

検討させ，価格や品質を比較検討のうえで購入する．必然的にサプライヤーの納入価格は抑えられることになり，売り手側の利益創出には結びつきにくいのである．たとえばシマノでは，「顧客の要望に応えて提供する商品は利幅が小さいが，顧客の要望を超えた提案は，利幅が大きい」という．[5]買い手企業から提示される要望に応えるだけでは，売上は伸びるだろうが，利益に結びつくとはいえない．

提案型営業と信頼関係

このような提案型営業の効果は，信頼関係が醸成されている場合により一層高いものとなることが想定される．ある印刷大手の営業幹部は，「提案型営業がいつも成果に結びつくとは限らない．提案型営業は人間関係の構築があってこそ可能となる」と指摘している．[6]

機会主義的行動によって特徴づけられる売り手と買い手間の関係においては，売り手側から提案されたアイデアは，買い手によってただ乗りされる可能性がある．あるサプライヤーからのアイデアを他のサプライヤーに検討させ，複数のサプライヤーを競争させて，最も安い企業から購買するといったことも行われる．

それに対して，買い手と売り手の間に信頼関係が存在していれば，買い手による機会主義的行動を防ぐことができ，提案型営業の成果も高まると考えられる．また，ブランドは，企業への信頼なので，この信頼関係とブランド浸透を置き換えて，ブランドが浸透している顧客企業に対しては，提案型営業の成果が高まるといってもよいだろう．[7]

5　営業人材のソリューション力強化

事業構造変化や組織再編，アライアンスの拡大などに伴い，BtoB企業では事業戦略やマーケティング戦略，なかでもターゲット市場の見直しが急務となっている．また，顧客企業でも，購買意思決定の手続きや関与者，選択基準も多様に変化している．その中で，営業の効果を高めるための営業人材の強化が，とりわけBtoB企業における喫緊の課題となっている．[8]

こうしたBtoB企業と顧客企業との取引接点にかかわる大きな変化が，BtoB企業の営業戦略にとってどれほど重要な意味を持つかはいうまでもない．取引接点の再構築によって，営業人材を核とした「取引接点の強化」を図ることが求められている．

BtoB企業に求められるのは，単なる「営業力の強化」ではない．今日課題となっているのは，営業活動のみならず，価格や商品，流通，情報，サポートなどを含めたあらゆる取引の接点をどのように最適なものに設計し直すかであり，それは全社的な取組みとなる．そして，顧客フロントに立つ営業人材が最も重大な責務を担う存在である．

価値提供の中核となる営業人材

現代におけるBtoB取引に起きていることは，顧客企業の要望やニーズに応じて製品やサービスを提供する営業スタイルから，主体的に顧客企業の需要を喚起する営業スタイルへのシフトである．顧客企業が具体的な需要要件に落とし込めていない課題を整理して，それを解決することが求められている．

顧客が対応すべき課題は1つや2つではなく，優先順位もつけがたく，しかも複雑に絡み合っていることが多い．そうした課題を構造化しながら整理して，解決法を探るところに提案型営業の価値がある．

顧客企業の課題解決にあたっては，自社商品のカスタマイズや応用，さらには，自社以外のリソースも活用して統合的にサービスを組み立てることが求められる．そこでは，幅広い知識や高度なスキル，社内外のさまざまな人たちとの関係性が必要となる．グループ企業や提携企業の力をすべてそこに結集させた，顧客接点でのソリューション力が求められるのである．そう考えれば，単に顧客との接点にいるといった理由ではなく，顧客に提供する価値を束ねる存在，すなわち，価値提供の中核となる存在としての重責を営業人材が担っていることがわかる．

現実に，多くのBtoB企業が，営業人材のソリューション力を向上させるべく，ナレッジマネジメントの仕組みや研修プログラムの刷新などを行っている．しかし，そうしたインフラを充実させても，なかなか取引接点のマネジメント能力の向上に結びつきにくいと感じている企業も多いだろう．

以前から営業のスタイルは属人的なものとされがちで，抜本的な施策が講じられていないことが多い．しかし，社内での配置転換や営業担当者の世代交代，人材の流動化などが拡大することに伴い，個々人のやり方やスキルに頼るリスクは大きくなっている．

提案型営業を遂行するうえで構築すべき顧客との接点は，従来のそれと同じではない．これまで模範的とされることの多かった，高い売上をあげられる人材の営業スタイルも，取引接点の質的変化によって必ずしも手本とすることが妥当とはいえなくなっている．

そもそも，表面的な行動レベルでの指導や教育ではソリューション力は向上しない．顧客に接するときの意識や態度から変えていかないことには，ソリューションの根幹となる提案型営業スタイルは定着しないだろう．

価値あるソリューションを提供するためには，その背景にある企業やグループの存在も大きな力となる．そうした力を最大限活用するためにも，営業人材に求められる能力や価値提供のあり方，サービス内容などを全社的な枠組みの中で再検討し，それに合った意識や行動の変革を促す必要がある.

ブランドと営業人材

営業人材のソリューション力向上の大きな武器となるのが，第4章で述べたブランドである．ブランドは，顧客に提供する価値を顧客の視点から規定したものである．その意味で，顧客の課題解決を趣旨とする提案型営業とは本来的に相性が良い.

ブランド目標に基づいて，セールスパーソンが顧客に提供する価値を規定し，それを社内に浸透させることによって，セールスパーソンのソリューション志向が高まる．営業担当者がそれを十分に理解し，その価値の実現に前向きに取り組むよう促すことで，提案型営業に向けた意識を高め，営業活動の質を高めることができる.

顧客志向の姿勢や，顧客に提供できる自社ならではのメリット（コンセプト）を，営業活動にかかわるすべての人たちに浸透させ，実行してもらうことは，提案型営業の積極展開に取り組むBtoB企業にとって重要なことである．ブランドを起点にすることで，確実にそれを実現することができる.

ブランド目標に基づく価値の規定やその社内浸透を図ることなく，営業がこうあるべしと具体的に一律な行動を強制することは効果的とはいえないだろう．特に，顧客のニーズや要求が多様であるとき，あるいは環境変化が著しいときには，顧客にどのようなベネフィットを提供すべきかという視点で管理すべきであり，1人1人に行動の自由度や考える余地を与えるのがよい．このような，それぞれの担当者の能力や個性に合った顧客対応を促すことは，モチベーションの向上ももたらす.

ブランド目標の浸透

ブランドに基づく営業力強化を推進するためには，どのような点に留意すればよいのだろうか．先に述べたとおり，ブランドは顧客接点におけるソリューション力向上を支援する．したがって，営業担当者全体に対してブランド目標とそれに依拠した行動目標を浸透させることと，その順守を促すことが欠かせない．

まずは，ブランド目標を実現するための行動のガイドラインを明示し，社内にその取組みを公式に要請することである．企業ブランディングに取り組んでいる企業の多くは，自社ブランドが顧客に提供すべき価値を明文化し，それを社内に周知させるためのさまざまな施策を行っている．けれども，真の意味での「浸透」まではできていないことが多い．真にブランドが「浸透」している状態とは，その目標が理解され，全員がそれに納得，共感し，日々働くうえでの目標として機能している状態である．

そのために必要なことは，自社の全体目標を，個々の部門や職場，あるいは具体的な指針やガイドラインとリンクさせなければならない．つまり，従業員１人１人がどのような意識を持ち，どのような行動をとればよいのか，より具体的な形に落とし込むことである．それができていないために，ブランド目標を社内外に発信しながらも，ブランドがもたらす果実を享受するに至っていない企業が多いようだ．

営業人材を通じたブランド力向上

企業ブランディングの効果を最大化するためには，ブランド目標が個々の従業員の行動に反映されなければならない．営業人材向けのブランディングには，ブランドに沿った行動を促すとともに，ブランディングそのものを推進させるという側面がある．

顧客との接点を担う営業担当者は，顧客企業が抱くブランドイメージに最も影響を与える存在である．顧客に自社にかかわる強い印象を与えるとともに，製品やサービス，あるいは技術そのもののイメージさえも左右する存在である．したがって，営業担当者は，その態度や行動がそのまま企業ブランドのイメージに影響するということを肝に銘じるべきである．

顧客企業が抱くイメージだけではない．企業は，地域住民や投資家，就職意向者とその家族，最終商品の使用者など，さまざまなステークホルダーとの良好な関係性を構築していかなければならない．サステナビリティの要請が高まる中，社会との関係性は今後より重要なテーマとなっていくだろう．

情報機器販売のキヤノンマーケティングジャパンでは，ブランド価値向上に向けて営業担当者の教育を徹底しているという．たとえば，営業活動に際しての言動に始まり，社名の入った営業車を運転している最中の振る舞いや，コンビニエンスストアでの立ち寄りの際の行動にまで踏み込んで日々徹底するよう指導している．[9)]

営業担当者の言動や行動は，企業という看板を背負った状態で一般の人の目に触れやすいため，取引先以外に与えるインパクトが強い．営業担当者には，その一挙手一投足が自社のブランドイメージに影響を及ぼしているといった自覚が求められる．

求心力とモチベーションを高めるためのブランディング

日本企業では営業活動が営業担当者の仕事のやり方に依存し，互いに個人で成績を競い合う場合が多い．その結果，営業人材の意識は，組織全体というよりも個人に傾きがちである．規模の大きな営業組織では顧客ごとに縦割り組織となっている場合も多く，同じ職種でも組織間の連携や一体感に問題が生じやすい．

また，M&Aや事業部門の統合・分社化，あるいは企業グループ内での組織再編や雇用形態の多様化も進んでいる．そうした変化に伴い，従業員の組織に対する忠誠心や，組織としての一体感や求心力が低下している．[10)]

さらに，製品やサービスが一般生活者の目に触れたり，話題にされたりすることが頻繁にあるわけではないので，従業員が自分たちの仕事の社会的影響や意義を自覚しにくく，仕事や勤め先企業への誇りや愛着を感じる機会は決して多くない．

したがってBtoB企業では，誇りや喜び，さらには組織に対する絆や一体感を抱いてもらいながら，従業員のやる気を引き出す仕組み作りが欠かせない．こうした状況においては，ブランドの発信，浸透が欠かせない．

顧客に提供する価値に共感し，その実現に向けて日々の仕事に臨むことで，ブランドは組織の一体感をもたらす力となる．さらに，そうして構築されたブランドに対して社外から高い評価が得られれば，それがさらなる企業への愛着となり，求心力をもたらす．そうしたブランドの下で働くことの誇りや喜びが一層増すからだ．

人材の流動化が著しい今日，ブランドが情緒的な絆となることで，その企業の将来を担う人材の流出を防ぐ効果が期待できる．単に良好なパフォーマンスを残すだけでなく，企業がめざす価値に共感し，その実現に挑み続ける従業員こそ，企業に真の価値をもたらす人材である．ブランドを社内に浸透させることで，そうした人材が生き生きと働ける環境を設けることはきわめて重要である．

またブランドは，個々の従業員の行動を１つのベクトルに揃えることができる．ブランドがめざす価値をすべての従業員が共有し，それに沿った行動がとれるようになれば，いちいち指示しなくても自律的に目標に向けて邁進するようになる．

とりわけ，属人的になりがちな営業担当者の行動に対する効果は大きい．業績をあげるやり方は人によってそれぞれ違ってもよいだろう．しかし，企業の顔である営業担当者の行動に対する印象がまちまちでは，自社の印象や強み，製品やサービスの特性がぼやけてしまう．マニュアルのような表層的な行動で管理することには限界がある．

営業人材にかかわるブランディングは，こうした営業担当者にかかわる課題の解決も可能にする．すなわち，ブランド目標やその実現に向けたブランド行動を共有し，切磋琢磨し合うことで社内の一体感を築くことができるとともに，自社に対する誇りや満足感，貢献意識を持ってもらえるようになる．

第6章

BtoB企業の消費者ニーズ駆動型製品開発

これまで述べてきたとおり，日本の製造業の売上高利益率は長期にわたって低減傾向にある．日本企業は一定程度の高い技術力を持ちながらも，それが収益に結びついていない．この理由としてはいくつかのことが考えられる．たとえば，研究開発やイノベーションの研究者である榊原清則は日本企業の研究開発効率の低下要因について，変化するイノベーション課題への取り組みの遅れ，技術戦略の閉鎖性や低い専有可能性，研究開発マネジメントにおける探索フェーズと絞り込みフェーズとの組み合わせの不十分さ，などを指摘している．[1]

また，競争戦略論を研究する許斐義信は，差別化一辺倒の戦略や製品別事業戦略の制約など技術立脚型日本経営の課題を指摘している．[2] ここでは，日本企業の製品差別化という戦略が現代の環境変化の中で適合しなくなっており，収益性低下の一因であるとされる．先行研究からわかることは，特定の方法や戦略が利益創出において有効であり続けることはないという点である．企業は常に環境の変化に応じた製品開発やイノベーション課題への対応を迫られているといえるだろう．

本章では，技術力を収益に結びつける方法の1つとして，部品や素材などのBtoB企業がエンドユーザーである消費者のニーズに基づいて行う製品開発を取り上げる．顧客に先行して顧客の先にいる顧客や消費者のニーズを的確につかみ，製品に反映することによって，WTPそして，利益率を高めることがねらいである．

1 製品開発におけるニーズ情報とイノベーション

製品開発におけるニーズ情報

製品開発における顧客のニーズ情報の重要性については，改めて指摘するまでもないだろう．S・ヨネヤマらは，日本の代表的な企業において，研究開発費と特許取得数には正の相関があるものの，特許取得数と収益性との間には相関があるとはいえないことを提示した．[3] 技術を中心に据えたシーズ主導型の製品開発では，技術的側面から製品価値が評価されることも多い．けれども，企業内で高く評価された製品であっても，事業的な成功につながるとは限らない．

このことは過去の多くの研究で検証されてきた．たとえば，A・H・ルーベンスタインらは日用品などを含めた6社103のプロジェクトを対象に，製品開発での成功要因について調査し，技術的な成功だけでは事業的な成功に結びつかないことを明らかにしている．[4] また，R・G・クーパーは産業財メーカー177社における製品開発について詳細に調査し，顧客のニーズ，ウォンツ，要求仕様を理解することが成功要因の1つであることを明らかにした．[5] その他にも，M・A・メイディークらは158のプロジェクト，M・E・パリーらは258のプロジェクト，S・ミシュラらは288のプロジェクトについて，それぞれの製品開発における成功要因を調査している．いずれの結果も，製品開発では顧客ニーズの把握やそれへの適応が重要であることが示されている．[6]

しかしながら，製品開発プロセスにおいて，組織レベルで顧客情報を活用することは決して容易ではない．その理由は，顧客情報を入手し，組織的に運用するためには多大な費用がかかるからである．さらには，顧客ニーズには不確実性も存在するため，顧客情報を的確に捉え，製品開発に反映するためには効果的な手法が求められる．[7]

ニーズ情報とイノベーションの発生分布

顧客の情報を収集して活用することでさえ容易ではないのだが，顧客の顧客，すなわちエンドユーザーや消費者が持つ市場情報を入手して，製品開発に生かすことはさらに困難を極めることになる．ビジネスでは顧客の悩みを解決せよとか，カスタマーサクセス（顧客の成功体験）が重要であり，そのために貢献することが売り手にとってのマーケティング課題だ，などと言われる．しかしながら，これは相当にハードルが高い課題である．顧客の顧客に関する情報は，（川上に位置するBtoB企業より）顧客のほうがより明るいのが当然である．そのような状況で，顧客が考える以上に気の利いた解決策を提供するのは，無理というものである．

一方，もし仮に顧客の知りえないエンドユーザーや消費者のニーズ情報，つまり市場情報を入手し，製品開発に反映できれば顧客からその価値を認められ，高いWTPを期待することができることになる．

要素技術を有している川上のBtoB企業が市場情報を活用した製品開発に関連して有益な視点を提供してくれるのが，イノベーションの発生分布に関する情報の粘着性の議論である．

情報の粘着性の議論を主導してきた米国マサチューセッツ工科大学のE・フォン・ヒッペルは，イノベーションの発生分布に関する議論に関連して，情報の粘着性という概念を提示し，情報の受け手がその情報を使用可能な形で特定の場所に移転するのに必要なコストと定義づけた．[8)] そして，粘着性の高い情報，すなわち移転に必要なコストが高い情報を持っている場所で，イノベーションが発生すると指摘した．つまり，当該情報を移転するためのコストが多くかかるならば，その情報をもともと所有しているプレイヤーがその情報を使用してイノベーションを起こすことが合理的であるとする主張である．

フォン・ヒッペルは，情報の移転にコストがかかる理由を3つ挙げている．情報そのものの性質，情報の送り手と受け手に関する属性，そして移転されなければならない情報の量である．移転しようとする情報について，その質が暗黙知的であるほど，[9)] 受け手の吸収能力が低いほど，[10] さらにその量が多いほど，[11] 情報の移転が困難となり，すなわち移転コストがかかり，情報の粘着性が高まることになる．

ユーザーのニーズ情報については，ユーザーからメーカーに移転するのが容易ではなく費用がかかる場合，[12] 技術情報については，移転に費用がかかる場合，粘着性が高くなる．[13]

多様な情報の粘着性を前提として，イノベーションや製品開発に有益な示唆を提供してくれるのが神戸大学の小川進の研究である．フォン・ヒッペルと長らく研究をともにしてきた小川は，日本のコンビニエンスストアの発注端末の開発を例として情報の粘着性を考察した．そこでは，ユーザーのニーズ情報の粘着性が高いほど，製品イノベーションにおいてユーザーが行う機能デザインの量が増し，技術情報の粘着性が高いほど，製品イノベーションにおいてユーザーが行う技術デザインの量は減少するとした．[14]

すなわちイノベーションは，より粘着性の高い情報を保有しているプレイヤーの場所で発生するものと理解できる．そして，情報の粘着性の議論は，技術情報にも当てはめることが可能である．先行研究では，ユーザーイノベーションの発生に対する情報の粘着性の影響についても仮説が検証されている．ニーズ情報の量や暗黙性が高いほどユーザーイノベーションが増加すること，技術情報の量が多いほどユーザーイノベーションが減少することになる．[15]

近年では，メーカーと消費者が協業してイノベーションを起こす例も少なくない．消費者自身が起こすイノベーションについて，その実態や性質について研究した[16] 小川によれば，消費者は製品を使用するという立場でイノベーションを行うことがあり，消費者イノベーターは既存品で満たされないニーズを満たすために製品創造や改良，用途開発を行うとしている．[17]

また，フォン・ヒッペルらは2011年の論文で，日米の消費者によるイノベーションの実態調査を行っている．それによると，消費者によるイノベーション活動の投資金額は，日本では58億ドル，米国では202億ドルに達するとしている．[18] これは，おおよそ消費財メーカーの研究開発費全体に対して日本で13%，米国で33%程度に相当するという．

小川は上述の研究の中で，消費者イノベーターに言及している．それによると先進国では製品を新たに作ったり，既存の製品に手を加えて改良したりする創造活動を行う消費者が無視できないほどに存在し，そこで投入されている金額や時間はかなりにのぼる．

消費者ニーズを効率的に取得するためには，リードユーザーの積極的な活用が提唱されている．[19] リードユーザーは多数のユーザーが抱くことになる新しいニーズに対し先行して直面しており，製品開発に組み込む手法は有効かつ効率的となる．

以上述べてきたように，消費者が自身の持つニーズ情報を活用し，イノベーションを起こすケースが増えている．その存在感は増しつつあり，メーカーにおいては消費者の持つニーズ収集や消費者の活用が，自社の製品開発活動に大きな影響を及ぼすようになってきていることが明らかである．

一方，情報の粘着性が何によってもたらされるかの議論も多くなされてきた．北真収は高い粘着情報の応用と組織風土の関係について，高い粘着情報を吸収して応用するには，起点となる営業部門に他の部門よりも強く目標達成を意識させることが必要だと指摘する．さらに，粘着情報の処理において，粘着性を強く感じるほど部門内の相互作用を活発化させて，情報解釈の水準を高めるべきであるという結果を提示している．[20]

粘着情報の処理は部門を超えて，組織間の相互作用にも影響する．経済のグローバル化やインターネットによる情報流通の加速化が進む今日でも，さまざまな原因による情報の粘着性の存在により，一定の地理的範囲に産業集積を行うことにメリットがある．情報の粘着性が高ければ，効果を発揮する集積の空間的範囲は狭まり，低ければ広がることになると指摘されている．[21]

以上述べてきたように，イノベーションを効果的に起こすためには情報の把握や応用が必要であり，より情報の粘着性が高い場所にイノベーションの発生が分布していることが示唆される．

2　BtoB企業の消費者ニーズ主導型製品開発

日本のBtoB企業は技術力を生かした製品を生み出してはいるが，必ずしもその製品が市場に受け入れられているわけではない．つまり，技術力が収益に結びついていない．この原因の1つとして，BtoBtoCのサプライチェーンにおいては，川下の消費財メーカー（以下，BtoC企業）が製品開発の主導権を取ることが多く，川上に位置する産業財メーカー（以下，BtoB企業）はBtoC企業の下請けになりやすいことが挙げられる．このような状況から脱却してBtoB企業の収益性を改善していくためには，BtoB企業が製品開発の主導権を執ってBtoC企業に提案することで，顧客（BtoC企業）のWTPを向上させるというシナリオを描けるだろう．

そこで本章で注目するのは，製品開発やイノベーションを引き起こすために必要な消費者のニーズ情報である．すなわち，BtoB企業自身も積極的にエンドユーザーや消費者のニーズ情報を取り込んで活用することによって，製品の価値を高め，製品開発の有効性を高めることの可能性を検討するものである．

BtoB企業がいかにしてエンドユーザーや消費者のニーズ情報を収集するかという点も重要だが，BtoB企業の有する技術シーズの粘着性にも注目しなければならない．つまり，顧客のBtoC企業が売り手企業の技術に精通しているか否かについても，BtoB企業の製品開発の有効性に影響を及ぼすことになる．

前節で概観した先行研究によれば，情報の粘着性の高いところでイノベーションが発生することが示唆される．本章の問題意識に従えば，エンドユーザーや消費者のニーズ情報とBtoB企業自身が有する技術情報の両サイドの粘着性に沿って議論することが必要である．一般的には，消費財市場との距離が遠いBtoB企業にとっては，直接消費者ニーズ情報を入手することは容易ではなく，「BtoB企業における消費者ニーズ情報の粘着性が高い」状態にある．この粘着性を下げつつ，一方，BtoB

企業の持つ技術情報の粘着性を高めることが，BtoB企業が主導する製品開発力の源泉となる．

以下においては，この消費者(エンドユーザー)のニーズ情報の粘着性を低くする企業活動および技術情報の粘着性を高めていく企業活動について，2つの事例を見ていくこととする．エンドユーザーや消費者のニーズを収集し高付加価値製品を提供している，日本テトラパック株式会社とナブテスコ株式会社の2社の事例である．[22)]

日本テトラパックの液体容器

テトラパック・グループは，スウェーデンで創業された食品加工処理と紙容器充填包装システムを世界170カ国以上に事業展開するリーディングカンパニーである．その日本法人である日本テトラパック株式会社は1962年に設立され，日本国内において食品加工処理と紙容器充填包装システム，および食品用の紙容器(包装材)を食品会社に提供している．日本テトラパックでは，主要な容器ラインナップは世界共通のものを踏襲している．その一方，日本市場においても独自に消費者ニーズ情報をつかみ，それに基づく商品開発を行って顧客企業に提案することで，確固たる地位を築いている．

食品用紙容器は，1951年にテトラパックにより開発された四面体の牛乳用紙容器「テトラ・クラシック」が最初である．この「テトラ・クラシック」容器は，1956年に大阪で開催された第3回国際見本市で，日本に初めて紹介された．当時の消費者は瓶に親しんでいたため紙容器の普及には時間がかかったが，1960年代後半から学校給食の普及，牛乳販売店主体からスーパーマーケットへの流通形態の変化などにより紙容器が主流となっていった．現在では，乳飲料だけでなく，果汁・野菜汁，コーヒー飲料，茶系飲料，酒類など，飲料全般に広がっている．

日本テトラパックは，設立当初から充填機システムと紙容器包材の製造・販売・テクニカルサービスを手掛けてきたが，1993年から牛乳の搾乳，滅菌処理，アイスクリーム製造など食品加工を行うプロセッシング機器の取扱いも開始した．これにより，食品の加工処理から紙容器への充填，製品の梱包に至るまでの一貫したソリューションを提供できるようになった．この点が競合他社にはない強みとなっていた．

しかし，近年は食品用紙容器業界にも競合他社が多数参入してきており，シンプルな形状の容器だと競合他社に容易に模倣されるという問題が生じるようになった．また顧客の工場内で稼働するテトラパックの充填機に競合他社の包材が使われるケースも少なくない．シンプルな容器においてはこうした事態は避けられないため，テトラパック・グループの独自技術で成型される紙とプラスチックの複合容器へと製品開発をシフトした．複合容器はきわめて高い技術力を有するため，競合他社にとって模倣が困難であり，自社の充填機に他社の包材が使用されるという事態も避けられる．

たとえば，同社の「テトラ・プリズマ アセプティック容器」（図表6-1）のドリームキャップは，多面体の紙容器にプラスチックの飲み口部が複合成型された，2013年発売の新形状の液体容器である．キャップがプラスチックでできているために何度でも開閉可能であり，本体の紙容器が多面体であるため直接飲む際に持ちやすく，また，ファッション性が高いという特徴を持っている．消費者の飲み方や流量の調整方法を独自に行動観察し，その情報をもとにキャップや容器形状の開発が行われた．本製品のターゲット顧客である女性のニーズを丁寧に調査し，「飲み切りではなく少し飲んでキャップをする」「ハンドバッグに逆さに入れ押されても漏れない」といった日本の消費者に固有のニーズがあることにたどり着いた．その結果，グローバル製品をもとに日本独自に仕様変更がなされた．

テトラパックはグローバル企業であり，消費者ニーズ情報を多国展開することができる強みを有している．一方，新製品をある国で先行投入しても，そのまま他国の市場で受け入れられず，地域ごとのカスタマイズが必要となる場合もある．テトラパックでは地区ごとにマーケティング＆プロダクト部門を持っており，地域固有のニーズを把握し，本社マーケティング部門に伝える窓口の役割を担っている．このマーケティ

図表6-1　テトラ・プリズマ®アセプティック容器

出所：日本テトラパックのホームページ.

ング＆プロダクト部門と開発部門とが連携しながら製品開発が行われている.

また，紙とプラスチックの複合容器においては，素材技術やシール技術は紙に加えてプラスチックに領域が広がることになる．それに伴って，紙とプラスチックの接着技術や，充填機上での複合成型技術など新たな領域に広がることで，テトラパックが保有する技術情報の量が大幅に増加している．また，紙とプラスチックを充填機上で成型しながら，飲料の充填も同時に行う充填機においては包材と充填機の擦り合わせが必要になる．つまり，暗黙知的なノウハウも増えることで技術情報の粘着性を高めてきたと考えられる.

ナブテスコの自動ドア

ナブテスコ株式会社は帝人製機株式会社と株式会社ナブコの合併により2003年に設立された．「『うごかす、とめる。』で社会に貢献」をモットーに建物用自動ドア，産業ロボット用精密減速機，鉄道車両用ブレーキシステム，レトルト食品用充填包装機などのモーションコントロール技術を生かした数多くの製品を送り出している．

特に，建物用自動ドア分野では国内シェア55％とトップシェアを占めている．ナブコの前身である日本エヤーブレーキ株式会社が鉄道用ブレーキシステムの技術を生かして，1956年に日本で初めて自動ドアを開発した．それ以来，技術開発を進めてきたことに加えて，他社に勝る販売網を構築したことが，現在も市場で優位性を維持している要因である．

自動ドア業界は内需依存型であり，その中でナブテスコは業界先駆者かつトップメーカーとして国内に強力な販売網を築き上げ，保守点検を含めたサービス力でシェアを拡大，維持するビジネスモデルを成立させてきた．しかし，自動ドアもコモディティ化が進んでいる製品であり，リーマンショック以降低価格圧力が強まっている．

ナブテスコは業界トップ企業として利益を度外視したような低価格政策は容易にとれないため，従来にも増して消費者ニーズを取り込んだ高付加価値製品の開発が重要視されるようになった．しかし，販売網から上がってくる情報を新製品開発には十分活用できていないのが実状であったという．このような状況に危機感を覚え，2010年に商品企画部が自動ドア部門に設立された．商品企画部には，販売部隊と協力しながらニーズを的確に拾い上げ，それを開発に展開するというミッションが与えられた．これによって，自動ドア部門が一体となって顧客（利用者）志向の製品開発活動が加速された．[23]

従来型の自動ドアは，自動ドアに近づく人すべてが入退出する人ではないにもかかわらず毎回開閉するため，開閉の電気代や外気流入による冷暖房のコストアップが生じる．一方，毎回の開閉を防ぐために使われるタッチドア式の場合は，ベビーカーや車いす介助の際，わずらわしさが生じることがある．このような従来型自動ドアの欠点を利用状況の観察によって改善した製品が「インテリジェントecoドアシステム」であった（**図表6-2**）．[24]

インテリジェントecoドアシステムは，自動ドア周りの人の動線解析により得られた知見を開閉プログラムに織り込んだ製品である．それに

図表6-2　ナブテスコの自動ドア製品

インテリジェントecoドアシステム

多機能トイレ
自動ドアのスイッチ

出所：ナブテスコのホームページ．

よって不要な開閉，不要な開放時間を大幅に削減し，かつ入退出したい人だけにドアを開閉させることを可能にした．本システムのドア開閉制御は，多数の独立スポットを有するセンサーでキャッチした人の動きが開閉プログラムに伝えられることで行われている．本製品は羽田空港をはじめ，多くの場所で採用されている．

一方，バリアフリー化を背景に，多機能トイレは車椅子を利用する人だけでなく，子ども連れの人も利用する機会が増えており，自動ドアにも子どもからお年寄りまで誰もが使いやすいことが求められている．このような消費者ニーズに基づいて開発された自動ドアが多機能トイレ自動ドアである（**図表6-2**）．[25]

ターゲットを病院などの公共機関に設定し，そこで働く人へのインタビューや利用者の動線観察など，現場で消費者ニーズを調査することによって，多機能トイレ自動ドアは開発された．ユニバーサルデザインを取り入れ，ボタンの点灯，操作アシスト機能，音声による案内を組み合わせることで「わかりやすさ」「使いやすさ」に特化した点に特徴がある．

インテリジェントecoドアシステムの開発では，動線の解析のためのカメラ設置について鉄道会社の協力を得て行われた．ただし，共同開発という形はとっていない．そのため，得られたデータはナブテスコの製品開発に活用でき，このデータにより開発された製品は協力鉄道会社に限らず広く展開できたという．このことは，ナブテスコ単独で市場調査を行うよりも消費者情報の入手コストを抑えることに結びついている．多機能自動ドアについても病院等の公共施設で調査を行っているが，これも一般企業で調査を行うより入手データの活用に対する制約は少ない．インテリジェントecoドアシステムと同様，消費者情報の入手コストを抑えることができている．

全社的に顧客志向の製品開発を行うという強いメッセージとともに，商品企画部を設立し，新しいビジネスモデルを志向し始めたことは一種の社内改革であったという．この改革は，インテリジェントecoドアシステムのような利用者ニーズを活用した新製品の開発，拡販がタイミングよく行われていくことに結びついた．

一方，1956年に最初の自動ドアを開発して以来，自動ドア市場をリードして技術開発を続けている．この過程で重要だったのがセンサーの内製である．この点が技術情報の粘着性を高めるよう作用している．

自動ドアの開閉タイミングを決めるのはセンサーによる人体検出と開閉ロジックのプログラミングである．人の動きは画一的でないため，設置現場に応じて両者の擦り合わせを最適化する領域が残っている．ナブテスコは競合他社と異なりセンサーを内製していることから，最終仕様を想定したセンサーの開発や選択，開閉ロジックプログラミングを的確に行うことができたという．このことは，他社と比べて優位な競争力を生み出すとともに，顧客企業への技術情報の粘着性を高めるように作用した．

3 情報の粘着性のマネジメント

BtoB企業における消費者ニーズを取り込んだ製品開発の有効性を高めるためには，まず，BtoB企業は消費者ニーズ情報の粘着性を低くすること，そして，BtoB企業の技術情報の粘着性を高めることが重要である．

製品開発の主導権は消費者とより近い関係にあるBtoC企業が持つことが多い．その結果，製品開発においてBtoC企業が複数のBtoB企業に製品の要求仕様を伝えることで，しばしばサプライヤー間の熾烈な競争が生まれる．この環境下では，消費者ニーズ情報は消費者を直接顧客としているBtoC企業が獲得しやすく，BtoB企業は消費者ニーズ情報を直接的に得ることなく，要求仕様の形で間接的にしか得られない．

すなわち，BtoB企業にとっての消費者ニーズ情報の粘着性は，BtoC企業におけるそれに比べて相対的に高い状態である．しかし，日本テトラパックやナブテスコの事例では，消費者ニーズ情報の粘着性を低くする施策や工夫により，情報を積極的に取り込んだ製品開発に成功している．さらには，自らが直接顧客であるBtoC企業を上回る形で消費者ニーズ情報を収集し，これを活用した製品開発の成果を顧客企業へ提案することで，顧客企業のWTPを高めている．

フォン・ヒッペルが挙げた情報の移転にコストがかかる3つの要因は，情報の性質，情報の送り手と受け手に関する属性，情報の量である．これに従って消費者ニーズ情報の粘着性を考えると，次のような施策が考えられる．

消費者情報の性質や量は企業側からはコントロールできない要因であるため，粘着性を低くするためには受け手(自社)の属性を変えていくことになる．具体的には，消費者行動の解析能力の向上，社員のプロシューマー化[26]による情報吸収能力の向上，対象となる消費者の選定能力の向上，情報を横展開できるシステムの構築などが考えられるだろう．

一方，自社の技術情報の粘着性に目を向けると，上述の3つの要因のうち，受け手（すなわち顧客企業）にかかわる属性はコントロールできないため，粘着性を高くするためには自社技術の量や性質を戦略的に変えていかなければならない．すなわち，自社の製品開発に必要な技術の量を増やし，その技術をより暗黙知化することが有効となる．例として，対象技術の複合化，技術領域の拡大，設計思想のブラックボックス化が挙げられる．

本章では，BtoB企業主導型の製品開発により顧客企業の付加価値を向上させるための施策を情報の粘着性概念に沿って検討した．BtoB企業が顧客企業を飛び越えて，直接的に消費者ニーズ情報を入手し，BtoB企業の技術力を活かした製品開発プロセスに結びつけるための具体的施策を事例とともに提示した．部品や素材などを提供するBtoB企業は，エンドユーザーとなる消費者を想定した製品開発を行うことによって，顧客価値を高めることが期待される．

第 7 章

成分ブランドによるマーケティングの効率化

企業の競争優位の源泉には，長期間にわたってその効果を有するものと，そうでないものがある．たとえば，製品の差別化が単に機能を高めただけのものであるならば，いくら市場で受け入れられ販売が増えたとしても，それは短期間のうちに他社に模倣されることとなってしまうだろう．こうした競争優位は，短期的のものであるといえる．

一方，長期的に持続する競争優位の源泉も存在する．たとえば，学習効果によってコストリーダーシップをとることは持続的な競争優位に当たる．学習効果は累積生産量の拡大とともに製造コストが逓減していく現象である．累積生産量は，生産を始めてからの年数と相関があることが多いため，学習効果が利くような業界では長期間にわたって競争優位が持続することになる．

ブランドも長期的な競争優位の源泉の１つである．ブランドは，買い手の記憶を介して効果を発揮しうるものであるから，効果が出るまでには多少時間を要する．しかし，いったん買い手の記憶に埋め込まれてしまえば，比較的長期間にわたってその効果が持続することになる．

そのようなブランドの特徴に注目し，製品やサービスを構成する技術や素材，あるいは部品などにブランド名を付与し，マーケティングにおける差別化の手段として活用する，いわゆる「成分ブランド（ingredient brand）」[1]が近年注目されている．競合他社に対する持続的優位性を確立するための手段として，その利用はますます増加傾向にあり，実務的関心が高まっている．本章では，マーケティングに活用するための成分ブランドの展開について取り上げる．

1 成分ブランドが注目される背景

成分ブランドの具体的な例としては，インテルの「Pentium」や「Celeron」といった一連のパソコン向けMPU（マイクロプロセッサ）のブランディングが有名である．この他にも，よく知られている事例として，「ゴアテックス」「ドルビー」「テフロン」など，いくつも挙げることができる．

成分ブランドの活用が注目されている背景の1つには，「プロフィットゾーン」の移行という産業構造の変化が存在する．これは部品や素材メーカーがサプライチェーン上での利益を高める動きのことを指し，「スマイルカーブ現象」とも呼ばれている．[2] これまでは，製品全体の収益の多くをセット（組立て）メーカーが確保していたのに対して，近年では，セットメーカーの上流に位置する部品メーカー，あるいは下流にあたるサービス提供企業が収益の多くを得るケースが見られる（図表7-1）．成分ブランドは，このプロフィットゾーンの移行のための有力なドライバーになりうる．また，部品や素材メーカーの存在が相対的に重要になるに従い，成分ブランドを有効に活用できるBtoB企業も増えてくるはずである．[3]

技術や素材のブランディングを進めていくためには，まず，BtoB企業の直接の顧客であるセットメーカーの協力を得なければならない．最終商品の一部として搭載される技術や素材は，そのままでは最終商品に組み込まれ，一般消費者の目に触れることは少ない．搭載された技術や素材をブランド化し，ロゴやシンボルマークの形で「視覚化」していくには，セットメーカーからの協力を得るか，セットメーカーに対する交渉力がなければならない．

そもそも，最終商品のブランディングや製品戦略は，セットメーカーの戦略領域である．その領域でBtoB企業が自社の技術や素材のブランディングを進めようとするのは，困難であると考えるのが自然だろう．インテルが自社のMPUを「Intel Inside」としてブランディングした

図表7-1　サプライチェーンにおけるプロフィットゾーン

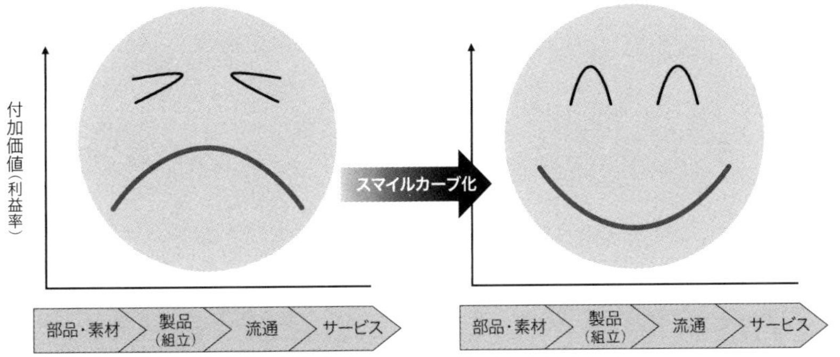

出所：名和・小森（1998），木村（2003）の記述により作成．

際には，パソコンメーカーに対して，パソコンの広告費用の一部を負担するなどの施策を取ったことが知られている．[4]

当然，BtoB企業とセットメーカーとの協力関係も，技術や素材のブランディングが実現できるかどうかに影響を及ぼす．インテルのようにパソコン用MPU市場で圧倒的なシェアを確保していることが，同社の成分ブランドの展開においてセットメーカーの協力を引き出したといえるだろう．

したがって，強い部品や素材を有する企業が増えるにつれて，セットメーカーに対する交渉力を獲得して，技術や素材のブランディングを展開するBtoB企業が増えてくることが予想される．

成分ブランドに注目が集まるもう1つの要因として，系列取引の減少が挙げられる．特に日本のBtoB企業が技術・素材のブランド化を検討する際，これまでは，セットメーカーと部品メーカーとの系列取引構造がその妨げとなっていた．つまり系列取引構造は，取引を安定化させ，共同開発などのチャンスをもたらす反面，BtoB企業の外部への情報発信の意欲を削いできた．

しかし，状況は変わりつつある．日本の自動車産業でも，将来の共同開発を視野に入れた系列構造の再編が近年進みつつあり，日本における産業全体でも系列取引構造は崩れていく方向にある.[5] こうした変化は,技術・素材のブランディングを受け入れやすくする構造変化であるといえる.

2 先行研究から見た成分ブランドの効果

K・K・デサイとK・L・ケラーは,成分ブランドを「特定ブランドにおけるキー属性が,別のブランドに成分として組み込まれたもの」と定義している.[6] ブランド研究における成分ブランドは,特定ブランドを強化するための二次的ブランド連想の一類型として位置づけられる.

成分ブランドに関する研究は1990年代に大きく拡大し始めたが,その後の研究は,以下のとおり大きく3つに分けられる.

①最終製品への反応の差異を検討する研究
②成分ブランドへのフィードバック効果を検討する研究
③成分ブランドの具体的事例を検討する研究

①は,成分ブランドが最終製品に付与されることによって,その最終製品への消費者の反応がいかに変化するかについて検討するものである.一般消費者を対象とした実験データを用いた実証研究が多く存在している.②は,成分ブランドによって,最終製品のみならず,元の成分ブランドにいかなる効果が生じうるかについて検討するものである.こちらも主に一般消費者をサンプルとした実験によって展開されている.③は,成分ブランドの活用事例を詳細に検討するものである.

最終製品への反応の差異を検討する研究

このカテゴリーの研究は,コ・ブランディング(共同でブランディングを展開すること)というより広い枠組みで展開されたものが多い.つまり,コ・ブランディングの視点からの成分ブランドへの消費者評価に対する影響や，コ・ブランディングが効果的となる条件についての研究である.[7)]

たとえば，コ・ブランドと個別ブランドの拡張を比較する中で，コ・ブランドのほうが消費者の受容度が高く，製品の評価は修飾される概念によって強い影響を受けることなどが明らかにされている.[8)] このカテゴリーの研究は，最終製品のブランドに部品や素材のブランドが組み込まれると，消費者からどのような反応が引き出せるかという問題意識によっている.

消費者からの反応の1つは，成分ブランドを付与した場合の最終製品への価格面での影響である．この一連の研究では，成分ブランドを組み込んだ製品について価格プレミアムが期待できることを明らかにしている.[9)]

こうした価格プレミアムの存在は，成分ブランドを付与することによって最終製品における消費者への反応が改善されることから生ずるものである．したがって，最終製品の品質知覚水準によって，成分ブランド付与による効果は異なることになる．たとえば，ブランド化された成分によって製品知覚や信念，評価，購買確率は向上するものの，そのような効果は中程度の品質の親ブランドでは確認できるが，高品質の親ブランドでは限定的であることも報告されている.[10)]

成分ブランドへのフィードバック効果を検討する研究

成分ブランドに対する消費者反応について，より具体的で特定された局面に焦点を当てた研究が多く行われている．デジタルカメラの本体とレンズや，パソコン本体とCPUの関係がこの研究領域に該当する．これら一連の研究は，最終製品に成分ブランドが付与されることによって，元の成分ブランド自体にいかなる効果があるかについて検討している点が共通している.

先行研究ではたとえば，NB（ナショナルブランド）に組み込まれる成分ブランドについて，自らの評価を下げることなくPB（プライベートブランド）商品への態度を改善することができるかについて実験を行い，NBの成分ブランドを有したPB商品はより肯定的に評価され，かつNBの評価が下がることのないことが明らかにされている.[11]

ただし，成分ブランドを組み込むことによって，常に消費者の反応が改善するとは限らない．成分ブランドに対する態度によって，最終製品における効果も異なることになる．たとえば，菓子カテゴリーについての実験では，知名度の高い成分ブランドと提携した製品が消費者の評価を高める一方，成分ブランドに対する否定的な評価がコ・ブランド製品の評価を低下させることが報告されている.[12]

■ 成分ブランドの具体的事例を検討する研究

成分ブランドの研究では，実際の成分ブランドに関する事例やケースに関する検討が数多くなされている.[13] そこでは，成分ブランドのサプライヤーは，ブランド化された成分を機能性飲料に提供することで差別化の源泉を与えているという指摘や,[14] 食品や飲料のパッケージングにおいて成分ブランドを表記することの有効性などが指摘されている.[15] これらの研究は，学術的色彩の濃い研究以外にも，雑誌記事や事例紹介として取り上げられるものも多い.

これら３つの研究潮流に共通するのは，成分ブランドが最終製品に含まれることにより，主に消費者やサプライヤー，小売業者といった，企業外部に対していかなる影響があるのかという点に注目していることである.

とりわけ，成分ブランドを通して最終消費者の反応がいかに変化するかを検討することによって，成分ブランドに関する効果的なマネジメントへの示唆を与えている．したがって，企業がいかに成分ブランドを活用していくべきかについて，特に企業外部への対応を考える際に有益な示唆を与えてくれる.

3 購買における成分ブランドの影響と効果

購買における成分ブランドの影響

ここからは，データや事例に基づいてより具体的な議論を進めることとしよう．まず，成分ブランドは消費者の購買行動の中でどのように評価されるのだろうか.[16]

図表7-2は，成分ブランドに関する調査の結果である．まず買い物をする際に，成分ブランドを気にするかどうかという質問に対して，「非常に気にする」「気にする」「どちらかといえば気にする」を合わせて54%の回答者が気にすると答えている．また，最も多い回答が「どちらかといえば気にする」であり，38%という結果となった．

一方，**図表7-2**の右側のグラフは成分ブランドと消費者の購買に際しての信頼感の関係である．成分ブランドが記載されていることにより，何らかの信頼感を得ると回答した人が，全体の84%を占めた．ま

図表7-2 購買に際しての成分ブランドのかかわり

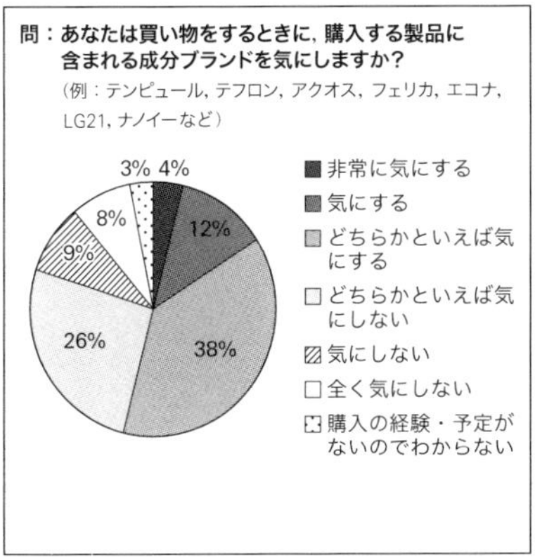

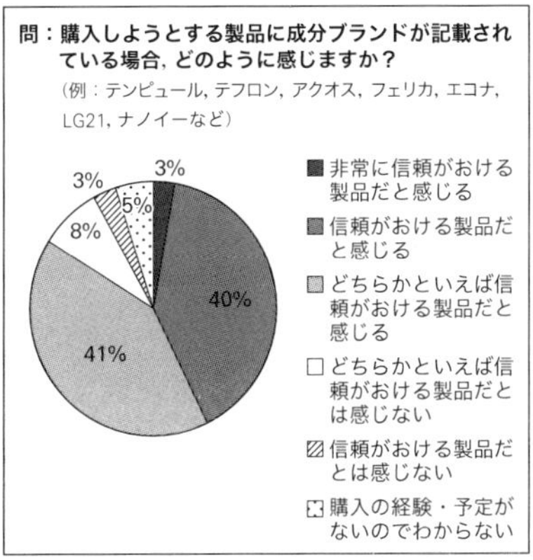

注：サンプル数410，2009年6月実施.

た，「信頼がおける製品だとは全く感じない」と回答した人は見られず，全体的に成分ブランドが消費者に信頼感を与えているという結果であった．

この調査結果からいえることは，成分ブランドが消費者の購買行動に強く影響していること，とりわけ，信頼がおける製品の印として機能しうることが示唆される．また，それぞれのグラフからわかるように，80％程度の消費者が成分ブランドに対して信頼に値すると感じたり，成分ブランドを気にすると答えていることには注目すべきだろう．

BtoB企業における成分ブランドの効果

成分ブランドを活用することは，BtoB企業にどのようなメリットをもたらすのだろうか．先述の先行研究の多くは，消費者の反応や小売段階での価格プレミアム効果などを中心としたものであり，部品や素材メーカーのマーケティングという視点での研究は限定的である．以下においては，BtoB企業への示唆を念頭に置いて議論を進めていこう．

まず，直接の顧客であるセットメーカーだけでなく，その川下に位置する流通業者や一般消費者からも，差別化された部品や素材に対し，ブランドを通じて安定した支持を得ることができる．それによって，自社の技術や素材の競争優位をより長期にわたって強固なものにしていくことが可能である．

たとえば，崔容熏は，[17]デュポンによって開発された化学繊維の「ライクラ」という成分ブランドについての詳細な事例研究によってその顧客戦略を識別し，[18]デマンドプル効果の存在を明らかにした．具体的には，サプライチェーン最下流の消費者や小売を刺激することで，その前段階の買い手企業の購買が促される効果を指摘している．

一方，差別化された部品や素材の優位性を確保するためには，特許や実用新案によるのが一般的だが，本章の冒頭でも触れたとおり，ブランドによる優位性はより長期化させることが可能である．たとえば特許では，法規定により有効年限が日本国内では20年と定められており，長期的な差別化にはおのずと限界がある．

これに対してブランドは，適切なブランドマネジメントを続けることができれば，20年をはるかに超えてその効果が持続する．ある技術ブランドが優れたものとして業界でひとたびイメージを確立すると，効果的に技術をバージョンアップし続けることで，良好なブランドイメージを資産として蓄積し，競争優位をより強固なものとすることができる．インテルのPentiumは，こうしたブランド育成に成功している典型的な事例といえる．

また，ブランドとして技術や素材の存在を広く知らしめることで，技術開発者が当初想定していなかった新たな需要（使用用途）を，顧客企業側からのアプローチで発見することが期待できる．

デュポンのテフロンやゴアテックスといった可能性に広がりのあるような新素材では，提供するBtoB企業にとっても思いもかけない用途が存在する．それは，提供者側からの視点だけでは，発見することがなかなか難しいためである．

たとえば，デュポンが開発し販売するテフロンは，1938年に発見され，1946年に製品化された．[19]製品・用途は主に調理器具，電気・化学関係の分野で拡大し続けている．フライパンなどの調理器具の表面のコート塗装などに使用され，熱や食品，調味料による侵食に強く，また摩擦が小さいことから食品の焦げつきを防ぐ役割を担っている．電気・化学関連では，電気関係の用途や高温腐食性流体を扱う化学的機械的用途において広く加工用素材として利用されている．たとえば，チューブ，ホース，テフロンシート，パッキン，剥離材，絶縁材，断熱材，粘着テープ，摺動材，耐熱コンベアベルト，テフロンコーティング，無電解ニッケルテフロンメッキ，すべり材，ベアリング，スリーブ，フランジ，ワッシャーなどがある．

テフロンは半世紀以上前に開発されて以降，いまだに用途が拡大し続けている．こうした多様な用途が想定される要素技術では，技術や素材がブランド化することで広く一般に知れわたり，思いもかけない顧客企業から引き合いを獲得することがある．その結果，新たな需要が開拓できることも珍しくない．優れた技術だが，どのような用途があるのか想像できないような事例で，このシナリオは大きな力を発揮する．

成分ブランドの成功要件

一方，この技術・素材ブランディングを実現することができるのは，どのような企業だろうか．まず重要なことは，ブランドの対象となる技術や部品，あるいは素材・部材などが特定できなければならない．つまり，ブランド対象の範囲である．この範囲が確定しなければ，ブランディングを進めることはできない．一般消費財と違って，部品や素材は最終製品に組み込まれ，その範囲が曖昧になると，ブランドとその対象である技術や部品がリンクしないことになってしまう．

ブランド対象の範囲を，どのように特定するかについてはいくつかの方法が考えられる．しばしば行われるのは，ユニット化である．ユニット化とは，技術や素材あるいは部品が，広く複数の顧客企業の最終商品に互換的に搭載できるよう，1つの単位(ユニット)として成立していることを指す．[20]

そのうえで，何らかの可視化の工夫が必要である．部品や素材は，最終製品の中では，外から見ることができないケースが多い．あるいは，見ることができたとしても，素材まで識別することが困難なケースも多い．

そのような状況で，消費者に向けて部品や素材を識別してもらい，ブランドのアイデンティティを確立するためには，最終製品でも外部から確認できるような工夫が不可欠になる．たとえば，高度な免震技術が使われている建築物も，竣工後はそのことが外部から識別できない．こうしたケースでは，特徴のある形状や色で部品の識別を容易にさせる，あるいは，マークやロゴのついたシールやプレートを貼付するなどの工夫が欠かせないだろう．

また，ブランドは他の製品と差別化するための手段であるから，その対象物である部品や素材，あるいは技術について，他社のものから差別化された独自のものであることが前提となる．そのうえで，先にも述べたとおり，顧客企業などかかわりを持つ企業との協力が欠かせない．

たとえば，（ブランド力のある）部品や材料の採用を検討しているセットメーカーにとってもメリットがなければならない．その部品を組み込むことによって最終製品の売上を拡大することができる，組み込んだ製品にも付加価値を生む，あるいは価格競争を回避することができる，などのメリットである．ブランド力にものをいわせて，調達先から有利な取引条件を引き出すだけのものであっては，長期的に良好な関係を維持できず，将来にわたって安定的に注文を獲得することは期待できないだろう．それでは本末転倒である．

4　成分ブランドのタイプ

技術・素材のブランディングは，実際，どのように進めていったらよいのだろうか．成分ブランドを，業種特化型と業種横断型という２つのタイプに分けて概観してみよう．

業種特化型と業種横断型

成分ブランドにかかわる戦略は，その技術の拡張可能性に依存する．部品や素材の拡張可能性が低く，採用される最終製品が特定の製品カテゴリーに限定されてしまう場合，用途の広がりも限定されることが予想される．このことは，成分ブランドが他社製品に採用される場合においては，特定の企業間取引に効果が限定されることを意味している．

また，自社開発の成分ブランドを自社内のみで採用する場合も，拡張可能性が低ければ，他の製品とのシナジー効果やブランディング費用の配賦などは期待できない．したがって，成分ブランドの中でも，その拡張可能性が比較的高いものとそうでないものでは，戦略展開が大きく異なることになる．

拡張可能性が低い場合，特定の業種に特化したケースが多い（業種特化型）．すでに触れたIntel InsideやPentiumといったインテルのパソコン向けMPUのブランディングが代表的である．その他にも，明治のLG21，シャープのアクオス，あるいはマットレス素材のテンピュールなどを挙げることができる．

一方，拡張可能性が高い場合は，特定の業種に限定されることなく業種横断的に流通しうる（業種横断型）．たとえば，空気清浄機で広く展開されるようになった成分ブランドがその典型である．シャープのプラズマクラスターやパナソニックのナノイーなどである．その他にも，ゴアテックス（WLゴア＆アソシエイツ），フェリカ（ソニー），リセッタ（日清オイリオ），ハイドロテクト（TOTO）などもこのカテゴリーに含まれる．

業種特化型と業種横断型の違いは，その部品や素材の拡張可能性によって，同一の業種の製品に組み込まれるか，あるいは広範囲の（他社を含む）製品に搭載されるかによるものである．インテルのPentiumは基本的にパソコン対象なので，単一業種展開となる．一方，除菌イオンのユニットは，自社の空気清浄機やエアコンだけでなく，シャワートイレや車載用エアコンなど広範囲な商品に採用されている．

業種特化型では，ユニット化した技術や素材が最終商品の基幹機能を担うことが多いのに対し，業種横断型では，最終商品の付加的機能や差別化機能を担うことが多い．業種特化型では，Pentiumやアクオス，あるいは，シマノの自転車部品（変速機など）のように，最終商品の基本性能を左右する部品がブランド化されているケースが多い．

他方，業種横断型では，プラズマクラスターも，ゴアテックスやテフロンも，それぞれの搭載商品であるエアコンや衣服，フライパンなどの基本機能というよりは，それを特徴づける付加的機能や差別化機能を担っている．

TOTOのハイドロテクト

たとえば，TOTOのハイドロテクトを見てみよう．ハイドロテクトはTOTO独自の光触媒技術である「超親水性技術」「有機物分解性技術」などを有する製品につけられる技術ブランドである．1993年に開発，世界で初めて光触媒タイルが実用化され，2006年には恩賜発明賞を受賞している．[21)]

この技術はTOTOが東京大学の藤嶋昭教授（当時）と共同で取り組んだ「光触媒技術」をさらに発展させ，超親水性を応用したものである．光触媒超親水性技術とは，素材の表面に形成された光触媒膜に分子レベルでの水分薄膜を形成し，「超親水性（水を全く弾かない）」を付与できる世界初めての技術だった．この光触媒超親水性薄膜が素材表面に形成されると，表面は水を全く弾かず水になじんでしまうため，「水滴ができず曇らない」「汚れが水で簡単に洗い流せる」などの効果を発揮することができるという．

ハイドロテクトは「光触媒作用」による「分解力」と「親水性」に特徴があり，セルフクリーニング効果，空気浄化効果，抗菌効果，防臭効果などを有する（**図表7-3**）．こうした多様な効果を利用し，さまざまな分野で活用されている．主な製品・用途は**図表7-4**のとおりである．光触媒技術による特許を積極的にライセンス供与している．空気浄化や抗菌，あるいはセルフクリーニングといった効果は，適用された製品においては付加的な二次機能であり，業種横断的にさまざまに差別化の源泉として活用される可能性を有している．

業種横断型は，付加的機能を提供しているからこそ，業種を超えてさまざまな最終商品に搭載され，搭載商品の差別化に寄与している．逆に，業種特化型が提供する基本機能は，MPUの演算機能（インテル）にしても，自転車変速機の変速機能（シマノ）にしても，それぞれの商品における固有の一次機能であり，それを満たす技術や素材を他のジャンルの最終商品に展開することは容易ではない．

図表7-3 ハイドロテクトの効果

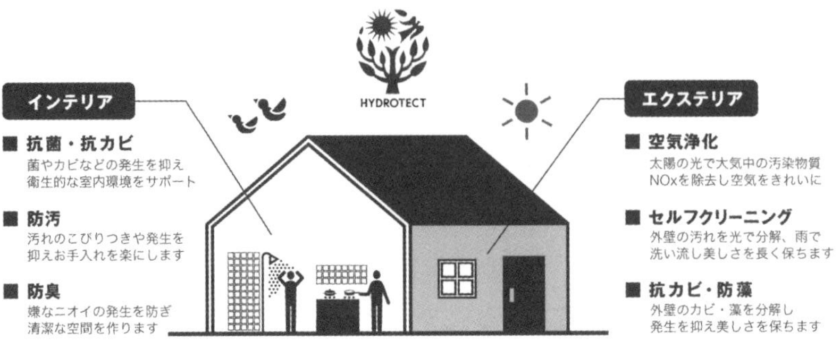

出所：TOTOより許可を得て掲載.

図表7-4 ハイドロテクトの用途

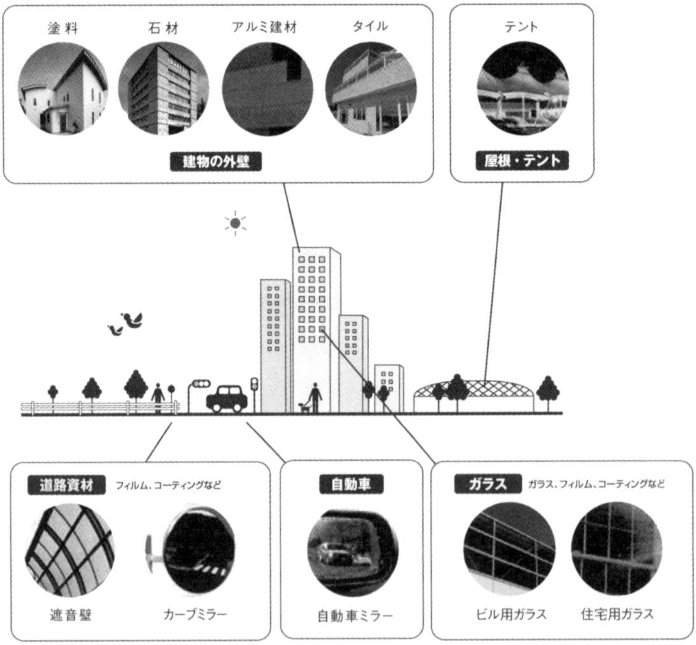

出所：TOTOより許可を得て掲載.

■展開先のセットメーカーとの調整

業種横断型の場合，技術や素材のユニットはさまざまな業種の最終商品に搭載・配合されるため，最終商品に合わせたユニットの調整は不可欠なプロセスである．たとえば，シャープでは除菌イオンのユニットを，もともと想定していた空気清浄機ではなく，自動車用のエアコンに組み込む際には，かなりの調整が行われたという．振動や温度などの面でより高い耐久性が必要であったためである．

一方，業種特化型では，最終商品での調整を最小限にとどめることができる．たとえば，インテルのMPUは，部品間のインターフェイスがかなり標準化されたパソコンに搭載されるため，最小限の調整で済む．[22] 自転車部品では，部品間の取り合いがあり，擦り合わせの作業が必要だが，シマノではシステム品として納入することによって，組立て段階での擦り合わせを最小限にとどめている．[23]

業種特化型では，セットメーカーとの関係に工夫が必要となる．たとえば，インテルがパソコンにIntel Insideのラベルを付与する試みは，当初，特に市場シェアの高いパソコンメーカーからの抵抗にあった．なぜなら，ブランディングの結果，ほとんどのパソコンで基幹部品に違いがないことを消費者に印象づけてしまうからである．

インテルは，新興メーカーや最終消費者，チャネルからの支持を得ることと，前述したとおり，Intel Insideを自社製品や広告に掲出することに同意したメーカーに広告費をサポートするためのリベートを支払うことで乗り切った．[24]

シマノでも，同様のセットメーカーを意識したブランディングが行われている．1960年代にシマノが米国に進出した際，困難な場面に直面した．米国のセットメーカーは，製品を認めてくれ，値段も納得してくれた．しかし，買ってくれない．あるメーカーに「シマノの部品をつけた自転車を欲しいと言う客がいない」「性能が良いのがわかった．しかし，おまえの部品を使っても自転車は売れない」「買ってほしかったら需要を作ってこい」などと言われたという．

さらに問題だったのは，セットメーカーはシマノという名前を知っていても，小売店や消費者は全く知らないことだった．つまり，小売店や消費者が「シマノの部品がついている自転車が欲しい」と言わない限り，メーカーからの注文もないのである．

この問題を解決するため，シマノはまず小売店にシマノの製品や名を知ってもらう必要があることに気がついた．シマノはディーラーや，シアーズ・ローバック，J・C・ペニーといった量販店のバイヤーを回った．その当時，小売業者は製造物責任に対応するため，安全基準を厳格に守る必要があり，自転車の性能や耐久性をテストする機材を準備し，セットメーカーにテストをしてもらっていた．

シマノでも，こうした小売業者にアプローチする一方，セットメーカーでのデータなどを蓄積していった．そのような活動を経て，発注書に「変速機はシマノの○○○という部品を使う」と書いてもらい，初めてセットメーカーに採用されるようになったという．

また，シマノは「ツール・ド・フランス」や「ジロ・デ・イタリア」などの海外レースで自社部品を搭載した自転車のレーサーが好成績を得ることで，プロモーション費用を最小限に抑えながら効果的に自社部品をアピールした．それとともに，ブランド名を浸透させ，最終消費者やチャネルから自社部品へのプル効果を引き出すことに成功した．

ブランド化する技術や素材が最終商品の基幹機能を果たすことが多いため，業種特化型では，セットメーカーからの何らかの抵抗があることをあらかじめ想定しておくべきである．

一方，業種横断型では，提供する技術や素材が最終商品の付加的機能を提供することになるため，最終商品の差別化に貢献する．したがって，その技術や素材が認知されれば，セットメーカーはむしろ自社商品の付加価値向上のために，技術や素材のブランディングを歓迎するはずである．除菌イオンではカビ菌やアレル物質の除去機能が，ゴアテックスでは防水と透湿を両立する機能が広く一般に認知されたことが成功の鍵となった．

実際，シャープのプラズマクラスターイオン技術の場合，[25] 2002年秋に「浮遊インフルエンザウイルスの空中除去機能」が研究機関によって証明され，新聞紙面などで大きく取り上げられたことで，他社からの搭載申し出の問合せが一気に増えたという．

また，業種横断型の場合，成分ブランドを活用することによって，広告効率を高めることができるというメリットも大きい．個々の製品カテゴリーごとに広告展開するのではなく，成分ブランドを核として効率よく広告を展開できるからである．

本章では，成分ブランドの対外的な効果について取り上げた．次章では，成分ブランドの組織内部に向けての効果を取り上げることとする．

第 8 章

技術のブランド化と製品開発

マーケティングにおける差別化の手段として活用する成分ブランディングは，競合他社に対する持続的優位性を確立するための手段として，関心が高まりを見せている．

成分ブランドの効果は，前章で取り上げた対外的な効果に限らない．本章では，製品開発局面における成分ブランドの効果について，空気清浄機市場における開発事例に沿って紹介する．[1)]

1 技術のブランド化

前章で述べたとおり，成分ブランドとは技術がブランド化したものである．技術のブランド化で重要なことは，製品を構成するキー属性がブランド化することによって，特定の属性（その多くは素材や成分などの要素技術）に消費者ニーズや便益などの市場情報が組み込まれることである．すなわち，技術情報と市場情報が接合され，成分ブランドという場において同時に存在することになる．

K・L・ケラーは，ブランド化について，「消費者に精神的な構造を創り出すこと」と定義している．[2)] より具体的には，消費者が意思決定を単純化できるように，製品やサービスについての知識を整理させ，学習させることである．結果として，ある製品カテゴリー内において，消費者に異なるブランド間の差異を知覚させることになる．このことは，消費者にブランドに関する情報を学習させて，彼ら／彼女らの中に知識構造，すなわちブランド知識を形成することを意味している．

ブランド知識は，ブランド認知とブランドイメージによって構成されており，後者は特に「消費者の記憶内にあるブランド連想の反映としての知覚」と定義される．[3]そのようなブランド連想には，特有の好ましさや強さ，ユニークさがあり，消費者の購買意思決定過程に影響を与える．ブランド連想には，属性，ベネフィット，態度という，大きく分けて３つのタイプがある．

属性に関するブランド連想には，製品関連属性に関するものと，製品非関連属性に関するものの２つがある．ケラーがここでいう属性とは，「製品やサービスを特徴づける記述的性質であり，その製品やサービスは何であり，何を持っていると消費者が思うか，あるいはその購買や消費に関連するものは何か」[4]として捉えられている．製品関連属性とは，製品を構成する素材や材料などのことである．一方，製品非関連属性は，「価格」「使用者イメージと使用イメージ」「ブランドパーソナリティ」「フィーリングと経験」により構成される．

ベネフィットとは，「製品やサービスの属性に消費者が付与する個人的価値や意味のこと」[5]と定義され，機能的，象徴的，経験的の３つのタイプに分けられる．機能的ベネフィットは，消費場面において消費者にもたらされる内在的利便性のことであり，主に製品関連属性と関係している．象徴的ベネフィットは，消費場面において消費者にもたらされる外在的利便性のことであり，主に製品非関連属性と関係している．経験的ベネフィットとは，消費者が実際の消費局面において感じることであり，製品関連属性にも製品非関連属性にも関係している．

ブランド態度とは，「ブランドに対する消費者の全体的な評価」[6]と定義され，多くの連想をもたらす．ブランド態度は，先述の属性とベネフィットに関する消費者の連想に依存している．換言すれば，特定製品に対する評価にかかわる消費者の態度は，その製品の持つ属性やベネフィットに対する彼ら／彼女らの評価によって形作られるということである．

ブランド知識に関するケラーの議論は，製品を構成する要素技術がブランド化された成分ブランドが，それを採用する製品開発局面に対して与える影響を考える際に，きわめて有用な示唆を与えてくれる．技術が成分ブランド化することにより，その技術の属性レベルの連想だけでなく，それが消費者に対して何をしてくれるかに関するベネフィット連想や，成分ブランドに対して全体的に抱く態度といった連想をも包摂する可能性があるのである．

本章で取り上げる空気清浄技術を例にとると，以下のように説明できるだろう．空気清浄技術は，空気洗浄力や除菌メカニズムなど，それ単体ではきわめて技術的な情報しか含んでいない．これが成分ブランドとなることによって，たとえば「空気をきれいにする」といった機能的ベネフィットや，「快適で過ごしやすく気持ち良い空間を提供する」という経験的ベネフィット，さらには「クリーンで健康な生活，ワンランク上の生活をもたらす」といった象徴的ベネフィットを含むことになる．

これにより，単なる技術情報を超えて，最終消費者にもたらすベネフィットという，市場情報をも包摂することになるのである．また，「子どもの風邪予防を考える母親像」や「インフルエンザが流行する状況」「花粉やウイルスから守られる安心感」などといった，使用者イメージや使用状況，フィーリングなども包摂するだろう．これにより，単なる技術情報はより具体的な市場情報へと翻訳されるのである．成分ブランドが持つこの性質は，製品開発局面においても，さまざまな効果が期待できると考えられる．

2　製品開発局面におけるコミュニケーション

製品開発局面には複数の段階が含まれている．その捉え方についてはいくつもの類型が提案されている．たとえば，よく知られているコトラーは，「アイデア抽出」「アイデアのスクリーニング」「コンセプト開発とコンセプトテスト」「マーケティング戦略の立案」「事業分析」「製品開発」「市場テスト」「商品化」の８段階で捉えている．[7] それぞれの段階において，技術情報と市場情報を包摂する成分ブランドが採用されることにより，さまざまな効果が期待できると考えられる．その主要なものとして本章では，開発プロセスにおける開発組織メンバー間のコミュニケーションの活性化や，その結果としての市場情報利用の促進，また，成分ブランドそのものに対する注目からもたらされる資源や権限の獲得などを想定している．

製品開発局面におけるコミュニケーションの活性化という効果を考える際に重要なことは，製品開発組織が本来的に多様な部門のメンバーによって構成される点である．この点について注目されてきたのは，特に技術部門とマーケティング部門の統合という視点である．異なる部門による協働が優れた製品開発へつながることは，数多くの研究で指摘されているものの，[8] その遂行はしばしば困難に直面するとされる．[9] この原因としては，たとえばR&D部門とマーケティング部門が異なる志向性を有する点や，時間志向や課題の不一致，相互に抱いている悪いイメージなどが挙げられている．[10]

そもそも異なる部門がなぜ相互コミュニケーションを図ることが難しいかという点については，興味深い指摘がある．異なる部門のメンバーはそれぞれが独自の「思考世界」を有しており，社会的行為主体として，他者との相互作用の中で意味を生成，解釈，理解する存在であると指摘される．[11] そして，異なる部門からの組織メンバーが，異なる解釈スキーマや組織ルーチンを有することによって，部門間コミュニケーションが分断されてしまう可能性がある．結果として，たとえば技術部門は技術情報に焦点を当ててしまう傾向があり，市場情報利用に積極的でないことになる．[12]

このように，通常の製品開発局面においては，開発組織内部におけるコミュニケーションがうまく進まないことが懸念される．しかし，技術情報と市場情報を包摂した成分ブランドが製品開発に採用されることによって，この問題が解決される可能性がある．このことは，成分ブランドの採用によって，必然的に開発組織における技術寄りの部門と市場寄りの部門が，同じプロセスにかかわらざるをえなくなることに関係している．

上述のように成分ブランドは，技術情報に市場情報が組み込まれたものであり，市場情報がブランド連想という形で翻訳されているものである．したがって，コミュニケーションにおける異部門間の理解度が向上することが予想される．

具体的には，①マーケティング部門は成分ブランドを通じて技術情報に触れる機会をより多く持つことになり，結果として，技術情報に対する理解が進むことが考えられる．同時に，②技術部門は市場情報を集約・要約した成分ブランドによって，市場情報への理解が増すと予想される．結果として，開発組織内における異部門間コミュニケーションが容易となり，促進されるのである．これは同時に，マーケティング部門による技術情報の利用や，技術部門による市場情報の利用が促進されることにもつながると考えられる．

また，成分ブランドが採用されることにより，社内のさまざまな資源や権限が利用しやすくなる可能性があることも指摘できるだろう．まず，自社開発の成分ブランドを他の自社製品に採用する場合については，成分ブランド自体にすでにさまざまな経営資源が投入されている可能性が高いため，そのような成分ブランドを組み込んだ製品開発にも経営資源が集まりやすくなると考えられる．また，強力な他社の成分ブランドを自社製品に取り入れる場合も，導入に際してそれなりのコストが投入されていることが予想されるため，同様に経営資源が集中しやすくなることが考えられる．

以下においては，空気清浄機の成分ブランドとしてパナソニックのナノイーを取り上げ，製品開発との関連を見ていくことにしよう．[13)]

3 パナソニックの成分ブランド「ナノイー」

日本における空気清浄機は，1960年代に業務用として市場に登場した．その後，1982年頃の低価格簡易型商品の登場をきっかけとして，本格的に家庭用市場が形成され，家庭用空気清浄機の販売は好調に推移している．近年も，インフルエンザ，さらにはCOVID-19の流行に伴うウイルス対策機運の高まりを受け，市場が拡大している．

家庭用空気清浄機には，さまざまな二次機能が追加されている．主要な機能としては「集塵」「脱臭」「アレルゲン不活性化」「ウイルス除去」がある．その技術分類に明確な定義はないが，特に代表的な方式と考えられるのは，ファン方式，イオン方式，そして近年注目を集める空中除菌である．ここに各社が成分ブランドを投入し，製品の効果を訴求している．

ナノイーの開発経緯[14)]

パナソニックが2003年に初めて製品に搭載し，現在もますます意欲的に取り組んでいる成分ブランドがナノイー（nanoe）である．ナノイーとは，「空気中の水分を超微粒子化して，電気を帯びさせたイオン」を意味する成分ブランド名称である．実際には，ナノレベルの帯電イオンを発生可能な同社の技術を搭載した「ナノイーデバイス」が最終製品に組み込まれることで，ナノイーブランド搭載製品が誕生する．

2003年に「エアーリフレナノイー」として初めて空気清浄機に搭載された．その後，2005年にヘアードライヤーに展開され，現在ではエアコン，浴室乾燥機，冷蔵庫，洗濯機，美容製品など，非常に幅広い製品に展開されている．

ナノイーは，1997年に旧通産省のプロジェクト名でのナノ粒子を計測する技術開発に端を発し，2001年から広島大学とパナソニックの産学連携プロジェクトにより，帯電粒子水発生デバイスとして開発された技術である．[15)]当初は水補給を必要とする技術を採用していたナノイーだが，その後2005年に水のいらないペルチェ方式[16)]と呼ばれる方法を採用している．さらに現在までデバイスの小型化，効率化を進めており，搭載する最終製品に合わせていくつかのパターンを採用している．このように，より多くの製品に適応できるように，ナノイーという成分ブランドを支える要素技術は変化し続けている．

ナノイーの事例から確認された，製品開発プロセスにおける成分ブランドの効果は以下のとおりである．第1に，大規模な組織変遷とトップダウンによる推進が挙げられる．パナソニックの会社沿革[17)]を見ると，2003年に大規模な事業再編，2005年にマーケティング部門の吸収に伴い，松下電工「メガアクティブイオン」を吸収，2006年には大坪文雄社長が就任し，2008年にパナソニック株式会社への名称変更，商品群の統合など，実に多くの変化を経てきたことがわかる．

これらの組織変遷の動きにナノイーの変遷を対応させてみよう．まず，2003年の大規模な事業再編に合わせて，それまで無名称であったマイナスイオン技術をエアーリフレナノイーとして初めて空気清浄機に搭載した．2005年には松下電工のメガアクティブイオンを吸収し，パナソニックグループとしてマイナスイオン技術をナノイーに一本化し，2007年に現在のロゴへ改変した．そして，2008年8月の全商品群のパナソニックへの名称統合に合わせて，記者会見により社長自らナノイーをパナソニック全社挙げて推す方針について明示した．このように，大規模な組織整備の結果，ナノイーを使用した製品開発には，全社的なサポート体制を敷くことが可能になった．

ナノイーブランドに関する方針はすべてトップダウンで推進され，その結果，現在ではすっかり現場に浸透しているという．同成分ブランドは，「パナソニック」という企業ブランドと同等に位置づけられており，各事業部はブランド運用マニュアルに基づいて使用する．その結果，全社の事業部，またグループの垣根を越えてナノイー関連の新製品開発を進めることができるという．同時に，トップダウンで推進されたナノイーの社内認知は極立っているため，開発時に社内の動きが円滑になり，さまざまな協力が得られる．ナノイーを使用すれば，全社の横断的な製品開発も円滑に進められるようになったという．

ナノイーについての方針と運用体制が整い，事業部やグループでの横展開が可能になった．それによって社内における同成分ブランドは，「一番広範囲につながっていて，共有しているテーマ」となったという．

現在では，さまざまな事業部がナノイーを使用した新製品の企画を出している．

第2に，松下電工との統合後，パナソニックの風土が交ざり，開発プロセスにマーケティング部門が早めに参加するようになった．とりわけマーケティング部門や広告部門などが，製品開発の早い段階から参加するようになったという．また，企画部門による技術への関与も強まった．マーケティング部門がより早い段階で開発プロセスに携わることで，製品開発全体の市場への向き方が強くなるだろう．

「ナノイーの開発を行わなければ，技術部門とマーケティング部門の両者がコミュニケーションをとるということはなかった」という．特に，ナノイーを使用した製品開発は，「全社の協力を得やすい」という．これらは組織変遷がもたらした社内風土の変化と，トップダウンによる方針の浸透がうまく融合した結果だと考えられる．

第3の効果は，宣伝広告予算に関するものである．成分ブランドに対する宣伝広告費用は費用対効果が見えにくいため，どの程度を捻出するかは非常に難しい問題である．しかし，全社を通してナノイーを推していく方針が浸透したことで，ナノイーに対する宣伝広告予算獲得が可能になったという．

同社では，製品ごとに決められている宣伝広告予算はあるが，デバイスに対して直接の宣伝広告予算を計上することは難しい．しかし，事業部横断的なプロジェクトであるナノイーの宣伝費用では，それぞれの製品の予算から捻出していくことのハードルが，社内認知度が高まるにつれて低くなってきたという．そして，空気清浄機からエアコンやドライヤー，乗用車などへとナノイー搭載機が増えれば増えるほど，ナノイーを軸に個々の製品の広告を集約して効率良く広告を投入することが可能になった．つまり，その拡張可能性が高ければ高いほど，こうした成分ブランドを通じた広告効率の向上において高い効果が期待できるといえるのである．

以上のように，ナノイーはパナソニックの組織統合という背景の下，トップダウン体制に後押しされる形で，全社を統合するための「錦の御旗効果」を持つようになったようである．そのため，製品開発プロセスの早い段階でマーケティング部門が入ることが可能になり，宣伝広告費用や製品開発において，組織内を横断するプロジェクト推進が実現している．その結果，ナノイーは社内外において，企業ブランドと並ぶ代表的な成分ブランドとなったのである．

技術は，開発にかかわった単一の事業部内部に囲い込まれることがしばしば起こる．特に企業規模が大きい場合など，特定の製品開発にかかわる人が社内で扱うすべての技術に精通することは稀なため，優れた技術であっても部門横断的にはなかなか利用されない．しかしながら，成分ブランドが社内ユーザーを発掘し，さらに異なる事業部の部品や技術として組み込まれていくことで，横断的に活用されるようになる．

その結果，ナノイーは空気清浄機だけでなく美容製品，ドライヤー，洗濯機，冷蔵庫，トイレ，掃除機などの幅広い製品カテゴリーに採用されている．同社では，製品を前面に押し出した広告の中で，ナノイーのロゴを強調したり，ナノイーを中心としたイベントを開催している．ナノイーを軸とした広告や販売促進により，製品コンセプトを効率的に訴求することが可能になったという．

4 製品開発プロセスにおける成分ブランドの効果

以上を整理すると，成分ブランドによる製品開発局面への効果として，以下の３点を指摘することができる（図表8-1）．

①トップダウンと経営資源の獲得……パナソニックでは近年の組織変更や製品群の整理などに伴い，部門横断的な製品開発プロセスが必要になっている．その中で，トップダウンによってナノイーの全社に対する積極的な開発方針が展開されることにより，組織間の垣根が取り除かれていった．このことは，本章では紙幅の関係で省略したが「ウイルスウォッシャー」を展開していた三洋電機へのインタ

図表8-1　製品開発プロセスにおける成分ブランドの効果

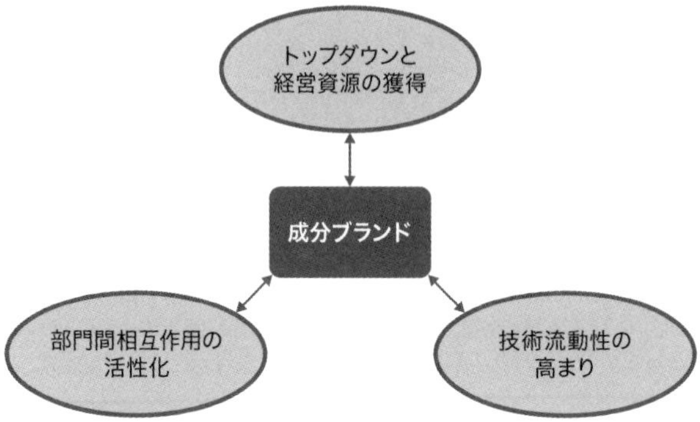

出所：坂下・余田（2010）.

ビューでも確認されている.[18] 同社によれば，トップダウンによる成分ブランド推進の方針が出されたことにより，研究開発人数が増えるとともに，マーケティング側が開発側に口を出す機会が増えることになった．トップダウンによる成分ブランドの推進がマーケティングの影響力強化に大義名分を与えるフラグとなり，プロモーション費用や人材などの経営資源がより得やすくなることが確認された．

②部門間相互作用の活性化……製品開発にかかわる部門間関係において，相互コミュニケーションをはじめとする特徴的な相互作用があることが認められた．たとえば，パナソニックでは「ナノイーは一番広範囲につながっていて，共有しているテーマということになっています．そういうのがなければお互いここにいることもないんですよ」，あるいは三洋電機へのインタビューでは，「デザインの改良をするときには本社の人間が来ているとか，マーケティングの改良をするときには本社の人間がいる．自分たちで決めてこうでいいでしょうか，というよりは一緒に進んでいくというイメージです」といった発言が確認されている．成分ブランドの導入により本部と現

場，あるいはマーケティング部門と技術・研究開発部門の相互作用が促進されていると考えられる．同時に，部門間の志向性の相違なども緩和されることも予想される．

③**技術流動性の高まり**……先述のように成分ブランドは，技術や素材に消費者の便益や意味といった市場情報が組み込まれたものであるため，成分ブランドを取り込んだ製品開発では，行き過ぎた技術志向や技術への固執が緩和される可能性があることも発見された．たとえば，インタビューでは，「(前略)ブランドはナノイーでいったん固まっていますので，デバイスは変わってきます」「(ナノイーの名称が使われ始めた)2003～04年というのはもともと，熱感電式のナノイーが使われました．2005年から変わるのですが，ここからは水を使わない水交換方式となります」という発言が確認された．つまり，ナノイーというブランドを核としながら，消費者に便益を提供するために構成される要素技術は，いくらでも変わりうるのである．この点は，通常の技術者が自分の技術に固執してしまいがちなことを考えると，非常に興味深いものであるといえる．

図表8-2は，筆者らが行った成分ブランドの製品開発における効果に関する研究結果である．[19]横軸は成分ブランドの認知度によってグループ分けされ，縦軸が成分ブランドの成果となっている．認知度が高い成分ブランドの場合，コミュニケーションが活発に行われるとともに製品開発が促進されることが示されている．成分ブランドは，特定の技術に市場情報が組み込まれたものであり，市場情報がブランド連想という形で技術と関連づけられている．

したがって，コミュニケーションにおける異部門間の理解度が向上することが予想される．具体的には，①技術部門は市場情報を集約・要約した成分ブランドによって，市場情報への理解が増すと予想される．同時に，②マーケティング部門は成分ブランドを通じて技術情報に触れる機会をより多く持つことになり，技術情報に対する理解が進むことが考えられる．結果として，開発組織内の市場(顧客)志向が高まるとともに

図表8-2　成分ブランドの効果

■ 成分ブランドと組織内コミュニケーション

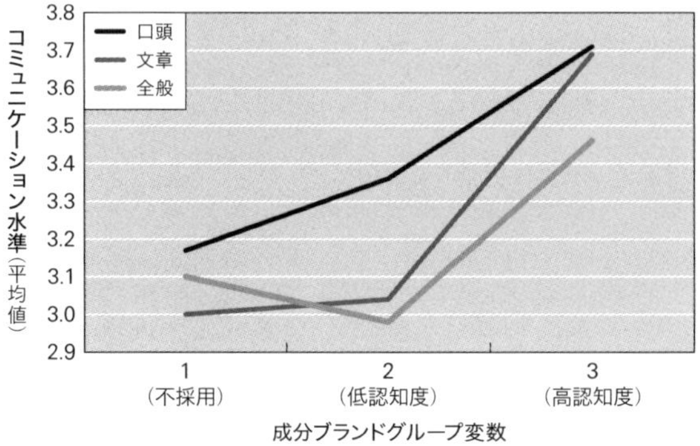

■ 製品開発における成分ブランドの効果

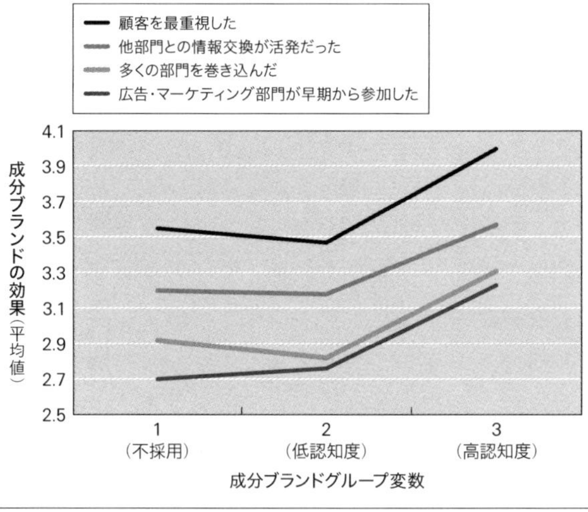

注：調査は2009年に実施したもので，n=200である．縦軸は5点尺度（1：低い〜5：高い）による回答者平均値である．

出所：余田（2017）．

に，開発組織内における異部門間コミュニケーションが容易となり，促進されるのである．

以上，製品開発／研究における諸問題，特に，異部門間調整という問題について，成分ブランドが果たす役割について紹介した．製品開発に関する既存研究においては，とりわけ技術部門とマーケティング部門の相反する性質について，協働を促進するためのさまざまな具体的施策が提起されている．たとえば，正式に権限を与えられた統合者の存在，[20] 相互作用の促進，[21] 異部門による委員会の設置や技術部門の顧客訪問，[22] マーケティング部門の製品開発への早期参加[23] など，優れた製品開発につながる方法について，多様な視点からの提案がある．本節で提起した成分ブランド採用の効果は，これらのいくつかを同時に達成する具体的施策としても位置づけられる．

5　成分ブランドが効果を発揮する条件

成分ブランドが製品開発局面に有する効果について考える際，「成分ブランドが採用される最終製品カテゴリー」「成分ブランドの認知度」「成分ブランドの拡張可能性」の３つの前提条件を考慮しなければならないだろう．

第１に，成分ブランドが導入される対象となる最終製品が，いかなる製品カテゴリーに属するのかという点である．たとえば，技術に関する成分ブランドは，採用される最終製品も比較的複雑な構造をしていることが予想される．そのため，製品開発プロセスも相対的に多くのプロセスを内包し，それだけ成分ブランドの効果について多面的なものとなることが期待される．一方，素材や食品といった製品カテゴリーでは，その開発工程数もある程度限定的であり，結果として製品開発にかかわる組織形態も比較的シンプルであることが予想される．

第２に，先述のブランド化の議論からも明らかなように，成分ブランドがより強い連想を有している場合に効果が高くなるだろう．なぜなら，成分ブランドに含まれる便益や使用者イメージなどの市場情報もそれだけ強いものとなり，結果として組織内部での効果が高いものとなることが予想されるからである．

第3に，成分ブランドの拡張可能性という点も重要である．拡張可能性が低く，採用される最終製品が特定の製品カテゴリーに限定されてしまう場合，用途の広がりも限定されてしまうことが予想される．このことは，成分ブランドが他社製品に採用されるとしても，特定の企業に効果が限定されることを意味している．一方，拡張可能性が高い場合，成分ブランドの効果は全体として見れば大きなものになるだろう．

高まる成分ブランドへの期待

BtoB企業の経営者からは，「技術力さえあればブランドは関係ない」という声をしばしば聞く．確かに，素材や部品のブランディングは技術力の存在が前提であり，ブランド構築に成功しているBtoB企業は，例外なく技術力に秀でた企業である．

けれども，技術や品質に自信のあるBtoB企業こそ，ブランディングを通じてより高い付加価値の獲得をめざすべきである．成分ブランドは技術資産を補完しつつ，長期間にわたって競争優位をもたらすドライビングフォースとなりうる（図表8-3）．

本章で取り上げた空気清浄機を構成する要素技術のブランディングは，ますます活発化しつつある．成分ブランドの戦略的活用とそのためのコミュニケーションは，今後BtoB企業にとって目の離せない領域になるだろう．

前章と本章では，BtoB事業におけるブランド導入の有効性について検討を行ってきた．ビジネス環境が大きく変化する中で，顧客の強化や新規顧客開拓のためのブランディングと競争優位を確立するための技術や部品・素材のブランド化など，BtoB企業にもブランドに対する新たな認識が求められている．

図表8-3　技術とブランドの関係

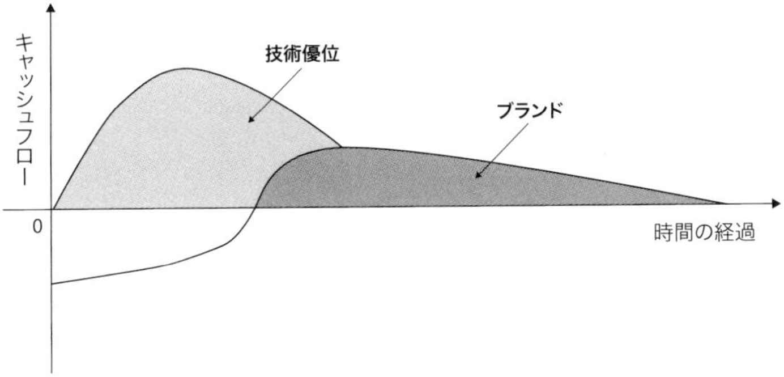

出所：余田拓郎（2007）「B2B企業にとって技術ブランディングの意味」『日経広告手帖増刊』2007-I，p.3.

BUSINESS
MARKETING
STRATEGY

第Ⅲ部

持続的競争優位のためのマーケティング革新

企業にとって最も重要なことは，いうまでもなく事業の継続である．事業を継続するためには，常にマーケティングを革新していかなければならない．他社からの追従を受け，新しいと思われたマネジメント手法も陳腐化していくからである．つまり，マーケティングを進化させていかなければ，持続的な競争優位は築けないということである．

第Ⅲ部は，持続的な競争優位を築くためのマーケティングの革新がテーマである．将来に向けて成長し続けるうえで避けて通れない，顧客満足経営の実践（第9章），新たな顧客接点となるインターネットをはじめとするデジタル媒体の活用（第10章），そして対市場活動としてのマーケティングを展開するための組織（第11章）を扱う．いずれのテーマも現代において当たり前のことのように思われるかもしれないが，多くのBtoB企業で具体的な展開に遅れや課題が見られている．今，最も革新が求められている領域である．

第 9 章

BtoB企業における顧客満足経営

顧客関係が維持されるプロセスには，2つのことが考えられる．1つは，スイッチング障壁を設けることであり，もう1つは，顧客満足やブランドへのロイヤルティ（忠誠）を高めることである．スイッチング障壁にはいろいろなものがある．[1] 継続利用者に対して1年ごとに基本料金を割り引くサービスを設定することも，利用するサービスを乗り換える障壁として作用する．多くの航空会社が行っているマイレージサービスや小売店などが導入しているフリークエント・ショッパーズ・プログラム（ポイントプログラム）も，継続利用顧客に便益を提供し，スイッチング障壁になりうる．

また，経験することがスイッチング障壁になるケースもある．これは先発者の優位の源泉として知られている「情報の偏在」である．製品には，その品質が使用してみるまでわからないようなものがあるが，このようなケースでは，先に使用（経験）した製品を利用し続けるほうが，顧客企業にとって合理的であることが多い．同程度の便益を有する製品ならば，品質がわからないのにリスクを冒してまで採用する理由は低いからである．

顧客維持の手段がスイッチング障壁によるものか，本章で取り上げる顧客満足によるものかは，明確にしておく必要がある．それによって，マネジメント手法が異なるからである．特殊な部品や高度なスキルを要する加工作業などは，新たな業者を探すことが容易ではない．そういった場合には，探索コストの大きさが，スイッチング障壁として作用するため，サプライヤーは自社の技術や加工スキルの向上に専念すれば，顧客を失うことはなかった．この状況の下では，コストを度外視して顧客の満足度をどこまでも高めていくことは，必ずしも合理的とはいえないだろう．

しかし，実際にはスイッチングコストは高い場合ばかりではない．BtoB取引でもスイッチングコストをはじめとするスイッチング障壁が低くなってきた領域は数多く存在する．たとえば，次章で扱うインターネットや電子市場の拡大に伴って，新たな取引先を探す際の探索コストが劇的に低下したことにより，サプライヤーを変更するためのコストは下がりつつある．また，部品のモジュール化やユニット化は，設計に際しての擦り合わせを簡略化することになるため，やはりサプライヤーを変更しやすくする要因となる．こうした環境変化の中，顧客を維持するための他の工夫が必要となっている．その1つが，顧客満足を通じた顧客維持率の向上である．

本章では，BtoB企業における顧客関係の維持や修復のための顧客満足を取り上げることとする．[2)]

1 顧客満足を高めることの意義

顧客満足による顧客維持

顧客満足は顧客ロイヤルティを規定する要因の1つである．顧客満足と顧客ロイヤルティの関係は，**図表9-1**のように表される．横軸が顧客の満足度（非常に不満～非常に満足の5段階），縦軸が顧客の維持率である．

単純に考えれば，顧客の満足度が上がるにつれて顧客の維持率もそれに比例して上昇するだろう．しかし，常に線形（比例）の関係が成立するわけではない．

まず，非競争分野ではどうだろうか．非競争分野というのは，たとえば，新規参入が規制されていたり，特定の企業が独占的に製品・サービスを提供しているような産業分野である．こうした分野では代替的なサ

図表9-1 顧客満足度と顧客維持率の関係

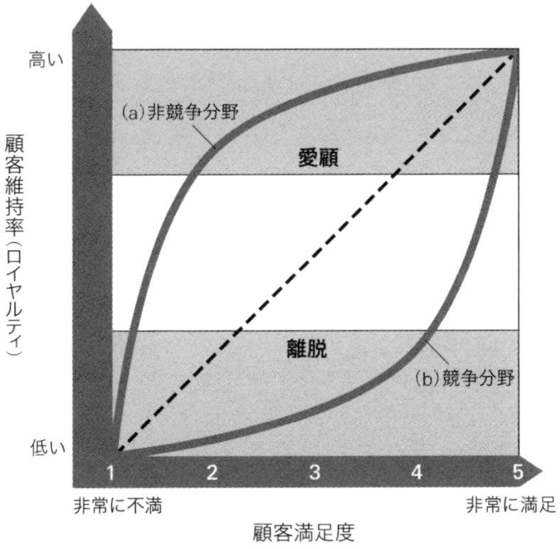

出所：Sasser and Jones (1995) を参考に作成.

ービスが少ないため，他の製品・サービスに替えるためのコストがきわめて高くなる．そのような状況では，多少不満に思っている人でも，表面上はロイヤルティが高く，結果として顧客の維持率が高くなる．我慢しながらも使わざるをえないからである．

一方，競争分野では，他に代替的な製品・サービス提供者はいくらでもあるため，あまり満足していなければ，次からは他の製品・サービス提供者に変更することが可能である．つまり，自社の競争環境によって，顧客満足プログラムの位置づけも異なることには注意が必要である．

日本ではかつて，多くの産業分野で参入が規制され，非競争分野が多数存在していた．満足度と顧客維持率との関係はこの**図表9-1**でいえば，上側の曲線(a)の関係である．しかし，規制が緩和されるとともに徐々に競争が激しくなり，曲線(b)の関係に移行している．そうなると，満足度と顧客維持率の関係は大きく変化することになる．また，進出を予定している国やエリアでの競争環境や，競合となる製品やサービスの利用可能性によって，この関係が異なることにも留意が必要だ．

一方，競争分野においては，「まあまあ満足した」という程度では，顧客維持率を高い水準で維持することは困難である．顧客は多少満足した程度では，すぐに他のブランドにスイッチするという傾向があるからである．そして，非常に満足した顧客だけが，真にロイヤルティが高く，離脱することなく長期的な関係を維持できるのである．

BtoBビジネスにおける口コミ

顧客満足を高めることの意義は，得意客との関係を維持するためだけにあるのではない．もう1つの意義は，口コミを通じた新規顧客の獲得である．BtoB領域と一般消費者の顧客満足が大きく異なるところは，BtoBでは顧客満足の高さがそのまま口コミの促進に結びつかないという点である．BtoBの場合，顧客同士も競争関係にあることが一般的であり，その結果，サプライヤーの製品やサービスに満足したからといって，他の企業に横展開(推奨)することは考えにくい．

しかし発想を変えれば，顧客同士が競争関係にないような場合には，BtoBとはいえ口コミが期待できるということである．このようなケースは少なからず存在する．まず，顧客企業が非営利組織の場合である．たとえば，医療機関や教育機関などでは，医師，看護師，あるいは教師などのネットワークの中で口コミが期待できる．また，小規模な個人経営者や農家などでも口コミは期待できるだろう．

その他にも，部品や素材が組み込まれた最終製品が一般消費者によって購入されるようなケースでは，エンドユーザー間での口コミは，消費財と同様に生じうる．もちろん，社内の同僚への口コミも期待できるので，BtoBでの口コミも，特定の条件下では大いに視野に入れるべきだろう．[3)]

一方，顧客満足は企業にとって手段に過ぎないことは忘れてはならない．上述したように，顧客満足を高めることができれば，顧客の維持率を高めたり，少なからず口コミによる横展開も促進されるだろう．しかし，これによって売上の増加やコスト削減，あるいは利益に結びつかなければ意味のない活動になってしまう．

2 顧客満足向上のためのマネジメント

満足度を高めるためには，どのようなマネジメントが必要となるだろうか．まず，必要なことは顧客の満足度調査である．BtoBの領域でも，徐々に満足度を調査する企業が増えてきた．また，サービスの分野では，経済産業省の旗振りの下，日本生産性本部によってJCSI（日本版顧客満足度指数）が定期的に収集されるようになった．[4)]

BtoB企業の満足度調査の事例

BtoB企業としては，早い段階から顧客満足経営を導入したのが米国ゼロックス社である．同社は，1980年代シェアが低下していく中で業績不振が常態化していた．そこで，品質向上と原価低減が最重要課題として設定された．その過程で掲げられた企業目標が，総資産利益率，市場シェア，そして顧客満足であった．ただしこの段階では，この3つの企業目標には優先順位が設定されておらず，さらには顧客満足度には定量的な目標が設定されていなかった．[5)]

経営陣は，顧客満足経営に関する問題点を踏まえ，1987年に新たな施策を展開した．まず顧客満足を高めることによって他の2つの目標項目が達成されるだろうと判断し，顧客満足を第1の優先順位に設定した．また，それとともに顧客満足を定量化すること，継続的な調査ならびに機器設置後の調査を実施すること，そして，顧客満足を高めるために組織構造の見直しや権限の委譲を行うことが決められた．

図表9-2は，1980年代に同社で実際に使用された満足度調査の質問票（抜粋）である．ゼロックスの顧客満足経営の事例で感心するのは，企業

図表9-2　BtoB企業における顧客満足度調査（情報機器の例）

この質問票は○○○の購買にあたって決定を下した人によって回答してください．この製品分野でのあなたの経験を中心に回答してください．

セクションⅠ：一般的満足度

1　最近の経験に基づき弊社にどの程度満足していますか？

大変満足	まあ満足	どちらでもない	やや不満	大変不満
□	□	□	□	□

2　最近の経験に基づき弊社より別の製品を購入する気持ちがおありですか？

もちろん	たぶん	わからない	たぶんしない	絶対しない
□	□	□	□	□

3　最近の経験に基づきあなたは同僚に弊社製品を薦めますか？

もちろん	たぶん	わからない	たぶんしない	絶対しない
□	□	□	□	□

4　次の品質について全体として満足していますか？

	大変満足	まあ満足	どちらでもない	やや不満	大変不満
a）購入した弊社製品	□	□	□	□	□
b）あなたへの販促サービス	□	□	□	□	□
c）あなたへの技術サービス	□	□	□	□	□
d）あなたへの事務サービス	□	□	□	□	□
e）問合せへの処理	□	□	□	□	□
f）あなたへの消耗品の供給	□	□	□	□	□

セクションⅡ：販売サポート

5　次の点について弊社販売担当者に満足していますか？

	大変満足	まあ満足	どちらでもない	やや不満	大変不満	回答できず
a）問合せへのタイムリーな反応	□	□	□	□	□	□
b）ニーズ検討のための訪問回数	□	□	□	□	□	□
c）弊社の製品・サービスについての情報提供頻度	□	□	□	□	□	□

（中略）

9　あなたの受けたサポートに対して満足していますか？

	大変満足	やや満足	どちらでもない	やや不満	大変不満
a）適切な担当者を素速く対応させる能力	□	□	□	□	□
b）サポートした弊社社員の能力	□	□	□	□	□
c）問題解決能力	□	□	□	□	□
d）解決までに要した時間	□	□	□	□	□

10　弊社の製品，サービスに関してあなたの満足度を上げるために私たちができることを具体的に記述してください．

お名前＿＿＿＿＿＿＿＿＿＿＿＿＿＿＿＿＿＿＿

ご所属＿＿＿＿＿＿＿＿＿＿＿＿＿＿＿＿＿＿＿

出所：Melvyn A. J. Menezes and John Serbin（1991）"Xerox Corporation: The Customer Satisfaction Program," Harvard Business School（邦訳「ゼロックス：顧客満足プログラム」ハーバード・ビジネス・スクール，1993年）を加筆修正．

目標における優先順位である．顧客満足は，コスト，さらには利益を犠牲にすれば容易に高めることができるものである．つまり，顧客満足を優先的目標に掲げるためには，顧客満足を成長や収益に結びつけるためのビジネスモデルの構築が欠かせない．

問題なのは，顧客満足が成長のための有力なドライバーであると経営者が確信できていない点である．そのようなケースでは，経営者は現場に対して，「本年は利益を高め，顧客満足を上げ，乗り切ろう」といった指示をすることが多々ある．短期的には，「本年は利益を高め，乗り切ろう」と「本年は顧客満足を上げ，乗り切ろう」は二律背反の関係にあることが多い．現場に矛盾するような目標を設定することは，経営者による難しい判断の現場への押しつけであり，無責任といわざるをえない．現場での顧客満足度を上げるための活動では，わかりやすい（優先順位を付けた）目標設定が欠かせない．もちろん経営者は，顧客満足を高めることを最優先目標とするならば，それが長期的な利益に結びつくようなシナリオを描かなければならない．

次に，調査を行う際には，同じようなサービスや製品を扱う同業他社のデータを同時に収集したい．自社も含めて当該産業の複数の企業について満足度の調査ができれば，自社の満足度水準も知ることができるからだ．とはいえ，その場合他社の顧客も巻き込んで調査を行う必要があり，調査費用も大きなものとなる．

そのような大規模調査を定期的に実施することが難しい場合，自社に限定して経時的な変化を見ることが行われる．満足度調査では何らかの参照データとの比較の中で，自社の顧客満足度を評価することが欠かせない．また，この種の満足度調査では「満足」の側にバイアスがかかることが多い．それを避けるため，外部の調査員による調査を行ったり，回答者が特定されないよう配慮するなど，工夫が必要である．

■ 満足度調査の結果を評価する

図表9-3は，あるBtoB企業における満足度の調査結果である．この

図表9-3｜BtoB企業における顧客満足度調査の例

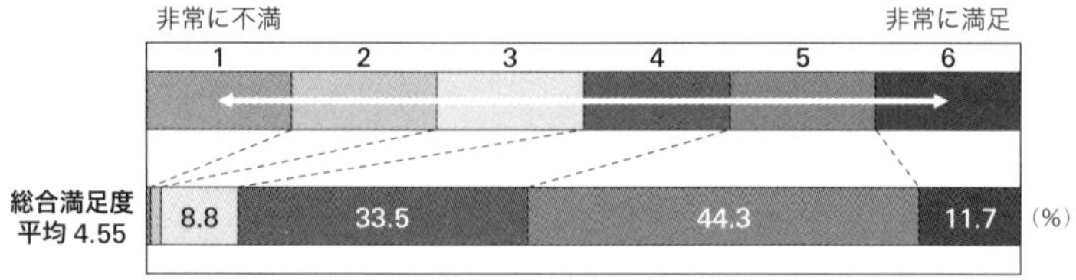

調査内容	製品やサービスについての満足度評価および要望
調査対象	製品利用者
調査手法	インターネットを使い(一部ファックスおよびメールを併用)，アンケート形式の6段階評価の質問と自由記述形式の質問に回答する
使用言語	日本語，英語，フランス語，ドイツ語，イタリア語，中国語(繁)，中国語(簡)，韓国語，スペイン語
調査期間	2009年10月6日～31日
有効回答数	2477
回答率	62.6%

出所：ディスコのホームページより，同社の承諾を得て掲載．

結果からどのようなことが考えられるだろうか．満足している人が多いような印象も受けるし，また，不満に感じている人が多いようにも感じる．

満足度に関する調査結果でまず注目しなければならないのは，「大変不満である」「大変満足した」という両端に位置する顧客の比率である．「大変不満である」と回答する人は何らかの不具合や品質不良に接している人であり，皆無にする努力が最重要である．これは企業の存在価値にかかわる重要な問題であり，企業はこれを軽視することなく，最優先課題として対応すべきである．

一方，「大変満足した」人は，再購買率に差を生ずるという結果が得られている．たとえば，ゼロックスでは，年間48万人の顧客を対象に5点尺度の満足度調査を実施しているが，「非常に満足(5点)」のほうが「満足(4点)」に比べ，6倍の再購買になっているという．[6] このように「大変満足した」顧客の絶対値にも意味があることになる．

図表9-4 満足度――インパクト分析（情報機器の例）

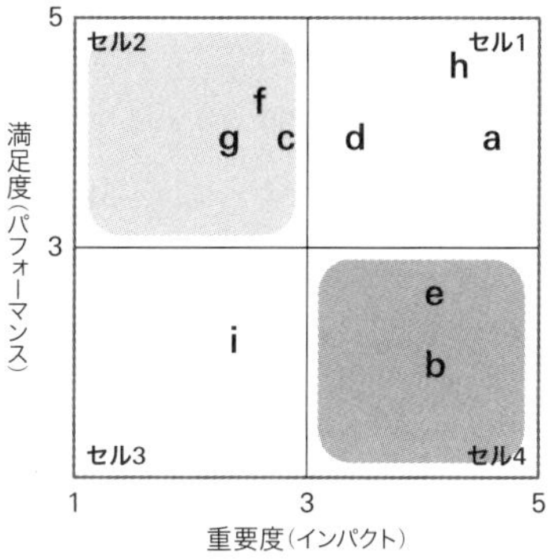

属性	重要度	満足度
a. 機器の信頼性	4.6	3.9
b. 機器の操作性	4.1	2.5
c. 製品ラインの完備	2.9	4.0
d. サービスの質	3.5	4.2
e. 経済性	4.1	2.8
f. サービスマンの優秀さ	2.7	4.4
g. サービスマンのプロ意識	2.3	4.0
h. 故障時応答時間	4.5	4.8
i. 契約内容の多様性	2.5	2.4

注：重要度，満足度ともに5段階評価.

次に，実際の満足度調査についての詳細な結果をマネジメントとリンクさせる活動が欠かせない．満足度調査は，自社製品やサービスの水準を単に評価するために行うものではないからだ．そのための1つのツールとして知られているのが，満足度－インパクト分析である．上で述べた全体的な満足度は，自社製品やサービスが顧客からどの程度支持を受けているのかを知る指標として重要である．

しかし，それを具体的に戦略や行動に落とし込む際には，もう少し細かくデータを収集し，分析する必要がある．満足度－インパクト分析では，顧客がその商品やサービスを評価する属性のレベルにさかのぼって満足度が調査される．各属性についての満足度とその属性についての重要度という両面から質問を行い，回答結果は回答者の平均値として**図表9-4**のように集計される．

通常，重要度と満足度は，その高低によって2分割され，計4つのセルに分けられる．セル1は，重要度も満足度も高い属性である．これは，顧客がその製品やサービスの評価に際してその属性を重要視し，かつ実際に提供されるものも満足度が高いパフォーマンスとなっており，マネジメントとしては望ましい結果である．一方，セル2に含まれる属性は，重要度は低いものの，満足度が高いという属性である．満足度は高ければ高いに越したことはないが，多くの場合，その満足度を達成するためには何らかのコストが生じている．

たとえば，多少高くても耐久性に優れた機械を中国市場で売り出すことを考えてみよう．耐久性が低いより高いほうがよいことは自明である．しかし中国市場では，低いコストで労働力が確保できるため，故障したときには人手で迅速かつ低コストで修理することが可能である．[7)] そのような場合には，耐久性に関しては，多少満足度水準を下げたところで，顧客からの不満や全体的な満足度の低下を生むことはない．満足度の低下に直結しない属性については，コストを削減する余地が残されている．

次にセル3は，満足度も重要度も低い属性である．このセルでは，現時点で顧客はあまりその属性を重視しておらず，また，提供される製品やサービスもそれに対応した水準となっている．今後その属性に関する顧客の選好が変化しないかどうかウォッチしながら，現状を維持すればよい．

そして，最後にセル4である．このセルは，企業にとって最も課題の残るところである．つまり，顧客はその属性を重要視するものの，提供される製品やサービスはそれに応えるものとはなっていない．このような場合，その製品やサービスに不満が生じたり，あるいは全体として低い満足度に結びつくケースが多い．企業は，まずこのセルに含まれる属性について，経営資源を重点的に投入し，満足水準を高めていく努力が必要となる．

顧客関係の修復

不満への対応は，満足度を高めること以上に重要である．不満のある状態を放置すれば，当該顧客におけるシェアダウンや他のサプライヤーへの調達先変更に結びつく．それだけではない．製品について満足したという情報に比べ，不満や苦情についての情報のほうが，友人や同僚と共有されやすい．また，最近では，ウェブ掲示板などによって１つの苦情が多くの顧客と共有されることもあり，対応次第では大きな問題へと発展することもある．

一方，不満への対応の仕方次第では，きわめてロイヤルティの高い顧客へと変わりうる．苦情の程度にもよるが，苦情がうまく解決されたとき，およそ半分の顧客は再び利用するようになる．また，もし離脱した（他のサプライヤーにスイッチした）顧客が特定できるならば，顧客に離脱理由を聞くことによって，有益な情報がもたらされるだろう．

顧客維持において不満対応が重要であるとしても，最も肝心なことは，ほとんどの顧客は，製品やサービスの不具合に直面したり，不満に感じたときに，苦情を言うことなく他の製品やサービスにスイッチ（離脱）してしまうことである．

また，離脱に至らないまでも，顧客の不満に気づかないうちに，その顧客との取引シェアを落としていたという例は，決して珍しいことではない．BtoB取引であっても，顧客に苦情を「言わせる」工夫が必要である．その方法については，製品やサービスによってさまざまだが，苦情が寄せられるのを待つだけではなく，企業側から電話やダイレクトメールなどでサービスや製品に対する不備や不都合がなかったかどうか調べるという姿勢が欠かせない．

不満への対応方法について次に重要なことは，苦情には迅速に対応することである．対応が遅れることによって，顧客の不満や不信感は一層強くなり，リカバリーが難しくなる．一方，小さい苦情であれば迅速に対応することによって，ほとんどの顧客が再び当該企業を利用するというデータもある．

より重要なことは，迅速に対応するための仕組みが整備されていることである．迅速に対応するためには，苦情を処理する担当者に権限を委譲することが必要である．単にかけ声だけで迅速な対応を心がけるだけでは意味がない．トラブルを想定した対応マニュアルや仕組み作りとともに，迅速に対応できるよう現場への思い切った権限の委譲とそれに対するバックアップ体制が欠かせない．

図表9-5 顧客相談窓口の進化

	第1段階	第2段階	第3段階
社内の用語	苦情処理	苦情対応	苦情活用
苦情の捉え方	処理の対象	顧客維持の機会	市場情報
意識の焦点	企業防衛	顧客満足	情報活用
社内責任部署	総務 広報	営業 事業部内	社長直轄 本社部門

出所：黒岩健一郎（2009）「市場志向型経営の構図　第10回」ビジネス＋IT（https://www.sbbit.jp/article/cont1/19527）を一部修正.

そして，権限を委譲された従業員が正しい判断ができるように，教育することである．苦情への対応の仕方や，それまでにあった苦情の種類と対策をデータベース化するなど，すぐに活用できるようにしておくことが重要である．

「苦情は顧客からの贈り物」と言われるが，BtoB企業であっても同様の姿勢が必要である．とりわけ，BtoB企業では，セールスパーソンやセールスエンジニアに苦情を申し出る場合，その後の関係にひびが入ることも想定され，その結果として購買企業にも不利益になってしまうことがある．

そのようなケースでは，購買企業が気兼ねなく苦情を申し出ることの妨げになりうる．BtoB企業でも，苦情が集まりやすいようなシステムを組むとともに，苦情を積極的に活用し，成長のためのドライバーにしたいものである．**図表9-5**は顧客相談窓口の進化を表にしたものである．この表の第3段階に示されるとおり，苦情は貴重な市場情報であり，「処理」したり「対応」するのではなく，「活用」していく姿勢が望まれる．

不満への対応はきわめて重要であるが，不満に感じて寄せられた苦情をうまく解決したところで，それが満足に結びつくことはないという点には注意が必要である．もちろん，苦情を寄せた顧客企業の担当者に対してお詫びし，誠実に対応することによって，本人の不満を解消することは可能だろう．しかしながら，そのことは本人以外の人の満足度を上げることにはならないし，さらにはよほどのことがない限り，苦情への対応によって非常に満足したという状態にはなりえない．

納入した製品にスペックアウトの製品が含まれていたため，苦情があったとしよう．代わりのスペックに合格した製品をすぐに代品として納入したとしても，不満を解消することにはなっても，通常「よくやってくれた」という満足を高めることにはならない．それは不満でも満足でもない中立的な状態にあるに過ぎない．苦情への対応が，直接満足へと結びつくわけではないことには留意が必要である．

3　顧客満足経営に向けた組織対応

理念と行動のリンケージ

顧客満足の重要性を理解することは最低限必要であるとしても，経営者のかけ声だけで高い経営成果が期待できるかといえば，決してそうではない．顧客満足という言葉は，組織の理念や使命の中でしばしば用いられ，また経営者の年頭挨拶など，さまざまな機会に経営幹部によっても強調される．なかにはこの言葉を発するだけで，顧客本位の活動が実践されると勘違いしているような経営者も見受けられる．けれども，かけ声だけでは顧客の満足は得られないし，経営成果には結びつかない．理念を活動と結びつけるための仕組みが必要である．

前出の**図表9-3**の顧客満足度の調査結果は，好業績を続けている半導体製造装置大手のディスコのものである．この会社の展開するCS経営は，BtoB企業では珍しく徹底している．

同社は，切削や研磨を技術基盤として成長してきた優良企業だが，「当社は砥石と装置ではなく，結果を買っていただく．顧客の要求に合致した高精度の切る，削る，磨くという結果は，CS向上なくして実現できない」（同社の溝呂木斉社長，肩書きは当時）として，徹底したCS経営を

図表9-6 ディスコの顧客満足経営

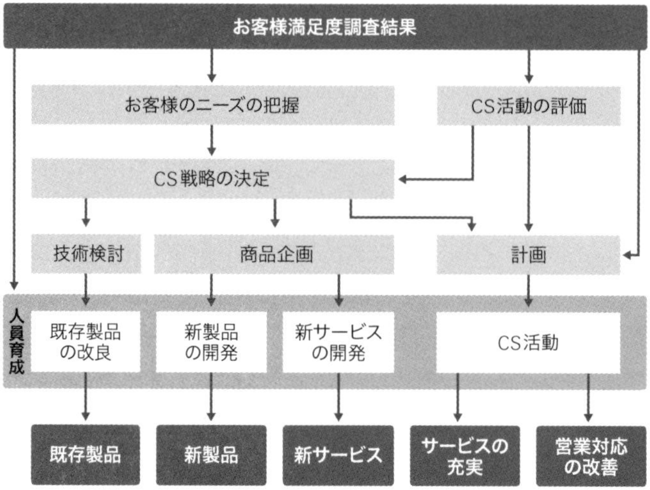

出所：株式会社ディスコホームページ（https://www.disco.co.jp/jp/csr/activity/cs/inquiry/）.

進めてきた（図表9-6）．現状を把握するための調査は，回数こそ年1回だが，顧客企業3000社，中国語など9カ国語対応の調査専用ホームページを構築し，そこで，装置の加工結果やソフト品質，ハード品質，取扱説明書，費用対効果，納期などに加え，営業担当者や技術担当者への満足度も測定される．

その結果は，自社ホームページに掲載されるとともに，[8] 分析，各部門への報告を経て，顧客対応への改善策が計画される．つまり，顧客満足についても，品質管理などと同様にPDCAのサイクルがきっちりと回されているのである．

権限委譲と理念の浸透

納入された製品に不具合があった場合，営業担当者に向かって「上司と話がしたい」などと言われることがある．その場合なぜ上司による対応を求めるのかといえば，多くの場合「話が早い」からであり，さらに，なぜ話が早いかといえば，権限を持っているため組織内部でさまざまな調整を必要とせず，迅速に何らかの対応が可能だからである．

先にも述べたが，顧客の不満を取り除くためには，担い手が幅広い権限を持っていなければ，迅速に対応することはできないのである．そのために，顧客満足経営では，権限を現場の従業員に委譲することが重要になってくる．このことは不満への対応に限らず，満足度を高めるため，あるいは，顧客の価値を高める場合であっても同じである．

ただし，単に権限を委譲すれば顧客本位の経営が行われるかというと，もちろんそうはうまくいかない．権限を委譲するということは，意思決定や行動の範囲を広げるということである．まず，権限委譲の範囲を確定しなければならないし，どのような職務に対して，委譲の対象にするかを決めなければならない．

マクドナルドの店員の行動は，こと細かくマニュアルで規定されている．店員の行動をマニュアルで規定できるのは，ある程度安定的な環境の下，店員の職務が狭いから可能なのである．一方，きわめて不確実性の高い環境下で働いている従業員の行動や意思決定をマニュアルで規定しようとすると，相当に手間がかかることになる．また，もし仮にマニュアルができたとしても，それを従業員が覚えるのも大変である．そのような職務では，権限を委譲するほうが，パフォーマンスが高くなる可能性が高い．

たとえば，東京ディズニーランドなどを運営するオリエンタルランドでは，迷子を見つけた場合には従業員が自由に行動できるよう最大限の権限を与えているという．[9] それは，個々の従業員の行動に自由を持たせたほうが，早く保護者を発見できる可能性が高くなるからである．さまざまなケース（迷子）に対して，迅速な対応を行おうとすると権限委譲が欠かせない．

一方，権限委譲を行う場合に最も重要なことは，組織の理念やビジョンが理解されていなければならないという点である．理念を理解していない従業員に意思決定を任せることは，企業にとってきわめてリスキーである．権限委譲は，マニュアルで埋めきれない職務を理念やビジョンなどの行動規範で補完することにほかならない．つまり，事細かにマニュアルによって行動をコントロールするのではなく，行動に枠組みを持たせる価値観を共有することによって，行動に一定の方向づけを行おうとするのである．

1980年代初頭，米国を中心として『エクセレント・カンパニー』という書籍がベストセラーになった．そこではエクセレント・カンパニーに共通に見られる特質の1つとして，価値観の共有を通じて組織メンバーのコントロールが行われていることを明らかにしている．つまり，環境変化が激しい現代においては，従業員の行動を方向づけるための理念とその浸透が不可欠である．

4　顧客満足をどうマネタイズするか

顧客満足度は低いより高いほうがよい．これは当たり前のことである．顧客満足度を高めるというスローガンからマネジメント対象にするためには，どうマネタイズするのかという視点が欠かせない．青山学院大学の小野譲司教授は，顧客関係のマネジメントをより包括的に捉えることの重要性を指摘している．[10)]

具体的には，「関係の長さ」「関係の深さ」「関係の広さ」といった多様な視点で顧客関係を捉えなければならない（**図表9-7**）．顧客のニーズやその変化を長期継続的に捉えていくことで，「クロスセル」「アップセル」を行うことが可能となる．クロスセルとは，自社の製品・サービスの顧客に対して，さらに関連する他の製品・サービスを販売していくことであり，アップセルとは，再購買時に，よりグレードの高い製品・サービスへのアップグレードを図ることである．

たとえば，複写機メーカーが獲得した顧客に対して，コピー機の上位機種を薦めるのがアップセリング，コピー機に加えてOA機器やメンテナンスを提供するのがクロスセリングである．顧客関係に注目したマー

図表9-7　顧客関係の次元

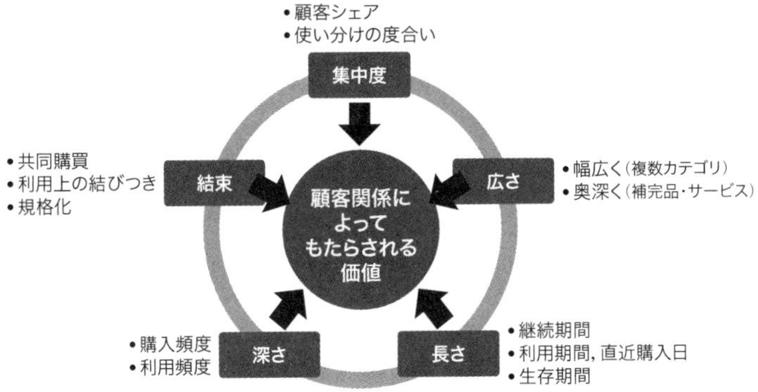

出所：小野（2008）p.53を一部修正.

ケティングは，このアップセルとクロスセルだけがその焦点となるのではない.「関係の長さ」「関係の深さ」「関係の広さ」といった次元に沿って，顧客関係性を軸にさまざまな可能性や効果を念頭に置いて，網羅的かつ徹底的に活用する姿勢が欠かせない.

また，「関係性の長さ」にかかわるアップセルも重要だが，近年の競争環境では，「関係性の広さ」に注目するクロスセルこそ強化すべきだろう．BtoB向けネット通販のモノタロウは，工場用MRO（間接資材）を中心に限られた品揃えで事業をスタートさせた．その後品揃えを順次拡大するとともに，顧客の購買履歴を分析することにより，関連資材のクロスセルに注力して売上を拡大している．[11]

現代の競争環境では，顧客獲得競争が激しく，顧客囲い込みのコストの上昇とともに，長期的な顧客関係を前提としたCRM活動が難しくなっている．顧客関係という資産をマネタイズしようとする場合，アップセルを展開するためには，顧客維持コストを下げることが重要である．しかし，より確実に果実を得ようとするならば，「今の顧客」に対して行うCRM活動であるクロスセルを強力に進めるべきだろう.

さらに重要な次元は，「結束」である．結束とは，ある特定の顧客との関係を，他の顧客関係に横展開することである．消費財でいうところの推奨や口コミなどの他の顧客への横展開がこれにあたる．前述のとおり，BtoB と BtoC の横展開で大きく異なるところは，製品やサービスへの高い満足度が口コミの促進に結びつかないという点である．BtoB の場合，顧客同士も競争関係にあることが一般的であり，その結果，製品やサービス，あるいはサプライヤーに満足したからといって，他の企業に横展開（推奨）することは考えにくい．しかしそのことは，同業者が競争関係にないようなケースでは，BtoB であっても口コミが期待できるということである．

ソーシャルメディアやインターネットなど多様なコミュニケーションメディアが登場する中，顧客間インタラクションの機会は確実に増しており，BtoB でも特定の条件下では積極的な活用を視野に入れるべきだろう．

第 **10** 章

インターネットによるBtoBマーケティングの戦略進化

産業財の購買行動に変化をもたらしたのは，1980～90年代に急速に拡大した通信販売によるところが大きい．ミスミやアスクルなどの先駆的な通販企業が，特定の領域（商品分野）で利便性や迅速性を前面に打ち出して成功を収めた．

アスクルは，名前のとおり用度品を翌日配送することによって小規模事業所市場で受け入れられた．また，ミスミは金型部品という個別設計が要求されることが多い特注部品を，ハーフメイドという画期的な手法を用いて，短納期かつ単一価格で納入することが特長だった．

用度品や資材調達ではそれまで主流であった卸売商との取引は価格設定が不透明で，卸売業者の言い値で販売されるのが通常であった．また資材調達は，個別の設計や見積りなどのやりとりが煩雑で２～３カ月の納期を要すことも珍しくなかった．一方，カタログ通販は料金が一律に明示されており，購入規模の小さい中小企業も大企業と変わらない価格で購入できるようになった．その後，追従する企業の増加とともに市場は大きく拡大することになる．

2000年前後を境として新たな局面を迎える．それは，インターネットの普及をきっかけとしたEDI（電子データ交換）取引の進展やネットを通じた電子市場の登場によるものだ．特に，電子市場は産業財の調達手段に大きな変化をもたらした．

当時，米国で広がりを見せつつあった電子市場が商社やメーカー，あるいはベンチャー企業主導の下で数多く登場した．鉄鋼や化学製品，電子部品や製紙関連をはじめとして，繊維，衣料品，石油製品，電力，運送スペース，農薬，農産物，食材，花卉，医療機器，建機，広告枠など，さまざまな分野で電子市場が登場するとともに，企業間の電子商取引（BtoB EC）の割合も拡大を続けている．

ネット上の電子市場を通じて取引を行うことにより，売り手は新規取引先の開拓や，流通コスト・営業コストの削減，取引先の増加による在庫リスクの平準化，在庫調整などを実現できる．また，買い手にとっても，調達コストや事務処理コストの削減に加え，商品選択肢の拡大やスポット取引による緊急時の調達手段の確保などが期待できる．

こうした売り手，買い手両者のメリットを背景として産業財のネットを通じた調達が拡大していった．この時期の電子市場の急拡大は，部品，部材，素材，あるいは緊急を要する加工作業など，本業にかかわる調達が中心であった．

一方，ここ10年ほどで，産業財のインターネットを通じた取引は新たな局面に移りつつある．それは，扱われる財（製品・サービス）の一層の拡大に加え，経済性を追求したネット販売の登場である．先に述べたカタログ通販とネット通販の違いは，単に紙か画面かという違いにとどまらない．

ネット販売では，カタログ通販と異なり，価格や取扱商品の変更を比較的自由に行えるという特徴がある．カタログ通販では，一部の商品に目玉商品として低価格をつけることはあっても，価格を売りにすることは容易ではない．半年から1年程度という長いカタログの発行スパンが，価格競争の妨げになるからである．それに対して，間接材調達のネット化は，利便性や迅速性に加え，経済性という新たな訴求点を備えることによって大きく拡大することになった．

一方，近年取引方法としてのインターネットの活用から，コミュニケーションメディアとしてネットの積極的活用が進んできた．ウェブ，メルマガやニュースレター，あるいはソーシャルメディアなどのきわめてコストの低いコミュニケーションインフラをマーケティングの武器とする企業が少なからず見られるようになった．従来，BtoBビジネスでは，非人的なコミュニケーションを中心としたプル型プロモーションは補助的にしか使用されてこなかったのだが，状況は大きく変化しつつある．たとえば，トライベック・ブランド戦略研究所の「BtoB購買で検討時に参考にする情報」についての調査によれば，カタログや営業員・技術員の説明を抑え，当該企業のウェブサイトの比率が最も高くなっている．

本章ではインターネットをはじめとする新たなデジタル媒体やプラットフォームに関する活用について考える．

1　デジタル環境下における プロモーションの変容

デジタル環境下の取引の特徴は，売り手と買い手が地理的に近接しないことから商圏を拡大させる機会を提供すること，買い手の匿名性が高く，その結果として買い手の機会主義的行動が生じやすいこと，買い手と売り手の相互作用の効果や効率が大きく変わることなどが指摘される．[1)]

このような変化の中で，BtoB企業のマーケティングも変化が促されることとなっている．とりわけ，デジタル環境下では，売り手と買い手の関係における情報の非対称性が希薄化し，また対人的な相互作用が必須ではなく非対人の相互作用によって十分に足りるという状況がもたらされる．それによってマーケティング，とりわけプロモーションのあり方を大きく変えなければならない．

マーケティングにおいては，買い手の行動や態度にも大きな変化をもたらすことになる．とりわけ，情報の非対称性が希薄化すると製品選択において売り手の知識に頼らなくてよいため，購買企業サイドでのセルフセレクションが促進されることになる．これによって，プロモーションスタイルをプッシュ型からプル型へとバランスを変えることが求められることになる．つまり，従来の人的営業主体のプロモーションから広告やブランド力を活用したプロモーションへと，軸足をシフトすることが欠かせない．

■ デジタル媒体の活用

近年，新たなコミュニケーションメディアが多く登場してきた．BtoB企業においても，こうした新たなメディアを活用しない手はない．**図表10-1**は，トライベック・ブランド戦略研究所が継続的に行っている，BtoBにおける情報源に関する調査結果である．営業員や技術員の説明やカタログ・パンフレットは依然として高い比率となっている．一方，企業のウェブサイトが最も高くなっていることや業界サイト・専門サイトも比較的高い比率となっていることには注目すべきだろう．また，インターネット上の口コミも情報源として無視できない水準にある．

インターネットやメールを通じたコミュニケーションは，広大なエリアをカバーしなければならない新興国などでは，今後BtoBマーケティングを実践するうえで貴重な戦力になることは間違いない．加えて，きわめてローコストで発信することができ，さらには，顧客のニーズや購買履歴によってその内容や発信のタイミングをカスタマイズできるなど，BtoBの顧客に対するコミュニケーションを大きく変える可能性を秘めている．

一方，BtoB購買の特徴の1つとして目的のある購買であることが挙げられる．その結果として，インターネットをはじめとするデジタル媒体も能動的に活用する可能性が高い．つまり，何かの目的を持ってネットで検索するとか，潜在的サプライヤーに関する情報を収集するためにインターネットを使うといった具合に，関与が高い状態で行動している．一方，消費財では低関与の下で情報を収集することが多く，テレビCMやネット広告などは他のことをしながら売り手の情報に接するケースが少なくない．

こうしたBtoB購買の特徴を考えると，インターネットによる情報提供の効果は必然的に高くなる．**図表10-2**は，トライベック・ブランド戦略研究所のBtoB購買におけるサイト閲覧後の行動に関する調査結果である．BtoB購買では「ダウンロードした」「サイトをブックマークし

図表10-1 仕事上の製品・サービスの情報源（2020年，複数回答）

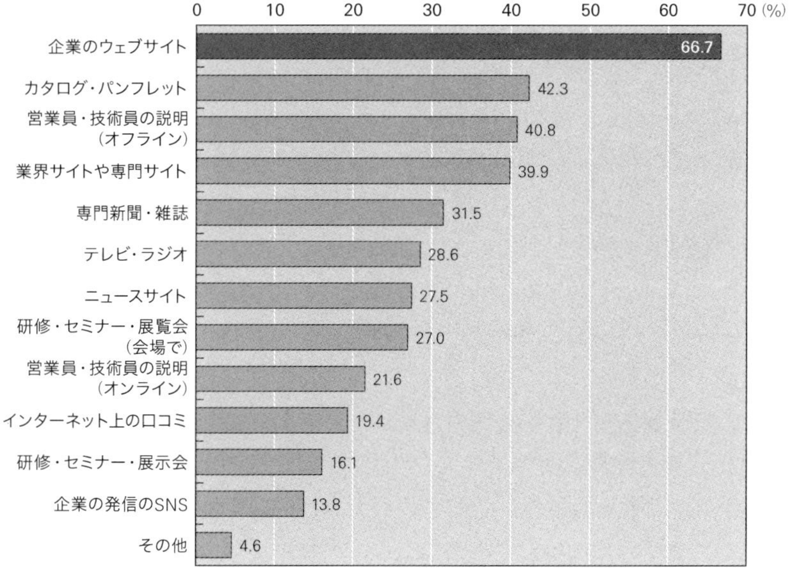

出所：トライベック・ブランド戦略研究所のホームページ.

図表10-2 BtoB購買におけるサイト閲覧後の行動

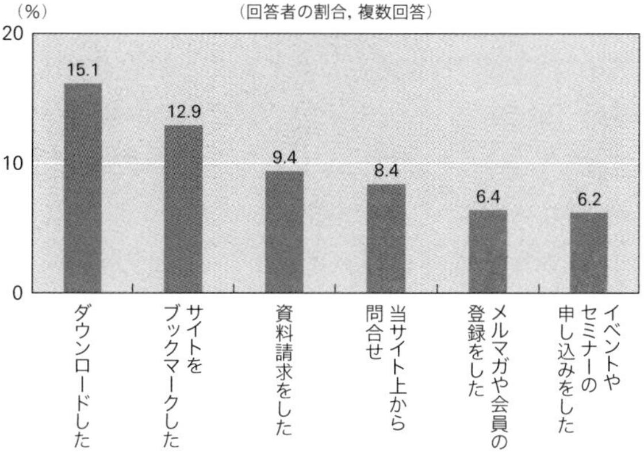

出所：トライベック・ブランド戦略研究所「BtoBサイト調査2018」調査結果報告セミナー（2018年7月）.

た」「資料請求した」といった回答がBtoCに比べて際立って多い.

DX環境下におけるマーケティング深化

BtoBマーケティングにおけるデジタル媒体の活用は，顧客ニーズの変化および多様化，技術環境の変化により，ますます重要性を増している．L・スタインホッフらは過去の研究を網羅的に分析し，オンラインにおける顧客関係についての方向性を提示している．[2)]

たとえば，シームレスな関係性である．インサイドセールスの浸透とともに成約に向けてその後を引き継ぐフィールドセールスの関係が議論されることが多い．実際に両者の間にはコンフリクトが生ずることも多く，このコンフリクトが企業の業績に強く影響しているという研究報告もある．[3)]両者の間にはシームレスな活動が不可欠であり，そのための工夫が欠かせないだろう．上述の研究では，両者の間で共通するインセンティブを設定することや組織風土を変えていくことが重要であると指摘されている．

2つ目が，オムニチャネル化された関係性である．オムニチャネルとは，ネットや店舗などあらゆるチャネルを連携させて顧客との接点を持つことを意味する．オムニチャネルといえば，消費財の購買を思い浮かべるかもしれないが，BtoBでこそ重要な視点である．なぜならば，顧客との接点には多様なコミュニケーション手段が存在しうるからである．たとえば，BtoBのマーケティングを積極展開する村田製作所では，**図表10-3**のようなメディアプランを描き，目的に応じて多様な手段をフル活用してプロモーションを展開している．

3つ目がネットワーク化された関係性である．以前からBtoB領域では顧客間ネットワークの活用は限定的であった．前章でも述べたとおり，顧客同士は競争関係にあることも多く，顧客間インタラクションが起こりにくかったことが理由である．けれども，発想を変えれば「競争関係」にない顧客環境であれば，コミュニティを構成し，マーケティングに活用できる．たとえば，学校や公共サービスのようにテリトリーが

図表10-3　BtoB取引におけるコミュニケーション手段と役割

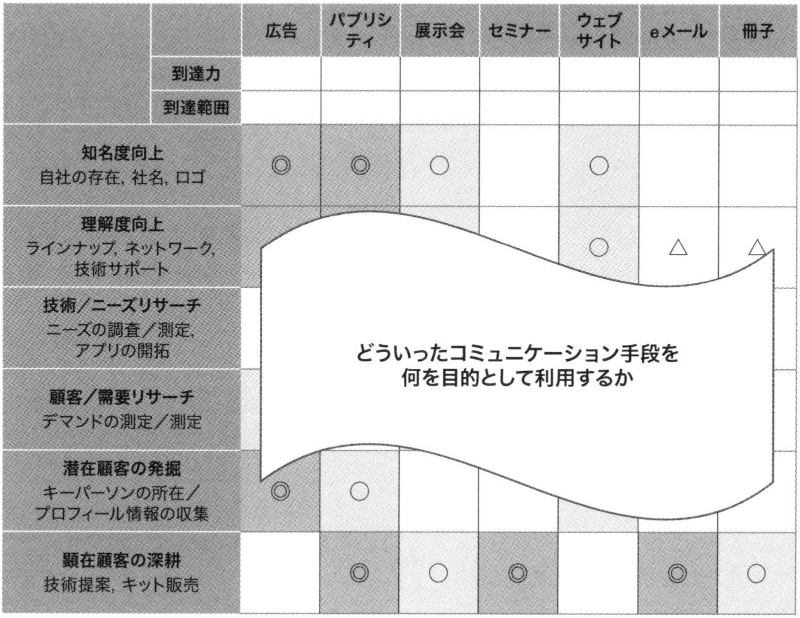

出所：村田製作所より聞き取り調査.

明確になっているような業界，企業の中核能力とは距離のあるような間接材，同じ会社の同僚など，探してみればネットワークを活用できる領域は結構存在している．こうした場合には，積極的に顧客の参加するネットワークを立ち上げる価値はありそうである．

そして，最後に擬人化された関係性である．BtoBでは擬人化というワードはあまりピンとこないかもしれない．けれども，BtoBでは後にフィールドセールスが控えているがゆえに，インサイドセールスでは積極的に擬人化された仮想エージェントを活用できるのではないかと思われる．

ソーシャルメディアの活用

BtoBではBtoCに比べてソーシャルメディアの活用は，明らかに遅れている．遅れている理由は，具体的効果に関する認識，投資への懸念，導入に際してのスキルや人材不足などが指摘されている．[4]一方，革新性を持った組織や有用性を認識している組織では，ソーシャルメディアの活用が進んでいることが明らかにされている．[5]BtoB領域では，この分野の研究はこれまできわめて限定的であったが，近年になってソーシャルメディアの貢献に関する研究も徐々に蓄積されつつある．たとえば，フェイスブックとツイッターなどがソーシャルメディア上の知り合いをつなぐ役割を果たし，情報伝達や相互理解の点で有効であることが明らかにされている．また，信頼関係の構築や顧客満足度の向上において，ソーシャルメディアの活用が有効であるとの検証結果もある．[6]

一方，近年のコミュニケーションコストの劇的な低下は，新たなプロモーション機会を生んでいる．BtoB領域でも急速に利用が拡大してきたメールマガジンやニュースレターにしても，単なる情報伝達の手段ではない．確かに，キャンペーンや製品情報を効率的に広めることが一義的役割だが，顧客に向けてブランドロイヤルティを高めることに活用することも視野に入れるべきだ．

たとえば，メールを媒介したニュースレターやメールマガジンは，その経済性やCRM効果により，活用への期待はきわめて大きい．慶應義塾大学ビジネス・スクールで行った調査によれば，配信されたニュースレターやホームページの良し悪しが態度変容に影響するとともに，顧客企業のロイヤルティに対し強い正の相関を有していることが明らかにされている（**図表10-4**）．ニュースレター１つをとっても，マーケティングやブランディングの有力な手段になりうることが示唆される．その一方，メールが氾濫する中，ジャンクメールとして受信され，廃棄されるものも少なくない．こうしたローコストなコミュニケーションツールを効果的に活用するための方法や，メールやウェブに対するロイヤルティはどのようにして高めることができるのか，などの問題意識がビジネス

図表10-4　BtoB取引におけるニュースレターの効果

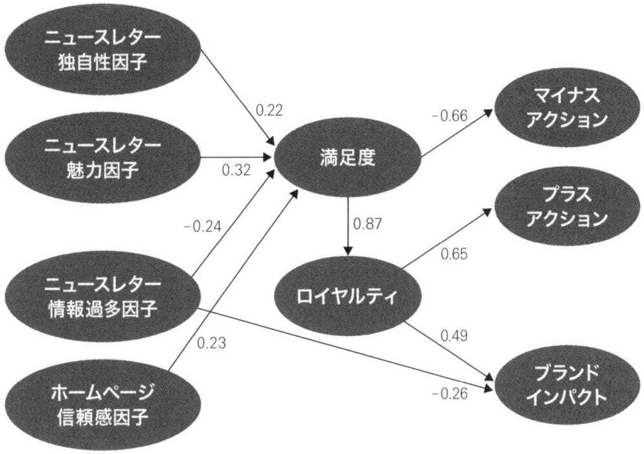

注：共分散構造分析（SEM）の結果を表し，観測変数は省略．数値は，標準偏回帰係数．
出所：安田ほか（2012）．

の現場や研究において求められている．

デジタル媒体の利用拡大が続き，このようにBtoB ECの成長が続く中，BtoB企業は積極的にマーケティングに取り込むなど，何らかの対応が必要になっている．以下においては，デジタル媒体の活用におけるもう１つの重要なテーマであるデジタルプラットフォームを活用したマーケティング活動や戦略について検討する．

2　拡大する電子商取引

企業間の電子商取引（EC）が拡大を続けている．経済産業省の推計によると，2005年における企業間の電子商取引は140兆円程度の規模だったが，2019年には352兆円までに拡大した．また，EC化率も30%を超えるまでになった（図表10-5）．

図表10-5 | BtoB ECの市場規模と推移

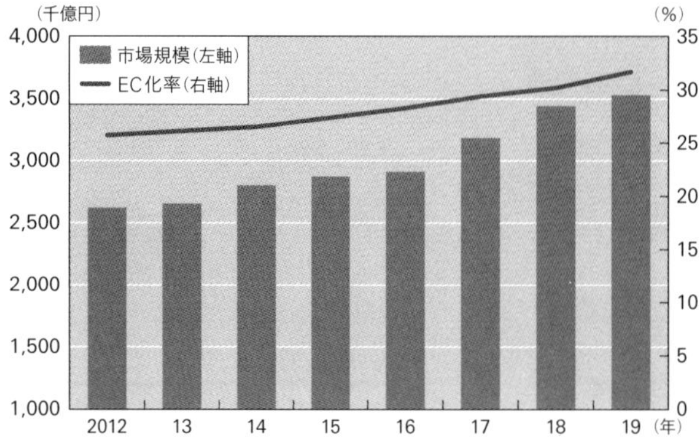

出所：経済産業省「電子商取引に関する市場調査報告書」より作成.

企業間の電子商取引プラットフォームには，「販売型電子商取引」「調達型電子商取引」，そして，不特定多数の売り手と買い手によって取引の場が形成される「マーケットプレイス型電子商取引」がある．鉄鋼や化学などでは商社主導のものが多く，電子部品や製紙関連，建設資材などではメーカー主導の市場が一般的である．他にも，繊維，衣料品，石油製品，電力，運送スペース，農薬，農産物，食料品，花卉，オフィス用品，一般消費財，医薬品，医療機器，建機，金融商品，化粧品，広告枠など，さまざまな分野のプラットフォームが存在する．

販売型

売り手がホームページを開設し，不特定多数の買い手を対象としてEC取引を行うもので，ホームページを開設している業者ならば，ほとんどがこの販売型ECに属するといえる．ただし，BtoCと違って，EC専業と呼ばれるサイトは少なく，ほとんどがクリック＆モルタル，つまり，チャネルやコミュニケーションメディアの1つとしてオンライン取引やホームページを活用するものである．

このようなチャネルを新たに取り込むことは，製造企業にとって新規顧客の開拓による売上の拡大，顧客への情報提供の機会を増やす，あるいは顧客ごとにサイト内容を変更できることなどのメリットがある．

ホームページを介した情報発信や受注拡大に向けての取組みは拡大を続け，現在ではBtoB企業でもマーケティングの重要なツールとして根づいているといってよい．2010年に日本ブランド戦略研究所（現トライベック・ブランド戦略研究所）が行ったBtoB企業への調査によると，自社ホームページの閲覧数について，月間1万PV（ページビュー）以上の企業が80%，10万PV以上が55%と報告されている．また，100人未満の中小企業であっても，約半数が1万PV以上確保しており，ホームページを積極的に活用する姿勢が見られる．[7]

近年，特に用度品や副資材のインターネットでの取引が拡大基調にある．たとえば，アスクルでは，2010年に約60%がネットでの取引だったが2022年には88%にまで拡大している．また，インターネットで副資材を扱うモノタロウも，売上が前年比20%を超える高い伸びを継続している．[8] 一方，インターネットを通じた新たな販売手法あるいは流通チャネルによって劇的に成長したというBtoB企業ばかりではない．

設備や素材や基幹部品などでは，用度品や副資材と異なり，ネットを補完するリアルの活動の比重が大きく，ネットを既存の営業活動やマーケティングにどのように組み込んでいくかが工夫のしどころとなっている．さらに，自社ホームページを後述する電子市場とうまく併用して，売上の増加に結びつけているのが，この販売型ECの特徴ともいえる．

調達型

特定の買い手が，不特定多数の売り手を対象としてホームページを開設するものである．ファミリーレストラン最大手のすかいらーくは，2000年には早くも電子商取引による調達システムである「B2Skylarkシステム」を立ち上げた．このシステムは食材の調達コストを削減することを目的として導入したもので，すかいらーく側の情報を公開して売り手側が価格を提示するリバースオークション形式[9]を採用した．取引情報はインターネット上に公開しており，汎用性の高いアイテムを中心としてオークションが成立し，従来に比べて10%程度のコストダウンが図れたという．

その一方，オークションで中小のメーカーが最安値で応札し，内定まで取りつけたものの，契約には至らなかったケースも見られるという．これは，調達（購買）サイドが最安値を提示したメーカーの提供品質に対して，要求水準を超えるという確信を持てなかったことが一因とされる．[10]

オークションによって新たな調達先を見つければ，すぐに調達コストの低減に結びつくということではない．新規取引先の品質監査も必要かもしれないし，場合によっては，長期的取引を前提として戦略的価格を設定して対応していた既存の調達先の離反や実勢価格への引き上げを伴うことになるかもしれない．

調達型ECでは，このような失敗例もいくつか見られるものの，採用する企業は少しずつ増えている．

調達型で早くからECを展開しているのがゼネラル・エレクトリック（GE）である．GEでは1980～90年代，販売価格の下落にもかかわらず材料費が16%も高騰したことに端を発して，トータルな調達コストの削減に取り組んできた．その一環として，私設電子取引市場，すなわち調達型ECシステムを立ち上げたのである．

その後GEでは，調達型ECを通じたオークションでの調達を拡大しており，この電子調達システムによって，以下のメリットがもたらされている．[11]

- 調達プロセスに関する人件費の削減
- 原材料コストの削減
- 供給業者の選定，入札要求の準備，価格の交渉，契約などに要する日数の短縮また，調達型ECでは次に述べるマーケットプレイス型のECと比べて，「長期的なビジネス関係を期待する売り手は参加に前向きになる」と指摘されている．[12)]

調達側主導のネット取引は，取引先を拡大し，より多くの参加者を競わせるもので，調達側の交渉力を高めるように作用する．一方，家電メーカーや自動車メーカーなどで，近年調達先を絞り込む動きが進んでいる．

たとえば，パナソニックでは樹脂や鋼板について調達先を絞り込むとともに，商品別事業部が個別に購買していた資材を本社主導に改めている．これによって，1社の取引量を増やして交渉力を強化することができる．

ネット調達の拡大は，これらの調達先絞り込みの動きと同様に，調達サイドの交渉力を高め調達コストを低減するねらいが基本的な考え方となっている．

マーケットプレイス型

取引の促進という点で，近年最も期待されているのが，マーケットプレイス型電子商取引（以下，電子市場）である．電子市場によって，売り手は，新規取引先の開拓や，営業コストの削減，取引先の増加による在庫リスクの平準化，在庫調整などが実現可能となる．また，買い手には，調達コストや物流コストの削減，スポット取引による緊急時の調達手段の確保といったメリットがある．プラットフォームの運営には，買い手も売り手も安心して取引できる信用や決済，与信管理などの金融機能，物流機能などが必要であり，このような機能の提供とともにさまざまな電子市場が開設されてきた．

日本における初期のBtoB取引プラットフォームとして注目されたのが，物流関連の電子市場である．エコロジコムやトラボックスなどがその例である．たとえば，トラボックスでは配送を頼みたい荷物と帰り荷のない空きトラックの情報を，ウェブサイトやモバイル端末へのメールを使用して仲介するサービスを提供してきた．2000年に開業し，その後１年にして千数百社が参加する国内最大クラスの「求車求貨システム」に成長した．

その仕組みは，運んで欲しい荷物がある企業が積み地と降ろし地，期限，品目，数量，代金をネットに掲示すると，登録した運送業者にその内容のメールが送られる．メールの他にもインターネットや携帯電話でもやりとりが可能である．ネットやメールを見て受注したい会社があれば交渉する．反対に運送業者が現在の空きトラックの台数や利用可能期限を掲示することもできる．決済サービス（荷物保険や運賃保証）を受ける場合にのみ，運送事業者側が一定の手数料を払うことになっているが，入会金や毎月の会費，取引手数料などは基本的に無料である．零細企業が多く，社長もドライバーや営業を兼務する会社が多い運送業界にあって，携帯電話で仕事を受注できる点も，急拡大の理由の１つに挙げられる．

その他では，外食産業を対象とした電子市場が初期の取引プラットフォームとして拡大を牽引した．たとえば，株式会社インフォマートはインターネット上で買い手と売り手を結びつける「インフォマート」を運営し，成長してきた．このサイトでは外食チェーン，中小飲食店，食品メーカー，コンビニエンスストア，卸・商社などの買い手と食品メーカー，農家，農協・漁協，卸・商社などの売り手との間で，取引額を急拡大させてきた．インフォマートが受け入れられてきた理由としては，買い手を構成する小売の有力団体などと提携したことの他に，生産者の出荷情報をカレンダー上で確認し，切れ目のない調達計画が立案できる仕組みを提供していたことが大きい．売り手や買い手の使い勝手や，誰がどのような目的で利用しようとしているのかを詳細に特定し，サイトや受発注システムを構築したことがプラットフォームの成長に結びついている．

3 電子商取引の活用事例

一方，こうした電子市場を最大限活用しようとする場合，マーケティング上の工夫も必要になってくる．[13] 金属加工や金型・部品製造などの取引プラットフォームを立ち上げ成長してきた「NCネットワーク」を例として見てみることにしよう．同ネットワークは株式会社NCネットワークが1998年に設立したものである．中小製造業の業務効率化支援を目的とした日本初の工場向けネットワークサービス事業として，掲示板と工場検索エンジンが提供されてきた．

掲示板では受発注情報などを無料で配信している．掲示板は，金型，機械加工，板金，プラスチック，ばね，塗装塗料，電気／電子／通信CAD／CAMなど，分野に応じて細かく分かれている．これらはいずれも利用者が主体となる情報交換やマッチングのためのコミュニティであり，NCネットワークはマッチングの場を提供するプラットフォーマーである．

たとえばA社は，埼玉県川口市にて主にトラックやバスなどの自動車部品および食品機器のプレス・板金溶接加工を，薄板から厚板まで設計・金型製作・製造・検査・運搬まで一貫体制で行う板金メーカーである．同社は1968年に設立され，売上高はおよそ50億円の規模である．自動車業界においては，組立メーカー単位の系列内にエンジン，ボディ，シャーシなど主要半製品ごとにそれぞれピラミッドが形成されている．

その中で，同社はある系列のシャーシ系に属するとともに，食品関係においても大手製パンメーカーに焼き型を納入するなど，既存の系列の中に活動の場を求めてきた．そのような状況において同社は，系列外での成長機会を模索してNCネットワークに加入したという．A社では，それまで受注機会のなかったシャーシ以外の自動車関連企業や，異業種である造船関係からの受注をNCネットワーク経由で獲得している．

NCネットワークは新領域における潜在顧客との出会いの場と位置づ

けている．同社では，ホームページ上で詳細な設備リストを掲載するとともに，自社のセールスポイントである特殊設備や大型設備を積極的にアピールし，多くの同業者の中からなるべく検索されやすくすることを心がけているという．インターネット上で，「この企業ならできそうだ」とバイヤーに思ってもらうための工夫や情報提供が，引き合いを獲得するための重要な要素であると同社幹部は指摘している．

一方，B社は，1963年に起業したプレス・金属加工会社である．同社は，京浜工業地帯に位置する典型的な町工場であったが，大手メーカーのコストダウン競争の影響を受けてきた．主力である大口のプレス加工品の仕事が次々と中国を中心とした海外へ流れ，多くの同業者が廃業を余儀なくされる状況にあった．こうした先行きの厳しい状況下において同社は，従来のプレス・金属加工に代わる事業として，光造形樹脂加工機導入による新分野への進出を決断した．

光造形は，三次元CADにて作成した試作品の設計データをもとに，専用の樹脂に光を照射し積層させる技術で，金型からモデルを作る従来の方法に比べ，納期が早く複雑な形状への対応が可能である．特に昨今のモデルチェンジサイクルの短い製品の試作に需要があり，製品開発期間の短縮に寄与している．この設備の導入を機に同社は，新たなる顧客を獲得することに成功した．

B社では電子市場を新規顧客の開拓のための媒体として位置づけるとともに，ホームページでの情報提供を徹底的に強化した．光造形設備を導入する際には，各企業のホームページを中心に事前リサーチを行い，いざ導入を決定すると，設備稼働開始前からホームページによる情報提供をスタートさせた．加えて，引き合い時の設備能力への問合せから試作品の仕様打合せ，試作品の製作進捗状況など，詳細な報告メールを送るよう留意しているという．特に電子市場は「顔の見えない相手との取引が不安」という要素があり，リアル活動との融合による不安の低減に努めることがきわめて重要である．メールを使い，まめに連絡すれば，顧客の不安解消に効果があると同社幹部は指摘している．

4 電子商取引とマーケティング施策

電子商取引の有効性を，より一般化するために行った質問票調査の結果が**図表10-6**である．この調査はNCネットワークを利用して顧客と取引している企業を対象に行ったもので，どのようなマーケティング活動が引き合いや受注などの成果に結びつくかを調査したものである．[14)]調査結果によると，顧客からネットワークを介して既存の取引とは異なる引き合いを獲得するためには，2つの点が重要であることが指摘できる．

第1に，ネット上での情報提供として限られた（一方向の）コミュニケーションを通して，自社が選ばれるための工夫が必要である．ホームページ上で設備の詳細を公開することや，設備の品質水準や納入実績など，生産や供給能力の確保を容易にする工夫が欠かせない．第2に，製品やサービスの他社との差別化である．顧客は既存の取引の中では発見が困難なサプライヤーをインターネット上で探索しようとしているのであるから，相当程度差別化された製品を求めることが多い．つまり，他社と比べて差別化された製品であることが引き合いの前提となる．

引き合いの後，さらに受注に結びつけるために，仕様や価格・納期交渉のための訪問や電話など，リアルでの営業活動へと引き継がれることになる．仕様や価格・納期などの点で確実に期待した製品が納入されるかについて，顧客からの信頼を獲得することができなければ受注に結びつかない．したがって，シームレスかつ迅速に営業活動を展開しなければならないのだが，一方，上述の調査によれば，引き合い後のこうしたリアル対応と製品施策（他社との差別化）の「交互作用」が，受注拡大に対して有意な相関があるという結果が得られている．

「交互作用」とは，両者が高くなければ成果に結びつかないということを意味するもので，一方だけが高くても成果は期待できない．つまり，重要なのは，営業活動や電話でのフォローなどのリアル対応を迅速に行うだけでは受注に結びつかないということである．迅速なリアル対

図表10-6 電子市場におけるマーケティング活動の有効性

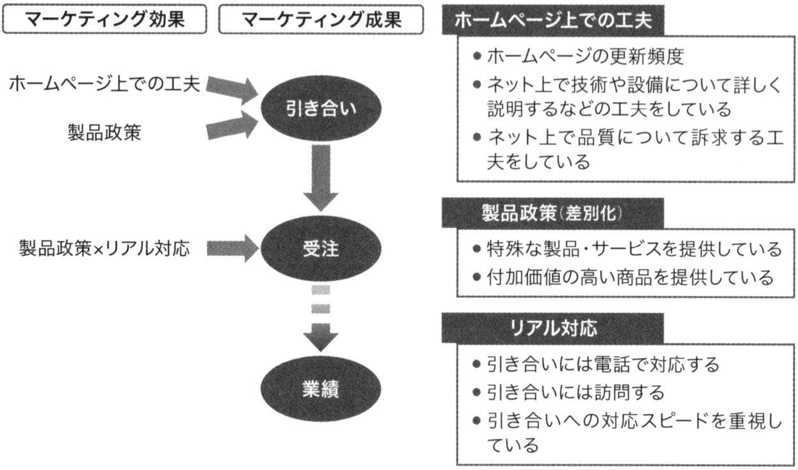

出所：余田（2007）を修正．

応は製品の魅力度（差別化，付加価値など）が高い状況下において，受注に対して有効になる．

電子市場の利用とともに，ホームページを充実させたり，SEO（検索エンジン最適化）対策を展開したりすることは間違いではない．しかし，受注に結びつけるためのマーケティング諸活動が依然として重要であり，とりわけ製品・サービスの差別化や訴求点を明確にした営業活動が伴わなければ，電子市場の恩恵を十分に受けられない．マーケットプレイス型電子商取引の最大の機能は，取引相手を探し出す（探索）コストの節約によるマッチングの促進である．この機能がもたらす便益は，取引する製品や状況によって異なる，サプライヤーもしくはバイヤーを探索するコストが大きくなるのは，どこに取引相手が存在するかがわからないケースであり，このような場合に電子市場を活用するメリットが大きい．つまり，売り手にとっては需要に地理的（空間的）分散が存在する場合，電子市場の利用価値が高くなる．需要の分散は空間的分散にとどまらない．時間的分散も探索コストに影響する．いつ需要が発生するかわからない場合，先の事例ではトラボックスのようなケースにおいて探索コストがきわめて高くなり，電子市場を活用することの効果が大きなものになる．

近年，系列や事業領域の見直しが進む中，あるいは，イレギュラーな調達や需要と供給の急な変動への対応が求められる中，電子市場の重要性が一層高まっている．BtoB企業の成長には電子市場を積極的に取り込み，それに合わせたマーケティング活動を展開することが欠かせない．

第 11 章

BtoB企業におけるマーケティング組織と市場志向

マーケティング組織とは，対市場活動としてのマーケティング機能を遂行する組織である．マーケティング機能を遂行するに際しては，組織のマネジメントが必要である．人の協働作業の結果として，マーケティング活動が実行されるからである．組織のマネジメントは，組織のメンバーを通じていかに組織目標を達成するかということにかかわる．

考えてみれば，対市場活動は販売，広告，プロモーション，価格づけ，あるいは，市場調査やそれに基づく製品開発など多岐にわたる．したがって，マーケティング組織といっても，マーケティング活動にまとまりを持たせている企業もあれば，マーケティング活動がさまざまな部門に細切れに組み込まれ，マーケティング組織という形での実体がない場合もある．あるいは，マーケティング機能の一部を外注する企業も多く見られる．さらに，同一の企業であっても，時間経過とともに組織構造は変化し，その結果，現代の企業に見られる組織構造は多様である．

BtoB企業では，統合された形でマーケティング組織を有している企業は珍しいといってよいだろう．多くのBtoB企業が，さまざまに分散したマーケティング機能，たとえば，広告や価格づけ，製品開発や営業活動などが，別々の部門に組み込まれ，それぞれの戦略要素に一貫性を持たせることに苦労しているのではないだろうか．もちろん，経営者がマーケティングの重要性を認識し，組織作りからマーケティングミックスの統合を念頭に置いているような企業であれば理想である．

しかし，多くのBtoB企業がマーケティング活動を遂行する際には，機能分化した組織（部門）間でどのように連携を取り合うかが課題となっている．本章では，BtoB企業のマーケティング組織のあるべき姿を議論したうえで，技術偏重に陥りがちな日本企業において，市場ニーズをどのようにして組織に浸透させ，活動に反映させるかについて議論する．

1 マーケティング組織のダイナミクス[1)]

企業が成長するためには，市場の求めるもの（市場のニーズ）をより少ない資源投入で提供することが必須である．市場の求めるものを提供するとは，交換を通じて経済活動を行う企業としてのアウトプットであり，効果と呼ぶことができる．一方，効率は資源投入に対するアウトプットの大きさである．企業は効果と効率を高めることによって成長を続けることができるのである．[2)]

しかし多くの場合，市場のニーズは多様であり，それに応えようとすれば非効率的になる．反対に効率を優先させると，市場のニーズを犠牲にせざるをえない．つまり，効果と効率とは二律背反の関係にあり，両者を同時に上げようとすることには困難が伴うことになる．

そこで企業は，どちらか一方を優先させ，そこで成果をあげた後にもう一方の改善に目を向けることになる．その際，効果と効率どちらを優先させるかは，企業の置かれている経済環境に依存する．たとえば高度成長期には，生産が消費に追いつかず，売り手主導の市場となる．このような市場状況（欠乏経済）においては，企業は市場における個別のニーズよりも生産の効率を優先させることになる．一方，世の中に商品があふれ，買い手市場である場合，企業は効率には目をつぶって効果を優先せざるをえない．このような効果と効率の優先問題は，組織構造にも影響を及ぼす．

近代の企業経営は，欠乏経済の中で形成されてきた．欠乏経済で優先される経営課題は，効率的な生産とそのための資金調達である．世の中にはモノが不足し，それに対応する形で均一な製品の大量生産が志向される．したがって，近代の経営組織（企業）の多くは，製造部門を中心とした単一職能組織として出発したのである．

その後，組織の成長とともにそれまで外部の資源に頼ったり，さほど重要でない機能であるために，製造部門の補助的機能として扱われてきた機能を一部門として統合したり，独立させる動きが見られるようになる．これが集権的な職能重視型組織である．マーケティング組織は多くの場合，この段階で販売部門や営業部門として独立することになる．

マーケティング組織の統合

市場の拡大とともに，ニーズが多様化し，競争も激しくなる．また，それとともに，市場ニーズを調査したり，マス広告を展開することも必要になる．その際に，マーケティングリサーチや広告宣伝などの機能を持つ部門が販売部門の中に設けられたり，あるいは統合される形でマーケティング部門として一部門を構成するようになる．

たとえば，**図表11-1**を見てみよう．上の組織では，マーケティング活動が，製造部門やスタッフ部門などに分散している．一方，下の組織では，マーケティング活動の統合化が図られている．つまり，分散していたマーケティング機能が，1つの部門として統合されている．

現代の経営者視点のマーケティングをマネジリアルマーケティングと呼ぶ．マネジリアルマーケティングでは，従来個別に行われてきたマーケティング各要素についてのマネジメントを，統合的に各要素を関連させてマネジメントするところに特徴がある．組織面におけるマーケティング機能の統合も，このマネジリアルマーケティングの流れに沿ったものであるといえるだろう．

つまり，広告活動は企画部門に，価格づけは販売部門に，というようにマーケティング活動がさまざまな部門に分散している状態では，各マーケティング活動を統合するための調整に手間取り，マネジリアルマーケティングがめざすマーケティング活動の統合化は進展しにくいのである．

図表11-1 マーケティング組織の統合

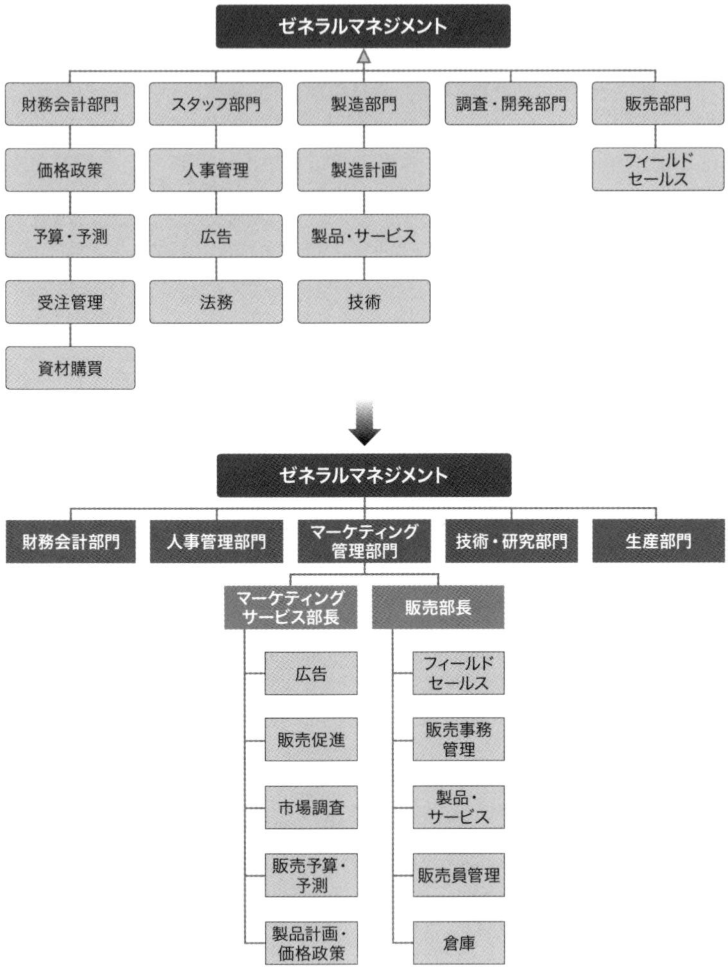

出所：石井ほか（2013）pp.126-127.

それを解消するのが，職能別にマーケティング組織が構成される職能重視型組織である．職能重視型組織は，販売，広告，市場調査，あるいは製品開発などの専門的な知識や技能に基づいてグループ化された構造を持ち，業務の重複を排除できること，各部門が特定の役割に特化するため，専門知識の蓄積が進みやすいこと，マーケティングタスクや責任を明確に規定しやすいという利点がある．

その一方，意思決定が各職能を束ねるマネジメントに集中するため，単一市場に単一製品を供給するような場合には効率的なマネジメントが提供されるが，多角化が進む状況の下では各職能部門への情報負荷が増し，意思決定の質を低下させることになる．

成長期のマーケティング組織

多くの日本のBtoB企業は，マーケティングにかかわる職能が統合される前に，企業の多角化や規模の拡大が進展し，それとともにマーケティング組織に変化がもたらされたといってよい．その結果，**図表11-1**の下の組織のようなマーケティングが，単一の職能として統合された部門を持つ企業はきわめて限られることになる．

規模の拡大は，環境の変化への対応を遅らせることになる．また製品間，事業間の調整も複雑になる．そのような状況の中，製品やサービスあるいは地域を軸とした事業部制へと移行していくことになる．その際，企業のマーケティング組織はいくつかの形態に分かれる．１つの形態が，事業部内にマーケティング機能を持たせるものである．それぞれの製品事業部に，営業，広告，市場調査，顧客サービス部門を持ち，事業部内でマーケティングが完結するような組織構造である（**図表11-2**）．

こうした組織では，マーケティングは事業部単位で統合されやすく，一貫性のあるマネジメントが展開できる．一方，製造や広告などは事業部ごとに細分化されているため，その間の調整が頻繁に必要になったり，あるいは営業活動も事業部ごとに行われるため，経営資源や活動の重複が問題となる．

事業部制や多角化の進展の中で，見られるもう１つの形態が，マーケティング部門が地域別に編成された地域別・顧客別組織である（**図表11-3**）．

図表11-2　製品・事業別組織

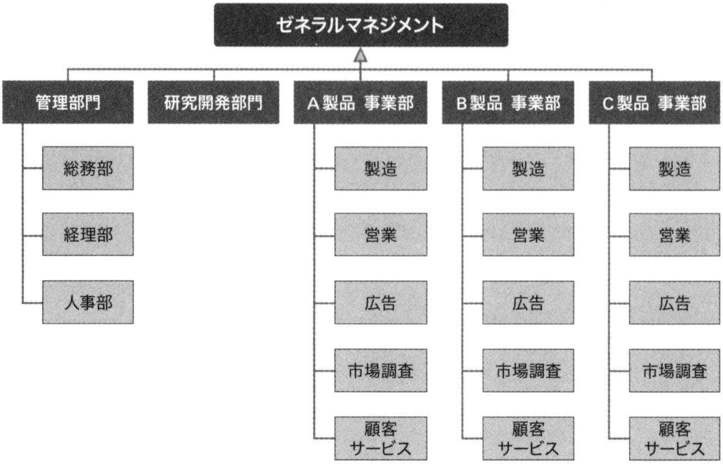

出所：石井ほか（2013）p.132.

市場を軸にマーケティング組織が構成されるため，市場重視型組織と呼んでよいだろう．地域や顧客を１つのまとまりとして，機能が完結する組織である．この場合，組織単位を小さくすることになるため，地域や顧客に関する環境の変化に迅速な対応が可能になる．また，特定の地域の市場ニーズに特化した活動が可能になり，顧客にとっては窓口が一本化されるというメリットもある．

その一方，機能が重複することや，地域間や顧客間における資源配分の調整が難しくなる．また，特定の顧客ニーズに適応し過ぎる（過剰適応）という問題も生じやすい．つまり，セールスパーソンは，ある特定の顧客や地域だけを向いて営業活動を行うことになるため，特定の顧客にカスタマイズされた製品を提供することになりやすい．これによって全社的には微妙に仕様の異なる製品が多数存在することになり，きわめて効率の悪い製品ラインナップに陥ることがある．

また，環境が比較的安定している状況では，職能が重複することのデメリットが顕在化する．営業活動といってもファーストコンタクトから

図表11-3　地域・顧客別組織

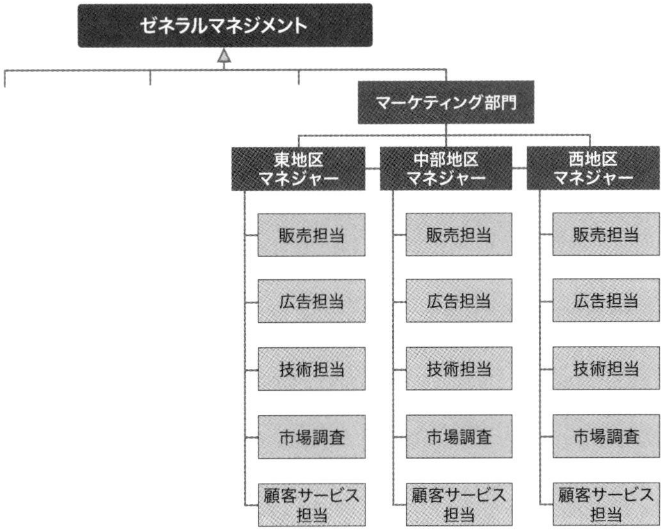

出所：石井ほか（2013）p.133.

成約，さらにはアフターサービスと多様な機能の集合として構成されるが，環境が安定的ならば，中には機能ごとに集約するほうが効率的なことがある.

2　BtoB企業のマーケティング組織

このようにマーケティング組織の変遷を概観してみると，現代においては事業部の中かもしくは本社に，統合された形でマーケティング部門が置かれるケースが多そうに思われるかもしれない．しかし，実際にはそうはなっていない.

1990年代，日本企業のトップに就任した外国人社長が，この会社は研究開発には優れているがマーケティングがない，とコメントすることが幾度となく聞かれた．これは決して市場ニーズの調査を行っていないのではなく，ましてや価格づけを行っていないというわけではない．これの意味するところは，マーケティング機能が統合した形で管理されていないことを指すものだ．先の経営者のコメントは，最もマーケティングが進んでいると思われる自動車メーカーでの話である．マーケティング機能がきちんと管理され，合理的と思われる形で組織化されているケースは，とりわけ日本では稀なケースであるといえるかもしれない．

BtoB企業の組織構造

日本のBtoB企業で典型的に見られるのは，製品事業部と営業部門とのマトリクス型組織を軸として，企画や市場調査などに限定したマーケティング部門と広告部門が，本社などに設けられる組織構造である．

つまり，顧客から見れば，ゲートキーパーとなる営業部門は顧客を軸に一本化する一方，製造や製品開発・技術対応などは，製品を軸とした事業部が責任を持つというスタイルである．そして，マーケティング機能のうち，広告や市場調査は本社か営業部門の中のサポート部隊として設けられるケースが多く見られる．また，製品設計や価格設定などは，営業部門の意見を参考にしながら，利益責任を持つ事業部の業務になることが多い．

その一方，ターゲティングは，営業部門と事業部門での共同作業になる．もちろん，製品によっても異なるし，標準品か受注品かによっても，その業務分掌は大きく異なることになるだろう．ただ，日本の多くのBtoB企業では，マーケティング機能は組織のさまざまな部門に分散し，いかに調整し，一貫性のある形で統合していくかがきわめて重要な課題となっている．

このようなマトリクス組織では，製品や製造に対して責任を持つ事業部門のマネジャーが，営業部門や広告，企画などのマネジャーや担当者と調整しながら，共同でマーケティング機能を果たすことになる．この場合，たとえば営業部門のマネジャーは，直接の上司である営業部門長とともに事業部門長にも報告の義務があることが多く，命令系統が複雑になることがこの組織の持つ課題でもある．また，多数のマネジャーが必要になるため，コストがかかることになりかねない．

その一方，広告，企画，研究開発，あるいは製造，設計などは，職能別組織としての機能を専門化することのメリットを享受しやすく，また，顧客への対応も重複することが少なく，効率的な営業活動やアフターサービスを行えるというメリットも大きい．

それでは，多様に存在しうるマーケティング部門組織はどのように設計すべきだろうか．企業は，成長するに従って，組織内のさまざまな機能について分業することが必要になる．企業の規模が拡大するにつれて，分業は企業に生産性の向上をもたらすからである．

たとえば，ある特定の作業や活動に専門化することによって，経験が蓄積し，作業の効率化が図られる．一方，分業によって部門間や担当者間の業務にかかわる調整が必要になる．分業とそれに伴う調整という2つの側面から，適切な組織構造が規定されることになる．つまり，マーケティング部門における組織デザインは，調整の必要性と専門化することの重要性という2つの軸に従って検討される．

注意しなければならないのは，統合と分業は，組織のさまざまなレベルで生じうる点である．つまり，全社的なレベルでの職能重視型組織と市場重視型組織という選択問題に始まり，担当者レベルでの機能別分担か市場別分担という選択問題まで，多様なレベルが含まれる．そして，もう1つ問題を複雑にするのは，マーケティング機能ごとに，そういった選択が可能であるという点である．たとえば，広告という機能と営業という機能では，それぞれについて職能重視型と市場重視型の組織を選択しうるのである．

この選択問題を検討しようとする際にはまず，対市場活動という機能を遂行するうえでの調整の困難さに注目しなければならない．つまり，市場ニーズを満たすというマーケティング目標を達成するために行われる諸活動間に，頻繁な調整が必要となる場合，職能横断的に組織を構成しなければならない．このような状況が生じる理由としては，市場環境の変化が激しい場合や，市場が細分化されて複雑な場合などが考えられる．個々の市場に対して，新製品の投入や広告宣伝を積極的に行う必要があるようなケースでは，製品開発部門と広告部門，あるいは営業部門などの間の調整が複雑になり，調整のコストは増していく．そのような場合，市場や顧客別にマーケティング機能を統合し，機能間の調整コストを節約することになる．

たとえば，ある部材を日本，欧州，米国において職能別組織で販売することを想定してみよう．同じコンセプトを持つ製品といっても，それぞれの国の法律や習慣は異なるし，顧客の要求スペックも異なる．製品もそれぞれの国に合わせて微妙に修正が必要である．もちろん製品価格も異なるだろうし，利用できる経営資源の違いによってプロモーションにおいても，プル型かプッシュ型かの違いが生じるかもしれない．そのような場合，製品開発部門，市場調査部門，広告部門などの各担当者は頻繁に調整する必要が生まれてくる．つまり，こうしたときには，市場重視型組織のメリットが大きくなる．

一方，製品を構成する技術が複雑であったり，技術革新が頻繁に行われるようなケースでは，製品開発を中心として機能を重視した組織構造にしたほうが，専門化することのメリットが大きい．ただし専門化することのメリットは，何も製品を構成する技術にのみあるのではない．場合によっては広告であったり，市場調査であったりする．とりわけ広告などは，市場別組織でバラバラに行うよりも，本社部門などで統合的に行うほうが，効率的なことが多い．こうした専門化が欠かせない職能に関しては，単一部門として独立させるほうが望ましい．

また，市場も複雑であるが，技術も革新が速いスピードで進んでいるなど，両者ともに専門化するメリットが大きいような場合，マトリクス型組織が適しているといえるだろう．現代では，こうした企業環境のほうが一般的かもしれない．マトリクス型組織の欠点を十分理解しつつ，専門化することのメリットを最大限生かしながら，マーケティング機能間の調整が円滑に行われるようにすることである．

BtoB企業のマーケティング組織の実際

マーケティング組織の多くは，このマトリクス組織の要素を取り入れたものが多いし，BtoB企業では最もポピュラーな組織構造である．たとえば，製品別に構成される事業部制組織において，広告や営業など専門性や統合することのメリットを生かせる機能を本社部門に取り込み，事業部間に横串を入れるケースである．

具体的には，**図表11-4**に示すような組織構造である．同じ顧客に出向くに際して，事業部ごとに異なる営業担当者が出向するよりも，いくつかの事業部の製品について，1人の担当者が出向するほうが重複を避けられる．また，広告についても統一的なイメージを持たせることも容易である．

つまり，マーケティング機能ごとに，事業（製品）と市場のマトリクスで組み合わせる組織構造が，BtoBにおけるマーケティング組織の典型といえるだろう．こうした組織は，職能ごとの専門性を生かしつつ，市場への統一的対応が可能になるという特徴を持つといってよい．その一方，マーケティング機能間，とりわけ製品開発や価格設定と営業・プロモーションや広告活動の間の相互コミュニケーションの促進やインテグ

図表11-4 BtoB企業におけるマトリクス型組織の例

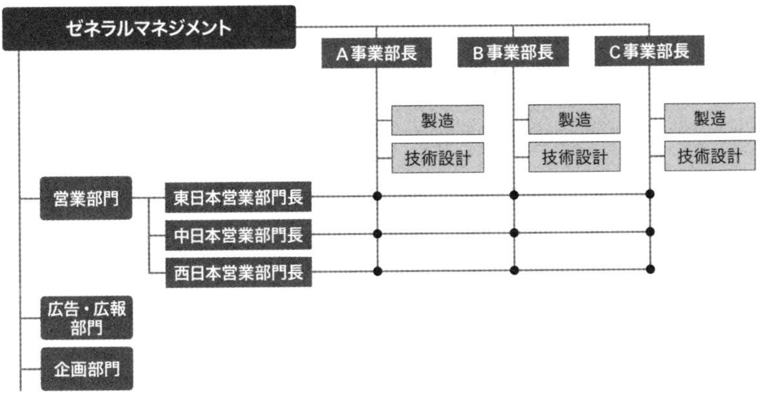

レーションに工夫が必要である．

また，営業や販売促進が市場別に振り分けられた組織では，顧客への過剰な適応（カスタマイズ）に陥るケースが多く，留意が必要である．顧客への適応は，そもそも市場重視型組織が，顧客を中心に構成された組織であるから当然のことである．むしろ，市場重視型組織において，特定の顧客への過剰適応が進まないような仕組みが欠かせない．

日本の高収益企業を見ると，この過剰適応に配慮した企業が多いことに気がつく．第5章で取り上げたキーエンスは，顧客のニーズを収集するために並々ならぬ労力をかける企業だが，特定の顧客に合わせてカスタマイズすることはないという．またシマノでも，レーサーやプロシューマーからのニーズ調査は徹底しているが，それぞれ個別のニーズへの対応は行われない．

こうした日本のBtoB企業に見られる典型的なマーケティング組織では，工夫がなければ，マーケティングが統一感のないものになったり，あるいは顧客への適応が行き過ぎたものとなってしまう．さらに，短期的な売上が期待される営業部門と利益に責任を持つ事業部門がこの組織の中心に位置づけられることから，長期的視点に立ったマーケティング戦略の策定がおろそかにされやすい．たとえば，効果が長期的に現れやすいプル型プロモーションを中心としたマーケティング活動が，視野から抜け落ちることが多いといえる．

マーケティングの実践は，マーケティング機能をどのような組織の下で遂行するかという問題とともに，市場ニーズを満たすうえでどのような活動が必要かという問題に集約される．次節では，市場ニーズへの対応策について，近年マーケティングの領域で注目されている市場志向という概念との関連で議論することにしよう．

3　BtoB企業における市場志向

企業の顧客志向や市場志向の重要性は，ここで改めて取り上げるまでもないだろう.[3]過剰なカスタマイズは問題だとしても,シーズ中心の市場活動では企業の成長はもたらされず,市場志向の重要性を否定する経営者はいないだろう.しかし,市場志向の経営が広く実践されているかといえば,決してそうとはいえない.企業経営者に「御社は顧客志向の経営を実践していますか」と問えば,ほとんどすべての経営者が「Yes」と答えるに違いない.

しかし,顧客からの苦情はなくならないし,不満を持つ顧客のロストに苦労している企業も多い.顧客志向や市場志向の経営を実践しているつもりになっているに過ぎない.

市場志向とは

「マーケティングコンセプト」として,顧客を企業経営の中心に置く考え方は新しいものではない.また,P・F・ドラッカーが顧客の視点で価値を提供することが企業の成長に欠かせないとして,「顧客志向」の重要性を指摘したのは1950年代のことである.[4]けれども,いずれも指摘のレベルであり,研究の蓄積がなされていったというわけではなかった.市場志向や顧客志向はマーケティングとは切っても切り離せない関係にあると思われがちだが,必ずしも古くから研究されてきたわけではない.

変化が見られたのは,1990年代に入ってからである.[5]顧客志向を含むより広い概念である市場志向として精緻化が進み始めた.同概念については,以降さまざまな研究がなされてきたが,研究ごとにその捉え方も異なっている.

たとえば,J・C・ナーバーとS・F・スレイターは,コモディティ財と非コモディティ財に関する140の事業部を分析対象に,市場志向性と企業の収益性(相対的ROA)との関連について調査した.[6]彼らの研究では,市場志向はどちらかといえば文化的側面から捉えられている.彼らは,市場志向を「購買者にとっての優れた価値と,結果として企業にもたらされる持続的な好成果を創造するために必要な行動について,最も効果的かつ効率的に作り出すような組織文化」と定義づけた.[7]また,市場志向は「顧客志向」「競合志向」そして「部門間調整」という3つの下位概念に分解されている.

ナーバーらと同時期に,A・K・コーリーとB・J・ジャウォルスキーによる一連の研究が発表され,情報収集や反応といったより行動的視点からの市場志向概念の定義が試みられた.[8]

彼らは,MARKOR尺度という市場志向の測定尺度を提案するとともに,市場志向を「顧客の現在および未来のニーズに関する市場情報を全組織的に生成し,組織内で水平的かつ垂直的に情報を普及させ,市場情報に対して全組織的に行動,反応するもの」と定義している.[9]ナーバーらと同様,市場志向には3つの下位概念があり,それらは「情報生成」「情報普及」「反応性」とされる.

「情報生成」は,顧客ニーズ対応のための市場情報を収集する活動を意味している.「情報普及」とは市場情報を組織内に普及させる活動のことを指す.そして「反応性」は,さらに「組織内で広く市場情報に立脚した対応を立案する活動」と「立案した対応策を実行する活動」の2つに分けられる.

この定義では,顧客ニーズを核とした市場情報を中心に,その生成,普及,反応といった組織活動を広く捉えているところに特徴があり,市場志向の測定において広く受け入れられている.ちなみに,コーリーらは,32の項目をふるいにかけて,「情報生成」で6項目,「情報普及」で5項目,「反応性」で9項目の,合計20項目で市場志向を測定している.[10]

このように,市場志向をどのように定義し,それを踏まえてどのように測定すべきかについては,研究途上にあり,必ずしも一致した見解があるというわけではない.

日本でも,日本マーケティング協会主催の下,「マーケティング・イノベーション21」プロジェクトで広く市場志向が測定された.そのデータはいくつかの文献で見ることができるので,自社の市場志向の水準を評価することも可能である.この調査票は,上述した研究を踏まえて

図表11-5 BtoBにおける市場志向の測定（質問票）

1	顧客と将来必要となる製品やサービスについての検討を行っている
2	市場や顧客についての聞き取り調査やリサーチを頻繁に実施している
3	製品（サービス）の質を評価するために，少なくとも1年に1回は顧客調査を行っている
4	取引業者とは定期的に情報交換を行っている
5	業界の基本的動向や最新の変化（競合・技術・規制など）を把握するのが遅い（R）
6	社内で，自部門他部門を問わず，顧客の将来のニーズについて議論することが多い
7	社内で非公式の場でも，競合の戦略や戦術に関する話題が多い
8	市場情報や顧客情報は，必要な部署に即座に伝えられる
9	事業部門内の隅々まで，顧客満足度の情報が伝えられる仕組みがある
10	競合について何か大事なことがわかったとき，必要な部署に速やかに注意喚起する
11	何らかの理由により，顧客のニーズの変化を無視することもある（R）
12	競合の価格変更にどう対応するのかが，なかなか決まらない（R）
13	良いアイデアを思いついても，タイムリーに顧客に提案することができない（R）
14	取り扱う製品（サービス）ラインは，市場のニーズよりも社内的な政治力に依存することが多い（R）
15	顧客が自社の製品（サービス）の質について不満だとわかったとき，即座に対応策を実行する

注：（R）は逆転項目.
出所：Kohli et al.（1993）；嶋口ほか（2008）を参考に作成.

設定されたものであり，また，構成概念妥当性についても慎重に検討されていることから，市場志向を測定する際の指標として信頼できるものである.

図表11-5は市場志向を測定するための質問票の例である．BtoB企業の活動を想定して，海外での研究成果と日本マーケティング協会で使われた質問票を参考に作成したものである.

BtoB企業における市場志向

さて，以上のような方法で市場志向が測れるとしても，BtoB企業ではどのように取り組んだらよいだろうか．市場志向の情報生成，情報普及，反応性の枠組みでいえば，BtoB企業では，情報生成（収集）ができていない企業はほとんど皆無だろう．それは，常に顧客との接点を直接有し，平素から顧客の求めることには比較的敏感だからである．

けれども，その中身を見るとレベルには相当にバラツキがある．まず，情報収集の量である．第5章で取り上げたキーエンスのように，ニーズ情報を収集することこそがセールスパーソンの仕事だといわんばかりに注力している企業もある一方，行き当たりばったりで，たまたま耳にした情報を上げる程度の企業もある．BtoBの取引では，顧客との直接の接点を有しているため，顧客のニーズの収集には熱心でないように思われる．

いつでも情報が取れるということと，精度の高い情報を多く収集している，ということは同じではない．BtoB企業も，市場ニーズの収集に手間と労力をかけてしっかりと情報収集に注力するべきだろう．システマティックに顧客情報を収集する仕組みを導入する，あるいは何らかのインセンティブを設定して情報の収集を促進する，などの工夫が必要だろう．

一方，それをうまく活用できているかといえば，決してそうとはいえない．特に，市場の情報を収集した後の，組織への普及（情報の共有）に際しては，一工夫，二工夫が必要である．詳細は後述するが，たとえば営業が収集した顧客情報に懐疑的な態度を取りやすい技術部門との情報共有には，何らかの工夫が欠かせない．

また，顧客のニーズを収集し，それを組織内に浸透させ，そして反応する．それだけでは，売上（受注）には結びつくかもしれないが，利益には結びつかないだろう．利益は，顧客の期待を（良い意味で）裏切るところから生まれるのである．顧客を超える何らかのソリューションを提案することができるかどうかが，（売上のさらに上位目標である）利益創出にかかっているのである．

そう考えると，市場志向の視点から，情報生成から反応のプロセスにおいて，どのような方法（スタイル）を取るかが重要である．その際，顧客を超える提案を可能にするために2つのスタイルが考えられる（**図表11-6**）．

1つ目は，当該顧客以外から得られた情報を組織に普及させ，反応す

図表11-6　BtoB企業の市場志向のあるべき姿

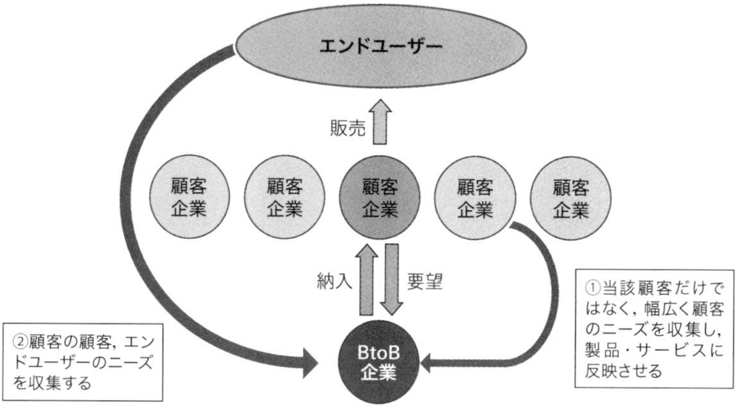

ることである．さまざまな顧客から得られる市場情報を集約し，横展開するのである．たとえば，高い営業利益率を誇るロームでは，最先端ユーザーのニーズを集めて製品設計に反映する．その際には，顧客のニーズを反映してその顧客に提案するのではない．[11] 多数の顧客のニーズを把握し，その顧客ニーズ群に対して製品の設計，試作・評価を行い，量産化に向けて生産体制を整える．さらには，企画された製品から顧客を思い浮かべ営業をかけるという．ロームは，半導体メーカーとして微細化によって競争力を維持するのではなく，むしろ顧客のニーズに基づく企画能力によって競争優位を築いているといえるだろう．

2つ目は，第6章で取り上げたように「顧客の顧客」やエンドユーザーのニーズに基づいて，直接の顧客に提案することである．これは，容易なことではないが，先進的な企業では広く行われている．

たとえば，自転車部品製造のシマノでは，そもそも自転車を趣味にするようなプロシューマーを従業員として積極的に採用し，自分の欲しい自転車を実現するための部品（システム）の開発にあたらせている．また，レーサーに密着して彼ら／彼女らの要望や使用方法を観察するとともに，それを製品開発に反映させている．部品を組み立てるセットメーカーに限らず，さらにそのユーザーである「顧客の顧客」へのアプローチや市場調査を怠らないことが，顧客を先導するドライバーになっている．

市場志向の成果

以上述べたように，市場志向にはさまざまな解釈があるが，行動的側面と組織の文化的側面から捉えるのが一般的といえるだろう．その定義はどうであれ，むしろ市場志向の結果，何がもたらされるかというほうが，実務的にはより重要かもしれない．この質問に対する解答も，過去の研究から得ることができる．その主張点は「ビジネスの成果に好意的な影響がもたらされる」「組織メンバーに好ましい影響がもたらされる」のいずれか，もしくは両方であり，この点においておおむね類似したものとなっている．

まず指摘することができるのは，収益性である．これはいくつかの研究で確認されている．この点は先述のJ・C・ナーバーとS・F・スレイターにおいても，市場志向が収益性の向上に寄与するという検証結果を報告している．[12)]

一方，収益性以外にも，「従業員に対する効果」が指摘されている．[13)] これは「組織コミットメント」と「組織メンバー間の協調姿勢の醸成」という要素に分解されており，いずれも市場志向が高まることで，これらの水準が高まることが確認されている．さらに，A・H・キルカらは，初めに概念モデルとして「組織的成果」「顧客成果（知覚品質，ロイヤルティ，満足）」「イノベーション成果（革新性，新製品成果）」「従業員成果（組織コミットメント，チームスピリット，顧客志向，役割コンフリクト，職務満足）」への効果を提起し，メタ分析を試みた．[14)] その結果，市場志向は「革新性」および「顧客ロイヤルティ」「知覚品質」を経由して組織成果に影響を与えることが明らかにされている．いずれの研究においても，市場志向によって高い組織成果が得られ，かつ，従業員への好ましい効果がもたらされることが指摘されている．

■ 市場志向を高めるために

市場志向が企業のマーケティング活動や製品開発に良い影響を及ぼしうるとしても，それでは市場志向はどのようにすれば高められるのだろうか．先行研究によれば，市場志向をもたらす要因として「トップマネジメント」「組織間ダイナミクス」「組織システム」の3つが挙げられている．[15)]

「トップマネジメント」は2つの要素から構成されている．それらは「トップの協調姿勢」および「リスク回避志向」である．前者が市場志向と正の関係にあるのに対して，後者は負の関係にある．特定の企業の下請け化や系列化はそれが単なるリスク回避行動であったとすれば，結果として市場志向を低下させるということになる点は興味深い．

一方，「組織間ダイナミクス」は，「部門間コンフリクト」と「部門間連携」という2つの要素から構成される．前者は市場志向と負の関係にあり，後者は逆に正の関係にあるとされている．また「組織システム」は，4つの要素があるとされる．それらは「標準化の度合い」「集権化の度合い」「部門細分化の度合い」「報酬システム」であり，このうち報酬システムは市場志向と正の関係がある．一方，「標準化の度合い」「集権化の度合い」および「部門細分化の度合い」は，市場情報を収集したり，あるいは社内にその情報を普及させるうえでは，マイナスに作用することが指摘されている．

以上，市場志向の内容，成果，そして規定因に関する研究を述べてきたが，これまでの研究をまとめると，**図表11-7**のとおりとなる．これは，キルカらが市場志向にかかわる114の研究[16)]で報告されたデータに基づいて整理した包括モデルである．

図表11-7 | 市場志向の先行要因と成果

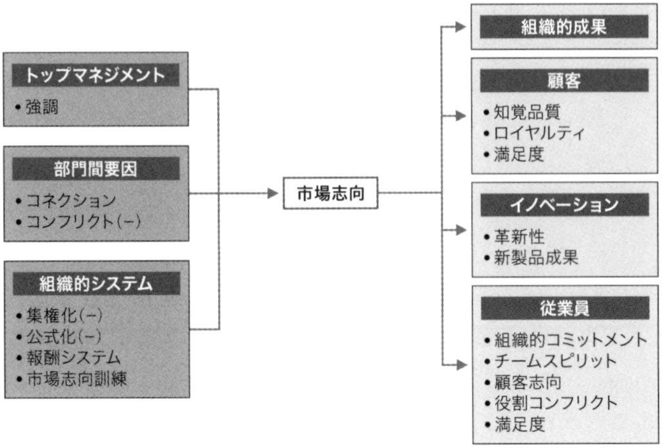

注：(−)は逆転項目.
出所：Kirca et al. (2005) p.26を修正.

4 BtoB企業における市場志向の浸透

BtoB企業のマーケティング活動や製品開発において，いかに組織内に市場志向を浸透(普及)させるかが重要となる．しかしながら，さまざまな部門が多様にかかわり合う組織においては，市場志向の浸透が難しくなるといわざるをえない．これは，マーケティングを構成するメンバーが，異なる複数の部門にまたがってしまう場合，特に顕著となる．

たとえば，製品開発を例にとって考えてみよう．製品開発では，営業，広告，マーケティング部門や商品企画部門などの「市場寄りの部門」と技術，研究開発，設計部門や生産，購買部門といった「技術寄りの部門」との大きく2つの部門がかかわることになる．前者においては，日々の業務においても市場情報を参照することが多く，それだけ市場志向が相対的に強いことが予想される．したがって，製品開発組織への市場志向浸透という問題を考える場合，彼ら／彼女らの存在は肯定的なものとして捉えられるだろう．

一方，「技術寄りの部門」においては，市場情報よりもむしろ技術に関する情報が参照され，日々の業務における意思決定の基準となっていることが多い．したがって，彼ら／彼女らの関心は市場情報よりも，むしろ技術情報に向けられていると考えられる．よって，製品開発組織において市場志向を浸透させるためには，技術寄りの部門に市場情報を浸透させ，学習させていくことが重要な課題となる．

BtoB企業では，日々，顧客と顔を合わせ，顧客のニーズを収集することには注力していると思われる．市場志向との関連では，市場情報の生成(収集)に関しては，それが仕組みとして取り込まれているかどうかは別として，比較的積極的に進められているだろう．

その一方，市場情報が企業内，とりわけ市場から離れた「技術寄りの部門」に広く普及し，さらにはその市場情報に基づいて，何らかの対応(反応)がタイムリーになされるかといえば，怪しくなってくる．[17]特に，製品設計を担当するエンジニアは，営業部門のとってきた市場情報には懐疑的であることが多く，そういった情報を踏まえて何らかの「反応的」対応を進めることに消極的な企業も少なくないだろう．こうした営業部門と技術部門の市場情報への温度差をどのように解消していくかが，BtoB企業の市場志向の実践における課題となる．

まず，市場情報の精度を上げることが，社内への浸透を助けるとともに，さらには顧客への反応も促進することになる．収集された市場情報に懐疑的であると，どうしても市場情報を拠り所とした行動に移しにくいものである．

それでは，市場情報の精度を上げるためにはどのように工夫すればよいだろうか．もちろん，社長をはじめとする経営幹部がとってきた情報は，社内の関心は高くなるだろうし，その情報に基づく顧客への対応も十分過ぎるほど行われることになる．しかし，経営幹部が情報収集できる場面はそう多くはない．その場合，市場情報の精度をどのようにして高めるかが鍵となる．

たとえばシマノでは，社内でも一目置かれるマニアと呼んでもよいような開発担当者が市場情報を収集するという．彼ら／彼女らは，シマノの主力製品の自転車部品においてはプロシューマーであり，彼ら／彼女らが収集してきたレーサーやディーラーなどの市場情報には，社内ではそれに従う絶対的な信頼があるという．

BtoB企業の市場情報では，このような誰がとってきた情報かによって，その後の普及や反応に差が生ずるケースが多い．こうした状況を回避するために，誰が収集してきた情報であっても一律に集計し，仕組みの中で普及や反応のプロセスに移す企業も見られる．たとえば，第5章で紹介したキーエンスでは，とにかく市場情報を収集する回数を増やすとともに，その情報はカード化され，製品開発の部門へ確実に送られるという．その際，誰が収集した情報かは問題ではなく，数多くの情報を分析し，仕組みの中で普及や反応に結びつけられる．これも，市場情報を普及（浸透）や反応（対応）に結びつけるための工夫といえるだろう．

製品開発における市場志向浸透の難しさ

市場志向を浸透させることは，市場に関するさまざまな情報を組織メンバーが利用することによって実現される．この市場情報の利用は，組織内コミュニケーションによってもたらされるところが大きい．けれども，第8章でも述べたとおり，特に異部門によって構成される製品開発組織においては，組織内コミュニケーションがうまく進まないことが指摘されている．

製品開発にかかわるメンバーが市場情報を効果的に利用し，結果として市場志向が浸透するためには，組織内コミュニケーションが十分に行われる必要がある．先に述べたように，製品開発組織には，市場寄りの部門だけでなく，技術寄りの部門もあり，特に後者に対していかに適切なコミュニケーション機会を与えて，市場情報について理解させるかが鍵となる．しかしながら，異なる部門間におけるコミュニケーションは，非常に難しいものである．

A・K・グプタとD・ワイルモンは，R&D部門とマーケティング部門の対話という文脈において，とりわけ技術部門が技術情報に焦点を当ててしまう傾向があり，市場情報利用に積極的でないということを，80名のR&Dマネジャーを対象とした調査結果をもとに指摘している.[18)] それによれば，R&D部門は具体的で明確な客観的データを求める傾向があり，結果として，マーケティング部門のデータを信頼しないとされる.

彼らの調査結果によれば，マーケティング部門からのデータについて，以下の項目について，「好ましくない」と回答したR&D部門マネジャーが，「好ましい」と回答したものよりも多くなっていた．すなわち，マーケティング部門からの市場情報は，彼ら／彼女らにとっては，①製品デザイン上の考慮がなく，②矛盾しており，③不完全で，④市場ニーズを理解しておらず，⑤技術についても理解していない，などであった．また，同データは，以下の点において「好ましい」と回答したサンプルと「好ましくない」と回答したサンプルが同数程度だった.

すなわち，マーケティング部門からの市場情報データは，①競争について理解できておらず，②データ収集が小サンプルかつ偏っており，③R&D部門の問題解決に資さず，④マーケティング代替案がデータとつながっていない，などと知覚されていた．結果的に彼らは，R&D部門がマーケティング部門からの情報を使用したがらない，という結論を得ている．つまり，マーケティング部門が，R&D部門に対しては，市場情報を提供するに際して，上述のようなR&D部門の知覚を解消するような配慮が欠かせないといえる.

一方，R&D部門がマーケティング部門に求めることについて，①R&D部門の人々と一緒に働く，②技術に対する理解を深める，③コミュニケーションスキルを上げる，④市場を知る，⑤R&D部門の人々を理解する，⑥マーケティング代替案にかかるコストを知る，などの具体的項目を挙げている．これらのことは，製品開発組織における技術寄りの部門と市場寄りの部門が，相互に円滑なコミュニケーションを図り，理解を深める努力が欠かせないことを示唆している.

まとめると，製品開発組織における市場志向浸透，とりわけ，技術寄りの部門への浸透は，さまざまな困難をはらんでいるといえる．第８章でも触れたが，製品開発組織におけるそれぞれの部門は，異なる「思考世界」を有しているため，自らの思考スキーマにとらわれてしまう．[19)]異部門協働が優れた製品開発へつながることは数多くの研究で指摘されているものの，[20)]異部門で構成された製品開発組織におけるコミュニケーションは容易ではない．たとえ形式的に元来異なる部門であったものを製品開発組織に編成し，積極的なコミュニケーションを働きかけたとしても，異なる解釈スキーマによって相互理解は分断されてしまうのである．

ブランドによる市場志向の浸透

こうした分断をどのように解消するかかが企業にとって重要なこととなる．この解消方法にはいくつかの方法が考えられる．たとえば，第８章で扱った成分ブランドの活用は有効な手段の１つとなるだろう．[21)]

製品を構成する要素技術や部品素材がブランド化することにより，そこに含まれる技術情報に加えて，市場情報が組み込まれることになる．したがって，成分ブランドが製品開発プロセスにおいて採用されることによって，製品開発組織，とりわけ技術部門に，市場情報が効率的に広がることが期待できる．第８章で述べたことを市場志向という概念に沿って整理すると，以下のような効果が期待できる．

まず，製品開発組織における異部門間コミュニケーションを促進する効果である．開発組織における性質の異なるメンバーにおいては，これまでの議論からも明らかなように，通常は組織内コミュニケーションが進みにくい．しかし，技術情報と市場情報を包摂した成分ブランドが製品開発に採用されることによって，必然的に技術部門とそれ以外の部門が同じ成分ブランドを核とした開発プロセスにかかわらざるをえなくなる．

ここでの成分ブランドは，技術情報に市場情報が組み込まれたものであり，市場情報がブランド連想という形で翻訳されているものである．

したがって，コミュニケーションにおける異部門間の理解度が向上することが予想される．具体的には，マーケティングなどの部門は成分ブランドを通じて技術情報に触れる機会をより多く持つことになり，結果として技術情報に対する理解が進むことが考えられる．同時に，技術部門は市場情報を集約・要約した成分ブランドによって，市場情報への理解が増すと予想される．結果として，開発組織内における異部門間コミュニケーションが容易となり，促進されるのである．

異部門間のコミュニケーションが促進されることを通じて，市場志向の普及（浸透）にかかわる効果が期待できる．先に見たように，組織メンバー間のコミュニケーションが促進されることにより，特に技術部門が市場情報に触れる機会も増加することが考えられる．同時に，成分ブランドにおいて技術情報へ市場情報がダイレクトに注入されることで，技術部門の市場情報に対する理解も向上すると予想される．その結果，技術部門の市場情報利用が促進され，同部門への市場情報の浸透が進むことが考えられる．

ちなみに，成分ブランドによって市場志向が浸透した結果として，組織メンバーに対してコミットメントやチームスピリットがもたらされる．[22] したがって，価値観の共有が進み，多様な部門からの開発プロセスへの積極的な参加が得られることも期待できるだろう．

成分ブランドが高いブランド認知を形成しているほど，それだけ強いブランド連想が開発組織メンバーの中に形成されている可能性が高いといえる．成分ブランドにおける強いブランド連想は，ここではより多量の市場情報の包摂として理解できる．そのため，これらの効果についても，認知度の高い成分ブランドがかかわる製品開発プロセスのほうが，低い場合よりも，より顕著なものとなることが予想される．

■ 市場志向の実践に向けて

市場志向は，単なるかけ声やスローガンではない．上位目標を達成するための手段である．少なくとも，組織成果に結びつけるための工夫が必要である．市場志向を測定する質問票でもわかるように，顧客の要望を受けて，それを反映した製品をその顧客に提供するだけでは，単なる御用聞きであり，市場志向の意図する内容とは異なる．そこには，市場志向を売上や利益に結びつけるための，第３の変数（要素）を組み込まなければならない．それは企業ごとに，また，置かれた立場で異なるだろう．

たとえば，市場志向のうち市場情報に対する反応の点では，顧客のニーズに応え，部品や素材をカスタマイズするにしても，それだけでは十分ではない．カスタマイズを最小限にとどめたり，標準品で顧客のニーズに反応する（応える）手段を考えることや，顧客の要望に何らかの付加的価値を加えたうえで提案する，といった工夫が欠かせないだろう．

あるいは，市場情報の生成→普及→反応のスピードを速め，市場への反応を促進することも，強みになるかもしれない．キーエンスでは，市場から得られた情報は速やかに開発部門に提供され，ニーズが反映された製品は，競合よりも一歩も二歩も早く市場に投入（反応）することにこだわっているという．市場志向を真の競争優位として機能させるため，仕組みや組織対応が欠かせないものとなる．

5　市場志向の理念を浸透させるために

最後に，市場志向の理念をどのように浸透させるかについて考えてみたい．理念の浸透は意外と難しい．この１週間，所属する組織の理念をどのように実践したかを思い出そうとしても具体的に思い出すことができないビジネスパーソンは多いのではないだろうか．筆者は多くの企業で研修を担当してきたが，外資系企業よりも日本企業で理念の浸透が徹底されていないと感じることが多い．日本企業では経営層に理念を浸透させるための工夫が欠けていると感じる．

先日，筆者が勤めるビジネススクールでアマゾンの方に講演をしていただいた．その方によれば，１日の勤務時間内でアマゾンの経営理念を思い返すことが10回ほどあるという．1時間に1回程度は自分の行動と理念が一致しているかどうか思い返しているという．これは少々極端な例かもしれないが，理念を実践するということはこのようなことである．

理念は，単に朝礼で唱和すればよいというものではない．理念を行動に結びつけるために最も重要なことは，理念に対して従業員から共感を得ることである．研修や朝礼での唱和も，唱和する従業員が理念への共感を強くするような場にしなければならない．ただし，声に出せば理念に共感するかといえば，そんなことはありえない．無意味に強制するようであれば，むしろマンネリ化してしまい，理念が軽視されることにも結びつきかねない．

顧客志向のサービスに定評のあるリッツ・カールトンでは，価値観の共有のために，クレドと呼ばれる理念の書かれた名刺サイズのカードを従業員に渡している．[23]全従業員が毎日のミーティングで話し合い，心に刻むよう心がけている（**図表11-8**）．リッツ・カールトンではミーティングの場で，他部署での理念実践の事例やそれに対する顧客の反応などが紹介される．それによって，理念の実践がどのようなメリットをもたらすのか擬似的体験をもたらし，理念への共感が生まれてくる．こうした日々の積み重ねが，理念を浸透させるためには重要である．

理念は，絵に描いた餅に終わらせてはならない．たとえば，顧客満足経営という理念も活動に結びつけることができなければ，意味がない．多くの企業は，顧客本位の理念と活動をリンクさせることに失敗しているのではないだろうか．理念があれば顧客志向が実践されると勘違いしている経営者も多い．実際には理念を掲げるだけで，従業員の顧客志向の活動が引き出せるわけではない．

理念が組織に浸透してくると，組織への一体感や仕事への集中を通じて組織成果へのプラスの影響があることが最近の研究で明らかにされている．誇りややりがいを感じたり，熱心にまた生き生きと仕事に取り組んだりと，職務へのポジティブな効果が期待できる．こうした従業員の感情状態は組織へのエンゲージメントという言葉で呼ばれており，近

図表11-8　ザ・リッツ・カールトンのクレド

THE RITZ-CARLTON

クレド

リッツ・カールトンはお客様への心のこもったおもてなしと快適さを提供することをもっとも大切な使命とこころえています．

私たちは，お客様に心あたたまる，くつろいだそして洗練された雰囲気を常にお楽しみいただくために最高のパーソナル・サービスと施設を提供することをお約束します．リッツ・カールトンでお客様が経験されるもの，それは，感覚を満たすここちよさ，満ち足りた幸福感そしてお客様が言葉にされない願望やニーズをも先読みしておこたえするサービスの心です．

注：「クレド」の著作権は，ザ・リッツ・カールトン ホテル カンパニーに帰属する．

年，実務的にも学術的にも関心の高いテーマになっている．最新の調査によれば，日本企業はこのエンゲージメントが海外の企業に比べきわめて低く，従業員が組織と一体感を覚え，心理的に活気づいている状態を保つことが課題となっている．

理念にマッチした人材を呼び込む

理念の浸透に際して忘れてはならないのが，従業員の採用の段階でそのための活動がスタートしているという点である．顧客満足度の高い企業の経営者は口を揃えて，理念の浸透で忘れてはならないのは「理念にマッチした人材の採用だ」と指摘する．[24] 理念に共感を持てない状態では，従業員も企業も不幸である．そのようなことにならないためには，理念に共感を持ってもらえる人材を優先して採用することである．

企業が人材市場から自社にマッチした優秀な人材を採用しようとする際に，最も重要なことは，応募する人の数を増やすことである．多くの応募者の中から，自社の理念にマッチした人材を選ぶことが重要になる．応募者数を増やすためには，人材市場に向けてのコミュニケーションが欠かせない．近年，以下のような環境変化によって，その役割は一層重要になっている．

1つは，企業に職を求める層の多様化である．具体的には，大学院就職率が向上し，海外からの留学生あるいは海外の大学の卒業生が増えている．また，新卒で数年勤務した後に転職する「第二新卒」の拡大も無視できない．もちろん，既卒者が職を変更するいわゆる転職市場も一貫して拡大傾向にある．

もう1つは，彼ら／彼女らを採用する企業の人材ニーズの多様化である．グローバル化に伴い海外現地拠点で直接，人材を採用したい，あるいは，事業構造変化に伴い，これまでとは異なるプロフィールを持つ人材を採用したい，といったニーズが高まっている．特に理系の新卒採用においては，これまで依存してきた指定大学（大学院）の特定研究室との関係に頼った採用では，新しい研究分野での人材ニーズを満足し切れない場面が増えている．

こうした求人層および企業の人材ニーズの多様化によって，働く場としての自社の魅力を，これまでにも増して積極的に人材市場にアピールし，「プル型」で人材を獲得していくことの重要性が増している．その際に，働こうとする企業への期待，すなわちブランドが果たす役割はとりわけ大きいといえるだろう．

リクルート市場での認知と事業内容理解にはブランド力の向上が欠かせない．強いブランドには，これまでその会社に就職する意向のなかった層をも取り込む効果がある．結果として，ブランドは企業への応募者数を拡大させることになる．

また，企業風土や事業内容への理解が増せば，その会社に合った人材が積極的に応募するようになり，入社後の企業と採用者のミスマッチを最小限にとどめることができる．これは，企業の人材像に適合しない層の応募を減らすことで，採用コストを下げることにもなる．

たとえば，村田製作所はバブル景気に伴う理系学生のメーカー離れをきっかけとして，1989年にブランド強化に着手した．2年後の1991年には社長交代，1994年には創業50周年が予定されており，ブランド構築を開始するには絶好のタイミングだったという．「会社を有名にすること」「多様な学生を広く採用すること」と非常に明快な目的が設定された．[25)]

ブランド活動を開始した当初は，主に広報を通してブランドを発信した．自社のニュースができる限り多く新聞や雑誌記事として取り上げられるよう，広報を通じてメディアに働きかけた．さらに，1991年からは，より広いターゲットにリーチするため，広告活動にも本格的に取り組むようになった．

広告では「メーカーであること」「強い技術志向の会社であること」「エレクトロニクス産業で活躍していること」をシンプルに訴求し，同社に関する記事と広告の双方が新聞や雑誌に登場することで，相乗効果をねらったという．日経企業イメージ調査によると，こうした一連の活動を通して，同社の知名度は高まるとともに，就職意向も順調に向上していった．

BtoB企業は，製品やサービスが一般の目に触れないため，BtoC企業に比べて業界関係者以外での知名度が低く，事業内容をイメージしにくい場合が多い．こうした状況は人材獲得競争において，BtoB企業を不利な立場に置く．ブランド強化による人材市場へのアプローチは，BtoB企業にとって長期的視野で取り組むべき重要な課題である．

あとがき

消費財（BtoC）のマーケティングとBtoBのマーケティングのパラダイムの変遷を比較してみると面白い現象に気づく．消費者購買行動論の影響を受けて，1970年代に組織購買行動論が盛り上がりを見せた．一方，消費者向けのマーケティングは，1990年代に関係性マーケティングが徐々に浸透してくることになる．このことは，BtoBの領域で展開されてきた顧客との関係を長期的なものとしてマーケティングを展開する，企業間の相互作用に注目したマーケティングが大きく影響している．さらには，2000年頃から関心の対象となってきたBtoBブランディングも，消費財領域のブランドを重要な資産として捉えるブランドエクイティが大きく影響している．消費財のマーケティングとBtoBのマーケティングは，それぞれ影響しあって進化してきたともいえるのではないだろうか．

BtoBの将来に向けてのマーケティングを展望しようとするときには，消費財のマーケティングを参考にすると大いにヒントになると思われる．ソーシャルメディアの活用やブランドリレーションシップの考え方，顧客体験，オムニチャネルなど，この10年大きく進展してきた消費財領域のマーケティングに目を向けることは，BtoBマーケティングの将来を考えるうえできわめて有益なヒントを提供してくれそうだ．

そのように考えると，これからのBtoBマーケティングについて，いくつかの可能性が浮かび上がってくる．

１つ目が，製造することを起点として企業の活動を展開するのではなく，販売することを起点として活動を再構築することである．消費財のマーケティングの製品開発では売れるかどうかという視点で議論される．以前，アイリスオーヤマの製品開発についてインタビューする機会があったが，売れるのか売れないのかという点から製品開発のエンジニアも含め，白熱した議論が行われていた．

日本の企業では，基礎研究と応用研究の領域の境界がきわめて曖昧であり，その結果として研究の名の下にシーズ主導型の製品開発が行われやすいと思っている．基礎研究は，利用価値を過度に気にするとものになりにくいのだが，一方，応用研究や製品開発がシーズ志向では困る．顧客にとっての価値を中心に置かなければうまくいかないだろう．

２つ目は，費用対効果の議論だ．マーケティングは数字で議論しなければマネジメントの対象とはなり得ない．戦略をマーケティングミックスという活動に移す段階で，マーケティング投資が必要になる．その際，投資の判断を行うための「費用対効果」を評価するレベルに達していないBtoB企業が多く見られる．費用対効果が計算できなければ，マーケティング投資の判断が根拠のないものとなってしまい，投資の稟議をあげるのも容易ではない．その結果，前年実績と代わり映えのしないマーケティング計画になりがちだ．マーケティングの諸活動でも，日本企業が得意としてきたPDCA（Plan, Do, Check, Action）を回すことが重要である．そのためには定量化を行い，それとともに活動と成果の関係を特定するための仮説，検証の繰り返しが欠かせないのである．

これは大変な作業であるが，その際重要なことは，KPI（成果指標）を詳細に設定し，絶えず見直していくことである．そして，はじめから完璧で包括的な指標の開発をめざさず，営業プロセスに沿って少数の指標に絞り設定するなどの工夫が欠かせないだろう．

３つ目は，経営層の意識である．つまり，経営幹部自身がマーケティングの役割を正しく理解することである．マーケティングは「活用」でなく，「導入」が重要であることを本文中で強調した．その理由は，マーケティングの可能性を引き出すためにはマーケティングが単なるプロモーションではなく，製品開発やプライシング，あるいは成長に向けての戦略的な意思決定など，広範囲の活動を伴うマネジメント領域だからである．

ということは，経営層がマーケティングの活動内容や重要性を理解しなければ，動きようがないということになる．けれども，BtoB企業の経営者に話をうかがっていると，マーケティングへの誤解があることに気づく．「うちは，技術の会社ですから，マーケティングは積極的に展開していません」「技術力があれば，マーケティングは必要ないのでは？」といった認識である．こうした認識は，BtoC企業にはほとんど見られない．「マーケティング」は大変身近なものになったが，BtoB企業の経営層に正しく理解され実践されているかというと，必ずしもそうではないようだ．

そして，最後に念を押したいのが，環境に適合させるという意識の重要性である．たとえば，製品やサービスの差別化を考えてみよう．差別化というと，大変良い響きがあり，製品開発のブレインストーミングなどでは，必ずといってよいほど製品開発のメンバーが口にする言葉である．

しかし，差別化はいつ，いかなるときにでも合理的意思決定として支持されるかというとそうではない．そもそも規制されている産業であったり，需要に供給が追いつかないような売り手市場であるならば，他社との違いをあまり前面に打ち出さないほうが，より多くの需要を捉えることができる．

このような競争環境では，むしろ他社製品との明確に異なる商品コンセプトは機会損失を生むことになってしまう．こうしたことを考えるのがマーケティングである．

状況によっては，「高品質」も同様である．低い品質よりも高い品質のほうが良いに決まっている．しかしそれは，「同じ価格ならば」という前提があってのことである．コストや価格が異なるならば，低価格，低品質が好まれる市場も多く存在するのである．マーケティングとは，いくつかの選択肢の中から，市場創造という軸の中で環境に適応した意思決定を行おうとするマネジメント領域である．

ユニクロを運営するファーストリテイリングの柳井正会長が，パナソニックの創業100周年特別講演に登壇した．その際に話したことがウェブサイトで紹介されていた．その又聞きになるが，「パナソニックはBtoBでは輝かない」と話したそうだ.「世界で輝くブランドはみなBtoCだ」と続いている.まったくそのとおりだと思う.その背景には,「大きな夢を描け,リスクをとりながら」というメッセージがあると思っている.今の日本の経営者はリスクをとらなくなったと感じる.パナソニックの創立者である松下幸之助は,常にリスクをとりながらパナソニックを成長させた.しかし,環境変化が著しいBtoCの市場で何度か痛い目を見ることになる.その結果,BtoB市場に安定を求めた.このことに対する檄が上述の柳井会長の言葉に集約されていると考えるのは早とちりに過ぎるだろうか.今の経営者に求められているのは,リスクをとり,新たなチャレンジへ投資することではないだろうか.

本書はマーケティングの解説書であるが,マーケティングのフレームワークや具体的な手法などについてはほとんど触れなかった.もちろんBtoBであっても,マーケティングミックスをはじめとする,マネジリアルマーケティングの戦略やツールは有用である.ただ,本書のねらいは,そういったイシューを扱うことにあるのではない.それは他の書籍に譲ることとして,できる限りBtoBに固有のマーケティングの考え方を扱うように心がけた.BtoBマーケティングの良書は,近年数多く出版されるようになった.本書のねらいはこうした書籍を補完するものとして,生産財や産業財メーカーにマーケティングを導入するきっかけになればという思いで書いたものである.多少なりとも貢献できれば幸いである.

注

序章

1）John Quelch and Anne Harrington (2005) "Samsung Electronics Company: Gloval Marketing Operations," Harvard Business School (邦訳「サムスン電子――グローバル・マーケティング」ハーバード・ビジネス・スクール) による．同社は，1999年に始めたマーケティング導入の結果，目標にしていたソニーを抜くまでにブランド価値を高めた．
2）Jacques (2007).
3）従業員向けのマーケティングは，インターナルマーケティングと呼ばれ，サービスマーケティングの領域では以前から注目されてきた．インターナルマーケティングについては，たとえば木村 (2007) を参照のこと．
4）本庄 (2009).
5）藤本 (2004).
6）調査の概要は，余田・首藤編 (2006) を参照のこと．
7）伊藤 (2000).
8）テレビ東京『カンブリア宮殿』(2010年12月23日) での吉利汽車へのインタビューによる．

第1章

1）BtoBマーケティングについて体系的に学びたい方には，高嶋・南 (2006) やHutt and Speh (2004) が参考になる．
2）アスクルの初期の事業コンセプトについては，池尾恭一 (1998)「アスクル株式会社――オフィス通販事業」(慶應義塾大学ビジネス・スクール) を参照のこと．
3）Gadde and Håkansson (1993).
4）たとえば，Robinson et al. (1967) を参照のこと．
5）バイグリッド (buy grid) については，Robinson et al. (1967) を参照のこと．
6）BtoB領域における広告については，宮澤 (1999) を参照のこと．
7）嶋口 (1984).
8）定量化の議論は，BtoBマーケティングにおいて欠かせないものである．たとえば，今村 (2005) が参考になる．
9）仮説，検証を繰り返すことは，活動と成果が必ずしも明確でない場合にとりわけ効果を発揮する．たとえば，内田(2006)を参照のこと．

第2章

1) Melvyn A. J. Menezes and John D. Serbin (1991) "Xerox Corporation: The Customer Satisfaction Program," Harvard Business School（邦訳「ゼロックス――顧客満足プログラム」ハーバード・ビジネス・スクール，1993年）による．

2) 「シマノ(自動車部品大手) チームで挑む中国市場」『日経ビジネス』2010年4月19日号．

3) 余田拓郎・Chuansatian Napassawan (2008)「株式会社シマノ」（慶應義塾大学ビジネス・スクール）による．

4) 適切なカスタマイズの水準の考え方については，高嶋・南(2006)が参考になる．

5) 市場細分化の考え方や進め方は，基本的に消費財のマーケティングと変わらない．市場細分化については，石井ほか(2004)を参照のこと．

6) ダイフクの事例については，石田・恩蔵(2008)，「縁の下企業，収益力急進ダイフク」『日経ビジネス』2008年3月17日号，同社IR情報および同社講演会に基づく筆者の解釈によるものである．

7) ネットワーク外部性とは，たとえば，同一規格の財を消費する人数が増えれば増えるほど，当該財の個々の消費者の便益が増す現象である．ネットワーク外部性には，直接的効果と間接的効果の2つがある．直接的効果は，ユーザー数の増加自体が財から得られる便益を増大させる効果であり，一方，間接的効果は，ユーザー数の増加に伴って，当該の財に対する補完財が多様化もしくは低価格化するために，当該の財から得られる便益が増大する効果である．こうした効果が認められる場合，市場シェアが高止まりする．

8) エアウィーヴの事例については，ウィーヴァ ジャパン エグゼクティブアドバイサー田所邦雄氏，日本高圧電気 代表取締役社長高岡本州氏，同社管理部亀井裕一氏への聞き取り調査による（所属等はインタビュー当時）．なお詳細は，大島祥平・余田拓郎(2011)「株式会社ウィーヴァ ジャパン」（慶應義塾大学ビジネス・スクール）を参照のこと．

9) どういったタイミングで，どのような人が採用するかという視点は，イノベーションの普及に関する研究が参考になる．たとえば，Rogers (1982)を参照のこと．

10) ハーバード・ビジネス・スクール教授のC・クリステンセンによる『イノベーションのジレンマ』では，既存顧客への過度の依存が破壊的イノベーションを阻害すると主張される(Christensen, 1997)．既存顧客による持続的成長は，既存顧客の成長によってのみ，もたらされることを理解しなければならない．

第3章

1) たとえば，Berry (1983) を参照のこと．

2) Håkansson ed. (1982)．

3) Webster (1984)．

4) 内部化市場については，Arndt (1979) を参照のこと．

5) この内部化市場概念を発展させ，売り手と買い手の関係に適用したのが，Dwyer et al. (1987) である．彼らは，離散的取引 (discrete transaction) と関係的取引 (relational transaction) を識別し，関係的取引の有効性を指摘した．関係的取引では，取引が長期にわたって継続的に行われる．関係的取引への参加者は，長期的目標を持ち，長期的利益を重視する．このような取引によって，不確実性が削減されるとともに，効率的なコミュニケーションが行われ，競争優位が形成される．

6) Reichheld and Sasser (1990)．

7) 近年，サービス・ドミナント・ロジック (Service-Dominant Logic) という考え方が注目されている．差別化のためのドライバーとして，サービスに焦点を当ててビジネスモデルを再構成することの意義が強調される．たとえば，藤川 (2008) を参照のこと．

8) Dwyer et al. (1987) では，関係の発展過程を，認識段階 (取引相手を探す段階)，探索段階 (候補を評価する段階)，拡大段階 (関係が深まる段階)，コミットメントの増加段階，解消段階に分類して，その特徴やマネジメント課題を提示している．つまり，関係構築にはいくつかの段階があり，その段階ごとに適切な活動が存在しうる．

9) 真塩敏幸・余田拓郎 (2005)「カーロッツ――トヨタの大規模中古車小売店舗」(慶應義塾大学ビジネス・スクール) による．

10) たとえば，和田ほか (2016) や山岸 (1998) を参照のこと．

11) 樋村敦司・余田拓郎 (2011)「株式会社ディスコ」(慶應義塾大学ビジネス・スクール) による．

12) 石田・恩蔵 (2008)．

13) 金顕哲 (1995)「株式会社ミスミ――We Buy For You」(慶應義塾大学ビジネス・スクール) による．

14) プル型プロモーションとプッシュ型プロモーションは，池尾 (2022) に詳しい．プッシュとプルの違いに関して必ずしも厳密な定義があるわけではないが，本書では人的営業を中心としたプロモーションをプッシュ型，広告やブランドを中心としたプロモーションをプル型という類型で扱っている．

15) BtoB購買におけるプッシュ／プルというプロモーション戦略の有効性は，未だ研究途上である．たとえば最近の研究では，顧客シェアの向上に対して企業内のエンドユーザーにはプル戦略が有効であり，一方，購買担当者にはプッシュ戦略が有効であることが明らかにされている (Mojir and Sudhir, 2022)．顧客との接点が拡大する中で，この領域の研究は重要性が増すと考えられる．

1) たとえば，2012年12月号の『ハーバード・ビジネス・レビュー』でもセールスパーソンのカバーする範囲が縮小していることが指摘されている．
2) トライベック・ブランド戦略研究所BtoBサイト調査結果（2018年）による．
3) 高嶋ほか（1996）．
4) 木村（2003）を参照．
5) 余田・首藤編（2006）．
6) 本章で扱うブランドの効果については，石井ほか（2004）を参照のこと．
7) ブランドによる想起については，「自己表現媒体化」や「有用性の構成」といった機能も存在する（石井ほか，2004）．ただし，BtoBのコンテクストでは，「情報処理負荷の削減」の効果が顕著であるといえるだろう．
8)『2007年版　ものづくり白書』によれば，ほとんどの業界でプロダクトライフサイクルの短縮化傾向が認められるとされる．
9) 昨今の情報機器メーカーの新聞・雑誌広告やテレビCMでは，顧客企業の経営管理者層が登場したり，彼／彼女らの関心事をテーマとする事例が数多く見られる．
10)「BtoB購買関与者調査」（博報堂，2004年9月）は，過去1年に勤務先企業の①ITシステム，②情報機器，③半導体・電子部品・電子デバイスのいずれかの購買活動に関与経験があるという条件で協力を依頼し，応諾者に対して実施した．有効サンプル数は，①と②が300，③が110である．
11) McQuiston and Watters（1989）；Bendixen et al.（2004）．
12) Alexander et al.（2009）．
13) 本調査は，南アフリカにおいて実施されたものである．ちなみに，ブランドによる価格プレミアムが最も高かったのは，ブリヂストン，以下，ミシュラン，グッドイヤーの順だった．価格プレミアムの存在は，BtoB取引においても，ブランドが価格弾力性を低下させる効果を有していることを示唆するものである．
14) 余田・首藤編（2006）．
15) 生産財における選択基準については，渋谷（2009）に詳しい．
16) Bunn（1993）；McQuiston（1989）．
17) Webster and Wind（1972）．
18) 筆者らが行った調査では，購買する財に関する知識を「十分に持つ」層と，「ある程度持つ」もしくは「あまり持たない」層の間で，企業ブランドにかかわるイメージの影響を比較したところ，「十分に持つ」層では，他の層に比べて，影響が少ないという結果が得られている（余田・首藤編，2006）．すなわち，財に関する知識を十分に有する層は，サプライヤー企業のイメージの影響を受ける程度が相対的に低い．このように，購買者の購買プロセスを購買者の知識水準や関与水準によって説明しようとする試みは，消費財の購買行動において多くの研究がなされている．詳細は池尾（1999）を参照のこと．

19）Petty and Cacioppo (1986).

20）精緻化見込みモデルでは，認知的処理と感情的処理は排他的なルートとして想定されるが，最近では必ずしも二分されるわけでなく，どちらが支配的であるかという見方がされる．たとえば，清水 (1999) に詳しい．

21）細田悦弘 (2003)「BtoB広告への私の提言　営業マンがカバーできない購買関与者」『日経広告手帖』47巻16号，p.10.

22）余田・首藤編 (2006).

23）詳細は，余田 (2006) を参照のこと．

24）田嶋 (2000).

25）洋書になるが，BtoB領域のブランドに関しては，Kotler and Pfoertsch (2006) や Lamons (2005) などが参考になる．

26）Munoz and Kumar (2004).

第5章

1）妹尾 (2009) では，技術力で勝る日本が事業で負けると指摘し，技術だけで勝つ時代ではないと主張している．また，榊原 (2005) では，高い技術力が必ずしも高い収益に結びつかないという問題意識に基づき，イノベーションの収益化が議論されており参考になる．

2）キーエンスの事例は，佐竹誠也・余田拓郎 (2017)「株式会社キーエンス――強気の市場志向経営」(慶應義塾大学ビジネス・スクール) および延岡 (2009) を参考にした．また，データ収集においては，公益法人日本生産性本部2010年度経営アカデミー「技術経営コース」のメンバーより協力を得た．

3）同様の調査は，1992年にも実施されており，本書と同様の営業タイプが確認されている．詳細は，嶋口 (1997) を参照のこと．

4）嶋口 (1997).

5）シマノへのインタビューによる．

6）大日本印刷へのインタビューによる．

7）実際に提案型営業を根づかせるためには，1つも2つも工夫が必要だろう．たとえば，松尾ほか (2011) では，営業活動の可視化と改善のために，営業プロセス指標を少数の指標に絞って設定することの有効性を指摘しており，新たな営業スタイル導入に際して参考になる．

8）営業人材の強化やプロセス管理については，田村 (1999)；高嶋 (2002)；石井 (2004) が参考になる．

9）2005年4月，キヤノン販売株式会社ブランドマネジメント課長 細田悦弘氏へのインタビューによる (所属および職位はインタビュー当時のもの).

10）組織との一体感や仕事への没頭を通じて組織成果にプラスの影響を及ぼすことが最近の研究で明らかにされている．こうした従業員の感情状態は組織へのエンゲージメントと呼ばれ，近年ビジネスや研究において関心の高いテーマになっている．

第6章

1） 榊原（2005）．

2） 許斐（2010）．また，日本企業の利益率に関しては，その他にも伊丹編著（2006）や三品（2004）が経営学の視点で興味深い分析を行っている．

3） Yoneyama et al.（2004）.

4） Rubenstein et al.（1976）.

5） Cooper（1979）.

6） Maidique and Zirger（1984）；Mishra et al.（1996）；Parry and Song（1994）

7） 顧客情報やニーズの活用については，Barabba and Zaltman（1991）やUlwick（2002）を参照のこと．

8） Hippel（1994）.

9） Nelson and Winter（1982）；Rosenberg（1983）；Nonaka and Takeuchi（1995）.

10） Cohen and Levinthal（1990）；Szulanski（1996）.

11） Rosenberg（1983）；Collins（1982）；Hippel and Tyre（1995）；Burke（1996）.

12） Polanyi（1959）；Burke（1996）.

13） Teece（1977）; Zander and Kogut（1995）.

14） 小川（2000）．

15） 濱岡（2011）．

16） Luthje and Hippel（2005）は，米国のマウンテンバイク愛好者が起こした消費者イノベーションについて調査し，19.2％が消費者イノベーションを実施したとする報告を行っている．

17） 小川（2013）．

18） Hippel et al.（2011）．

19） Hippel（1986）；Hippel et al.（1999）；水野（2011）；小川（2013）．

20） 北（2009）；北（2011）．

21） 勝本（2010）．

22） 事例調査にあたり，インタビューに応じていただいた日本テトラパック株式会社 常務執行役員 研究開発本部長 南野行雄氏，マーケティング本部 ポートフォリオディプロイメントマネージャー ブリンク伏見友孝氏，コミュニケーション本部 エクスターナル・コミュニケーション＆CSRプログラムマネージャー 桑田美佐氏，およびナブテスコ株式会社 住環境カンパニー商品企画部部長 後藤田純氏，技術部部長 水谷幸弘氏，技術部開発グループ課長 林孝次郎氏にお礼を申し上げたい（所属および職位はインタビュー当時のもの）．また，インタビューおよびデータ収集は，公益財団法人日本生産性本部2013年度経営アカデミー「技術経営コース」のメンバーとの共同研究によるものである．

23） その後，組織は再編成されている．

24) インテリジェントecoドアシステムは現在，機能を向上させた新商品にバージョンアップしている．

25) 多機能自動ドアのスイッチは，その後非接触タイプが発売されている．

26) たとえば，自転車部品のシマノでは専門的な知識を有するユーザーを積極的に採用しているという（同社へのインタビューによる）．

第7章

1) 成分ブランドについては，たとえばKeller（1998）；Kotler and Pfoertsch（2010）を参照のこと．

2) 名和・小森（1998）および木村（2003）を参照のこと．

3) 部品や素材のブランディングが進展することによっても，プロフィットゾーンが移行するので，成分ブランディングとプロフィットゾーンの移行は相互に関係しているといえる．

4) たとえば，Keller（1998）や山口憲和・萩野徳良・森田正隆（2002）「インテル株式会社――ブランド戦略：インテル入ってる？」（慶應義塾大学ビジネス・スクール）を参照のこと．

5) ICT（情報通信技術）のインパクトにより情報がより低コストで交換できるようになることで，企業内や系列子会社との分業に比べて，市場を通じる分業の有利性が増す可能性が高いことが指摘される．このことは，系列取引関係が将来的に必ずしも企業にベネフィットをもたらさなくなることを示唆している（野口，2005）．

6) Desai and Keller（2002）．

7) たとえば，Clayton and Surinder（1995）を参照のこと．また，崔（2008）では，評価の高い完成品ブランドと共同マーケティングを行うことで，小売や消費者からのイメージを高める効果，つまりサプライチェーン上の完成品メーカーを利用し，流通や消費者を刺激する効果（デマンドプッシュ効果）を指摘している．

8) Park et al.（1996）．

9) たとえば，Venkatesh and Mahajan（1997）や梁（2009）を参照のこと．梁は，成分ブランドによって価格プレミアム効果が20%程度期待できることをカメラとレンズ（成分ブランド）について明らかにしている．

10) McCarthy and Norris（1999）．

11) Vaidyanathan and Aggarwal（2000）．

12) Levin et al.（1996）．

13) たとえば，加賀谷（2002）；松尾・崔（2004）；森（2003）；木ノ本（2003）を参照のこと．

14) T. Heather（2005）“What's in a Name?” *Beverage World*, Vol.124, pp.48-51.

15) Buss（2005）．

16) 岡本（2003）では，商品ブランドに要素技術ブランドが付加されることによって，知覚品質にどのような影響があるか調査しており，興味深い結果が得られている．

17) 崔(2008)．

18) 「顧客の顧客」戦略については，桑嶋(2004)でも検討が加えられている．製品開発との関連の中で，素材メーカーの顧客戦略の有効性が議論されている．

19) デュポンの事例は，同社へのインタビュー(2005年7月)ならびに同社ホームページによる．

20) ユニットの定義は「モジュール」の概念による．たとえば，青木・安藤編著(2002)を参照のこと．

21) 恩賜発明賞は，発明協会が主催する全国発明表彰の賞であり，皇室の下賜金を拝受する同表彰の最高賞である．

22) PC用MPUの互換性は，厳密には製品により異なる．たとえば，インテル社と競合するAMD社は，1999年以降，ソフトウェアの互換性は引き続き保持しているものの，ハードウェアではインテル製MPUと互換性がない(「米AMD　不屈の2番手，飛躍へ再挑戦」『日経ビジネス』2005年11月21日号)．

23) 本書におけるシマノの事例は，山口(2003)，余田拓郎・Chuansatian Napassawan(2008)「株式会社シマノ」(慶應義塾大学ビジネス・スクール)およびシマノへのインタビューによる．

24) Keller(1998)．

25) 「除菌イオン」の事例は，高山(2006)およびシャープ広報室へのインタビューによる．

第8章

1) 本章は，余田(2018)をもとに議論を発展させたものである．

2) Keller(1998)．

3) Keller(1998)[訳書p.132]．

4) 同上訳書，p.132．

5) 同上訳書，p.138．

6) 同上訳書，p.139．

7) Kotler(2000)．製品開発プロセスのモデルについては，たとえば，Ulrich and Eppinger(1995)；Cooper(1996)；川上(2005)に詳しい．なお，製品開発局面における先行研究の整理に際しては，川上(2005)を参考にした．

8) Souder and Chakrabarti(1978)；Souder(1980；1981；1988)；Gupta et al.(1985a；1985b；1986)；Dougherty(1992)．

9) たとえば，川上(2005)に詳しい．

10) Butler(1976)；Monteleone(1976)；Bissell(1971)．

11) Dougherty(1992)．

12) Gupta and Wilemon(1988)．

13) 空気清浄機における成分ブランドについてインタビュー調査を依頼し，その結果，パナソニック株式会社「ナノイー」，および三洋電機株式会社「ウイルスウォッシャー」，ダイキン工業株式会社「電撃ストリーマ」から調査協力が得られた．本書は紙幅の都合上，調査実施企業のうち最も認知度の高かったパナソニックのナノイーについての結果を取り上げた．インタビュー調査は2009年4月下旬から5月下旬にかけて対面方式で行った．なお，ナノイーはその後，放電方式を変更し，性能を向上させたナノイーXに名称を変更している．

14) インタビューは，2009年4月にパナソニック コミュニケーショングループ宣伝企画チーム 山田一郎参事，森田全紀主事，パナソニック電工 アクア・デバイス事業部事業企画グループ 秋定昭輔技師に対して行ったものである（所属，肩書きはインタビュー当時）．

15) パナソニック電工（現パナソニック）ホームページより．

16) ペルチェ方式とは，「ペルチェ素子」という半導体素子に電圧をかけることで素子の片側を冷やし，片側に熱を持たせる仕組みを利用して，ナノイーを発生させる電極を冷やし，空気中の水分を結露させる技術である（パナソニックホームページより）．

17) パナソニックホームページより．

18) インタビューは，2009年5月に三洋電機 マーケティング本部事業企画部高田八寿男部長，梅田恵吾主任，三洋コマーシャル販売 店舗ショーケース営業企画部森家浩平氏に対して行ったものである（所属，肩書きはインタビュー当時）．

19) 図表は結果を抜粋したものである．詳細は，余田（2016）を参照されたい．

20) Sounder and Chakrabarti (1978).

21) Gerstenfeld et al. (1969).

22) Monteleone (1976).

23) Weinrauch and Anderson (1982).

第9章

1) スイッチング障壁には，①手続き的スイッチングコスト（時間や労力），②経済的スイッチングコスト（経済的な損失コスト），③関係的スイッチングコスト（心理的，感情的苦痛にかかわるもの）などがある．畑井（2001）や酒井（2010）に詳しい．

2) 顧客満足の理論や実践については，小野（2010）に詳しい．

3) 近年，BtoBの領域でも口コミに期待したビジネスモデルが見られるようになった．たとえば，セミナーやイベントを数多く開催するセールスフォース・ドットコムでは，そういった異業種交流の中で口コミが期待できるという（「営業の徹底的な効率化で顧客の満足度も向上させる　セールスフォース・ドットコム」『宣伝会議』2009年8月1日号，p.38）．

4) JCSIについては，日本生産性本部サービス産業生産性協議会発行のパンフレットやサイトを参照のこと．なお，『マーケティング・ジャーナル』（日本マーケティング学会）の30巻1号（2010年）で，JCSIに関する特集が組まれている．

5） ゼロックス社の満足度調査に関する記述は，Melvyn A. J. Menezes and John Serbin (1991) “Xerox Corporation: The Customer Satisfaction Program,” Harvard Business School (邦訳「ゼロックス——顧客満足プログラム」ハーバード・ビジネス・スクール，1993年) に基づくものである．

6） Sasser et al. (1994).

7） このようなケースは，新興国市場ではしばしば見られることである．たとえば，Adrian Ryans (2005) “Saurer: The China Challeng (A),” IMD (邦訳「サウラー社——中国での挑戦 (A)」IMDケース，2007年) を参照のこと．

8） 同社は，ホームページ上で公開する理由を，より高いCSを実現するためとしている．ディスコの事例については，「ディスコ　CSを突き詰め“強み”を磨く　組織改善重ね利益率20％超」『日経情報ストラテジー』2007年10月号，pp.56-59ならびに樋村敦司・余田拓郎 (2011)「株式会社ディスコ」(慶應義塾大学ビジネス・スクール) による．

9） オリエンタルランド加賀美俊夫社長へのインタビューによる (2001年10月，肩書きは当時).

10） 小野 (2008).

11） 吉田寿美・何之冰・余田拓郎 (2015)「株式会社MonotaRO——中小企業向け間接資材 (MRO) ネット通販サイトMonotaRO.com」(慶應義塾大学ビジネス・スクール).

第10章

1） Ahearne et al. (2021).

2） Steinhoff et al. (2019).

3） Mullins and Agnihotri (2022).

4） Michaelidou et al. (2011).

5） Siamagka et al. (2015).

6） Wang et al. (2016)；Agnihotri et al. (2016)；Niedermeier et al. (2016).

7） 日本アドバタイザーズ協会ウェブ広告研究会シンポジウムによる (2011年3月開催)．なお，サンプル数は130となっている．

8） アスクルの平成22年10月28日付IRリリースならびに「客数伸び5四半期増収」『産経新聞』2010年8月24日による．

9） オークションは一般に，取引価格を決める際に情報の非対称性を補完する機能を持つ．売り手が多数で買い手が1社のリバースオークションのケースでは，買い手は売り手のコストがわからない場合 (情報の非対称性が存在する場合)，高値でつかまされるおそれがある．そこでオークションによって売り手同士を競わせ，売り手の評価 (製品の価値) を探り，できるだけ安い価格で購入しようとするものである．ただし，ある売り手が競り勝つということはその取引から得られる利益を過大に評価しているから競り勝つともいえるため，落札された売り手が損失を生む可能性も大きいとも指摘される．

10） 「すかいらーくBtoB」『食品新聞』2001年6月11日による．

11) Turban et al. (1999).

12) GEグローバルエクスチェンジサービスのハービー・シーガス最高経営責任者による（「ITで流れを変えろ，米国からの報告，GE」『日経産業新聞』2001年7月18日）.

13) 前節ならびに本節で扱う事例は，NCネットワーク，トラボックス，インフォマート，川口板金，ばらだ製作所へのインタビューによるものである．この場を借りてお礼申し上げる．また，インタビューおよびデータ収集においては，社会経済生産性本部（現・日本生産性本部）平成13年度経営アカデミー「マーケティング戦略コース」のメンバーより協力を得た.

14) 調査の詳細は，余田(2007)を参照のこと.

第11章

1) 本節におけるマーケティング組織については石井ほか(2013)を参照のこと.

2) 嶋口(1994).

3) 市場志向については，Deshpandé eds. (1999)；嶋口ほか(2008)；水越(2006a)；黒岩(2007)；岩下(2020)に詳しい．岩下(2020)は市場志向を網羅的に研究しており，市場志向の実践における可能性を考えるうえで参考になる.

4) Drucker (1954).

5) 水越(2006b).

6) Narver and Slater (1990).

7) 同上，p.21.

8) Kohli and Jaworski (1990)．一方，Deshpandé and Farley (1999)は，先行するいくつかの研究を整理し，市場志向の行動的側面と文化的側面について包括的に考慮したメタ分析を行った．彼らによる市場志向の概念定義は，先行する研究の潮流をまとめたものであり，それゆえ包括性の高い枠組みである．特に，行動・反応的側面と文化的側面をバランスよく包摂した概念であり，かつ，項目数も実用的で優れている.

9) Kohli et al. (1993) p.467.

10) Kohli et al. (1993)；Deshpandé and Farley (1999)を参照のこと.

11) ロームの事例は，浪江(2007)および同社へのインタビューによる.

12) Narver and Slater (1990)；Slater and Narver (2000).

13) Jaworski and Kohli (1993).

14) Kirca et al. (2005).

15) Jaworski and Kohli (1993).

16) Kirca et al. (2005).

17) BtoB企業における市場情報の普及は，組織内にとどまらない．アウトソーシング先の企業や川上の部品・素材企業への普及も，市場志向を高めるための課題である.

18) Gupta and Wilemon (1988).

19) Dougherty (1992).

20) 異部門間の協働に関しては，第8章の注8を参照のこと．

21) 詳細は，坂下・余田(2010)を参照のこと．

22) Jaworski and Kohli (1993)；Kirca et al. (2005).

23) リッツ・カールトンに関する記述は，ブロックス監修『ザ・リッツ・カールトン大阪』(ビデオ)ならびに余田拓郎(2003)「ザ・リッツ・カールトン大阪」(慶應義塾大学ビジネス・スクール)による．

24) たとえば，ともに優れたサービスで有名なオリエンタルランド(東京ディズニーランド)の加賀見俊夫社長(当時)と青梅慶友病院の大塚宣夫理事長(当時)は，シンポジウムで同様の発言をしている．両氏はともに，いかに自社の理念にマッチした人材を採用できるかが，組織の成長においてきわめて重要であることを指摘している(医療科学研究所シンポジウム，2001年10月)．

25) 『日経広告手帖別冊　日経ブランディング』2005年夏号．

参考文献

- 青木昌彦・安藤晴彦編著（2002）『モジュール化――新しい産業アーキテクチャの本質』東洋経済新報社.
- 池尾恭一（1999）『日本型マーケティングの革新』有斐閣.
- ―――（2022）『入門・マーケティング戦略 新版』有斐閣.
- 石井淳蔵（2004）『営業が変わる――顧客関係のマネジメント』岩波アクティブ新書.
- ―――・嶋口充輝・栗木契・余田拓郎（2013）『ゼミナール マーケティング入門（第2版）』日本経済新聞社.
- 石田大典・恩蔵直人（2008）「株式会社ダイフクのFA＆DA事業――利益志向のマーケティングの展開」『マーケティング・ジャーナル』107号，pp.110-124.
- 伊丹敬之編著（2006）『日米企業の利益率格差』有斐閣.
- 伊藤邦雄（2000）『コーポレートブランド経営――個性が生み出す競争優位』日本経済新聞社.
- 今村英明（2005）『法人営業「力」を鍛える――BCG流ビジネスマーケティング』東洋経済新報社.
- 岩下仁（2020）『市場志向のマーケティング――組織の志向性がパフォーマンスに及ぼすメカニズムの解明』千倉書房.
- 内田和成（2006）『仮説思考――BCG流 問題発見・解決の発想法』東洋経済新報社.
- 岡本智（2003）「技術のブランディング」法政大学産業情報センター・小川孔輔編『ブランド・リレーションシップ』同文舘出版.
- 小川進（2000）『イノベーションの発生論理――メーカー主導の開発体制を越えて』千倉書房.
- ―――（2013）『ユーザーイノベーション――消費者から始まるものづくりの未来』東洋経済新報社.
- 小野譲司（2008）「顧客満足に関する5つの質問――ソリューション，価値共創，顧客リレーションシップはなにを示唆するか」『マーケティング・ジャーナル』107号，pp.44-58.
- ―――（2010）『顧客満足［CS］の知識』日経文庫.
- 加賀谷貢樹（2002）「素材メーカーのブランド戦略に学べ――旭硝子流の“ブーメラン型”潜在ニーズ開拓法とは？」『THE21』4月号，pp.45-47.
- 勝本雅和（2010）「人的資本の空間集積に関する経済効果分析」『研究・技術計画学会，年次学術大会講演要旨集』25号，pp.319-322.
- 川上智子（2005）『顧客志向の新製品開発――マーケティングと技術のインタフェイス』

有斐閣.
- 北真収(2009)「高粘着な情報を吸収し，応用するための組織風土」『北九州市立大学「マネジメント論集」』2号，pp.21-37.
- ――――(2011)「粘着情報の解釈とその構造」『日本経営学会誌』27号，pp.3-14.
- 木ノ本尚道(2003)「インテルのブランド戦略」『経済広報』12月号，pp.12-14.
- 木村達也(2003)「わが国の加工組立型製造業におけるスマイルカーブ化現象――検証と対応」『Economic Review』7巻4号，pp.62-82.
- ――――(2007)『インターナル・マーケティング――内部組織へのマーケティング・アプローチ』中央経済社.
- 黒岩健一郎(2007)「市場志向の先行要因の探索――トップマネジメントの市場環境認識および事業目標・理念との関係」『慶應経営論集』24巻1号，pp.147-161.
- 桑嶋健一(2004)「製品開発研究の系譜と化学産業の製品開発マネジメント――"顧客の顧客"戦略の有効性」MMRC-J-3，東京大学COEものづくり経営研究センターディスカッションペーパー.
- 許斐義信(2010)『競争力強化の戦略――日本企業の生き残りを賭けた闘いが始まる！』PHP研究所.
- 酒井麻衣子(2010)「顧客維持戦略におけるスイッチング・バリアの役割――JCSI(日本版顧客満足度指数)を用いた業界横断的検討」『マーケティング・ジャーナル』117号，pp.35-55.
- 榊原清則(2005)『イノベーションの収益化――技術経営の課題と分析』有斐閣.
- 坂下玄哲・余田拓郎(2010)「製品開発プロセスにおける成分ブランドの効果」池尾恭一・青木幸弘編『日本型マーケティングの新展開』有斐閣.
- 渋谷義行(2009)「生産財マーケティングにおけるサプライヤー選択基準の時代的変化」『商学研究科紀要』69巻，pp.279-294.
- 嶋口充輝(1984)『戦略的マーケティングの論理――需要調整・社会対応・競争対応の科学』誠文堂新光社.
- ――――(1986)『統合マーケティング――豊饒時代の市場志向経営』日本経済新聞社.
- ――――(1994)『顧客満足型マーケティングの構図――新しい企業成長の論理を求めて』有斐閣.
- ――――(1997)『柔らかいマーケティングの論理――日本型成長方式からの出発』ダイヤモンド社.
- ――――・石井淳蔵・黒岩健一郎・水越康介(2008)『マーケティング優良企業の条件――創造的適応への挑戦』日本経済新聞出版社.
- 清水聰(1999)『新しい消費者行動』千倉書房.
- 妹尾堅一郎(2009)『技術力で勝る日本が，なぜ事業で負けるのか――画期的な新製品が惨敗する理由』ダイヤモンド社.
- 高嶋克義(2002)『営業プロセス・イノベーション――市場志向のコミュニケーション改革』有斐閣.

- ―――――・南知惠子(2006)『生産財マーケティング』有斐閣.
- ―――――・竹村正明・大津正和(1996)「産業広告の効果に関する実証研究」『日経広告研究所報』165号，pp.59-68.
- 高山英樹(2004)「BtoBビジネスにおけるブランド戦略シナリオ」『日経広告研究所報』218号，pp.21-27.
- ―――――(2006)「技術・素材ブランディング」余田拓郎・首藤明敏編『B2Bブランディング――企業間の取引接点を強化する』日本経済新聞社.
- 田嶋規雄(2000)「オフィス用市場におけるプル型マーケティング――セイコーエプソン株式会社」『マーケティング・ジャーナル』77号，pp.53-62.
- 田村正紀(1999)『機動営業力――スピード時代の市場戦略』日本経済新聞社.
- 崔容熏(2008)「産業財ブランド研究の視座――既存研究のレビューと『ライクラ』ブランドの事例にみる〈顧客の顧客〉戦略の示唆」『マーケティング・ジャーナル』107号，pp.59-81.
- 浪江一公(2007)『プロフィット・ピラミッド――「超」高収益経営を実現する14のシンプルな原則』ダイヤモンド社.
- 名和高司・小森哲郎(1998)「製品とサービスの良循環による製造業の高収益モデル――GE，IBM，ABBは自らを『サービス・カンパニー』と再定義した」『DIAMONDハーバード・ビジネス・レビュー』9月号，pp.50-59.
- 野口悠紀雄(2005)『日本経済改造論――いかにして未来を切り開くか』東洋経済新報社.
- 延岡健太郎(2009)「ビジネスケース　キーエンス――価値創造による社会貢献をめざした経営哲学」『一橋ビジネスレビュー』56巻4号，pp.112-128.
- 畑井佐織(2001)「スイッチング・コスト」『マーケティング・ジャーナル』82号，pp.63-72.
- 濱岡豊(2011)「イノベーション厳選の規定要因」『年次学術大会講演要旨集』26巻，pp.865-870.
- 藤川佳則(2008)「サービス・ドミナント・ロジック――価値共創の視点からみた日本企業の機会と課題」『マーケティング・ジャーナル』107号，pp.32-43.
- 藤本隆宏(2004)『日本のもの造り哲学』日本経済新聞社.
- 本庄加代子(2009)「横河電機IA(制御)事業の躍進――B2Bブランディングへの挑戦」『マーケティング・ジャーナル』112号，pp.84-97.
- 松尾隆・崔容熏(2004)「三星電子TFT-LCD事業におけるブランディング戦略」『経営と制度』2月号，pp.95-113.
- 松尾睦・早川勝夫・高嶋克義(2011)「改善志向の営業プロセス管理――日本ベーリンガーインゲルハイムの事例」『マーケティング・ジャーナル』119号，pp.67-81.
- 三品和広(2004)『戦略不全の論理――慢性的な低収益の病からどう抜け出すか』東洋経済新報社.
- 水越康介(2006a)「市場志向に関する諸研究と日本における市場志向と企業成果の関係」

『マーケティング・ジャーナル』101号，pp.40-55.

■ ――――（2006b）「反応型市場志向と先行型市場志向」『BUSINESS INSIGHT』14巻2号，pp.20-31.

■ 水野学（2011）「製品開発に果たすユーザーイノベーションの役割――顧客の声とリード・ユーザー」『阪南論集. 社会科学編』47巻1号，pp.95-106.

■ 宮澤永光（1999）「事業所購買行動とビジネス広告」『日経広告研究所報』185号，pp.26-31.

■ 森摂（2003）「B2B2Cの掛け橋――素材・部品メーカーから消費者へのアプローチ」『赤門マネジメント・レビュー』2巻2号，pp.47-54.

■ 安田直樹・大島喜芳・廣瀬謙治（2012）「B2Bマーケティングにおけるニュースレターのマネジメント――ニュースレターの運用とその効果に関する実証研究」『慶應義塾経営管理学会リサーチペーパー・シリーズ』105号，慶應義塾経営管理学会.

■ 山岸俊男（1998）『信頼の構造――こころと社会の進化ゲーム』東京大学出版会.

■ 山口和幸（2003）『シマノ――世界を制した自転車パーツ』光文社.

■ 梁宰豪（2009）「ブランド・エクイティ強化のための成分ブランドの役割について」『商品開発・管理研究』5巻2号，pp.15-31.

■ 横田浩一（2013）「日本のBtoB企業におけるグローバルブランド展開の現状と課題」『日経広告研究所報』第46巻6号，pp.18-24.

■ 余田拓郎（2000）『カスタマー・リレーションの戦略論理――産業財マーケティング再考』白桃書房.

■ ――――（2006）「B2Bブランディングのすすめ――取引接点強化の新基軸」『一橋ビジネスレビュー』54巻1号，pp.70-83.

■ ――――（2007）「産業財取引の電子市場化とマーケティング課題――探索的調査に基づく考察」『慶應経営論集』24巻1号，pp.163-175.

■ ――――（2010）「B2Bコミュニケーションの新たな基軸――ブランディングによる成長シナリオ」『アド・スタディーズ』32巻，pp.20-25.

■ ――――（2016）『BtoB事業のための成分ブランディング――製品開発と組織購買への応用』中央経済社.

■ ――――（2017）「BtoB企業の成分ブランディング戦略――技術で勝って事業でも勝つ」『プログレス』2017年2月号，pp.2-7.

■ ――――（2018）「製品開発における成分ブランドの効果に関する考察――空気清浄機の事例に基づいて」『商品開発・管理研究』14巻2号，pp.37-53.

■ ――――・首藤明敏編（2006）『B2Bブランディング――企業間の取引接点を強化する』日本経済新聞社.

■ ――――・德永朗（2005）「取引接点強化に向けたBtoBコミュニケーションの再構築」『日経広告研究所報』223号，pp.9-16.

■ 和田充夫（1998）『関係性マーケティングの構図――マーケティング・アズ・コミュニケーション』有斐閣.

■ ————・恩蔵直人・三浦俊彦（2016）『マーケティング戦略 第5版』有斐閣.

■ Agnihotri, R., R. Dingus, M. Y. Hu and M. T. Krush (2016) "Social Media: Influencing Customer Satisfaction in B2B Sales," *Industrial Marketing Management*, Vol.53, pp.172-180.

■ Ahearne, M., Y. Atefi, S. K. Lam and M. Pourmasoudi (2021) "The Future of Buyer-Seller Interactions: A Conceptual Framework and Research Agenda," *Journal of the Academy of Marketing Science*, Vol.50, No.1, pp.22-45.

■ Alexander, N. S., G. Bick, R. Abratt and M. Bendixen (2009) "Impact of Branding and Product Augmentation on Decision Making in the B2B Market," *South African Journal of BusinessManagement*, Vol.40, No.1, pp.1-20.

■ Anton, J. and N. L. Petouhoff (2001) *Customer Relationship Management: The Bottom Line to Optimizing Your ROI*, Prentice-Hall.

■ Arndt, J. (1979) "Toward a Concept of Domesticated Markets," *Journal of Marketing*, Vol.43, No.4, pp.69-75.

■ Barabba, V. and G. Zaltman (1991) *Hearing the Voice of the Market: Competitive Advantage through Creative Use of Market Information*, Harvard Business School Press（新将命監修，小林住彦・林真理訳『ハーバードで教えるマーケティング戦略——市場情報の有効活用』日本生産性本部，1992年）.

■ Bendixen, M., K. A. Bukasa and R. Abratt (2004) "Brand Equity in the Business-to-Business Market," *Industrial Marketing Management*, Vol.33, No.5, pp.371-380.

■ Berry, L. (1983) *Relationship Marketing*, American Marketing Association.

■ Bissell, H. D. (1971) "Research and Marketing: Rivals or Partners?" *Research Management*, Vol.14, No.3, pp.65-73.

■ Brierty, E. G., R. W. Eckles and R. R. Reeder (1997) *Business Marketing*, Printice-Hall.

■ Bunn, M. D. (1993) "Taxonomy of Buying Decision Approaches," *Journal of Marketing*, Vol.57, No.1, pp.38-56.

■ Burke, R. R. (1996) "Virtual Shopping: Breakthrough in Marketing Research," *Harvard Business Review*, Mar.-Apr., Vol.74, No.2, pp.120-131.

■ Buss, D. (2005) "Joining Forces," *Sales and Marketing Management*, Vol.157, pp.38-42.

■ Butler, O. B. (1976) "What Marketing Expects from R&D?" *Research Management*, Vol.19, No.1, pp.7-9.

■ Clayton, H. and T. Surinder (1995) "Effect of Cobranding on Consumer Product Evaluations," *Advances in Consumer Research*, Vol.22, No.1, pp.123-127.

■ Cohen, W. M. and D. A. Levinthal (1990) "Absorptive Capacity: A New Perspective on Leaning and Innovation," *Administrative Science Quarterly*, Vol.35,

No.1, pp.128–152.

■ Collins, H. M. (1982) "Tacit Knowledge and Scientific Networks," in Barnes, B., and D. Edge (eds.), *Science in Context: Readings in the Sociology of Science*, MIT Press, pp.44–64.

■ Cooper, R. G. (1979) "Identifying Industrial New Product Success: Project NewProd," *Industrial Marketing Management*, Vol.8, No.2, pp.124–135.

■ ――――(1996) "Overhauling the New Product Process," *Industrial Marketing Management*, Vol.25, No.6, pp.465–482.

■ Copeland, M. T. (1924) *Principles of Merchandising*, A. W. Shaw Co.

■ Cristensen,C. M. (1997) *The Innovator's Dilemma: When New Technologies Cause Great Firms to Fail*, Harvard Business School Press（玉田俊平太監修，伊豆原弓訳『イノベーションのジレンマ――技術革新が巨大企業を滅ぼすとき』翔泳社，2000年）.

■ Desai, K. K. and K. L. Keller (2002) "The Effects of Ingredient Branding Strategies on Host Brand Extendibility," *Journal of Marketing*, Vol.66, No.1, pp.73–93.

■ Deshpandé, R. (ed.) (1999) *Developing a Market Orientation*, SAGE Publications.

■ ――――, and J. U. Farley (1999) "Understanding Market Orientation: A Prospectively Designed Meta-Analysis of Three Market Orientation Sale Scales," in Deshpande, R. (ed.), *Developing a Market Orientation*, SAGE Publications.

■ Dougherty, D. (1992) "Interpretive Barriers to Successful Product Innovation in Large Firms,"*Organization Science*, Vol.3, No.2, pp.179–202.

■ Drucker, P. F. (1954) *The Practice of Management*, Harper & Row（上田惇生訳『新訳 現代の経営』ダイヤモンド社，1996年）.

■ Dwyer, F. R. and J. F. Jr. Tanner (1999) *Business Marketing: Connecting Strategy, Relationships, and Learning*, McGraw-Hill.

■ ――――, P. H. Schurr and S. Oh (1987) "Developing Buyer-Seller Relationships," *Journal of Marketing*, Vol.51, No.2, pp.11–27.

■ Fornell, C. (1992) "A National Customer Satisfaction Barometer: The Swedish Experience,"*Journal of Marketing*, Vol.56, No.1, pp.6–21.

■ Gadde, L. E. and H. Håkansson (1993) *Professional Purchasing*, Routledge.

■ Gerstenfeld, A., C. D. Turk, R. L. Farrow and R. F. Spicer (1969) "Marketing and R&D," *Research Management*, Vol.12, No.6, pp.409–412.

■ Gupta, A. K. and D. Wilemon (1988) "Why R&D Resists Using Marketing Information," *Research Technology Management*, Vol.31, No.6, pp.36–41.

■ ――――, S. P. Raj and D. Wilemon (1985a) "The R&D-Marketing Interface in High-Technology Firms," *Journal of Product Innovation Management*, Vol.2, No.1, pp.12–24.

■ ――――, ―――― and ―――― (1985b) "R&D and Marketing Dialogue in High-

Tech Firms," *Industrial Marketing Management*, Vol.14, No.4, pp.289-300.
- ———, ——— and ——— (1986) "A Model for Studying R&D-Marketing Interface in the Product Innovation Process," *Journal of Marketing*, Vol.50, No.2, pp.7-17.
- Håkansson, H. (ed.) (1982) *International Marketing and Purchasing of Industrial Goods: An Interaction Approach*, John Wiley & Sons.
- Hippel, E. V. (1986) "Lead Users: A Source of Novel Product Concepts," *Management Science*, Vol.32, No.7, pp.791-805.
- ———(1994) "'Sticky Information' and the Locus of Problem Solving: Implications for Innovation," *Management Science*, Vol.40, No.4, pp.429-439.
- ——— and M. J. Tyre (1995) "How Learning By Doing is Done: Problem Identification in Novel Process Equipment," *Research Policy*, Vol.24, No.1, pp.1-12.
- ———, S. Ogawa and J. De Jong (2011) "The Age of the Consumer Innovator," *MIT Sloan Management Review*, Vol.53, No.1, pp.27-35.
- ———, S. Thomke and M. Sonnack (1999) "Creating Breakthroughs at 3M," *Harvard Business Review*, Vol.77, No.5, pp.47-57.
- Hutt, M. D. and T. W. Speh (2004) *Business Marketing Management: A Strategic View of Industrial and Organizational Markets*, South-Western Pub（笠原英一訳『産業財マーケティング・マネジメント』白桃書房，2009年）.
- Jacques, F. M. (2007) "Even Commodities Have Customers," *Harvard Business Review*, Vol.85, No.5, pp.110-119（「B2B企業のマーケティング化——大手セメント・メーカーの脱コモディティ経営」『DIAMONDハーバード・ビジネス・レビュー』2007年10月号，pp.92-105）.
- Jaworski, B. J. and A. K. Kohli (1993) "Market Orientation: Antecedents and Consequences,"*Journal of Marketing*, Vol.57, No.3, pp.53-70.
- Johnston, W. J. and T. V. Bonoma (1981) "The Buying Center: Stracture and Interaction Patterns," *Journal of Marketing*, Vol.45, No.3, pp.143-156.
- Keller, K. L. (1998) *Strategic Brand Management*, Prentice-Hall（恩蔵直人・亀井昭宏訳『戦略的ブランド・マネジメント』東急エージェンシー，2000年）.
- Kirca, A. H., S. Jayachandran and W. O. Bearden (2005) "Market Orientation: A Meta-Analytic Review and Assessment of Its Antecedents and Impact on Performance," *Journal of Marketing*, Vol.69, No.2, pp.24-41.
- Kohli, A. K. and B. J. Jaworski (1990) "Market Orientation: The Construct, Research Propositions, and Managerial Implications," *Journal of Marketing*, Vol.54, No.2, pp.1-18.
- ———, ——— and A. Kumar (1993) "MARKOR: A Measure of Market Orientation," *Journal of Marketing Research*, Vol.30, No.4, pp.467-477.
- Kotler, P. (2000) *Marketing Management: The Millennium ed. (10th ed.)*, Prentice-

Hall（恩蔵直人監修，月谷真紀訳『コトラーのマーケティング・マネジメント　ミレニアム版』ピアソン・エデュケーション，2001年）.
- ——— and W. Pfoertsch (2006) *B2B Brand Management*, Springer-Verlag（杉光一成・川上智子訳『コトラーのB2Bブランド・マネジメント』白桃書房，2020年）.
- ——— and ——— (2010) *Ingredient Branding: Making the Invisible Visible*, Springer-Verlag（杉光一成訳『コトラーのイノベーション・ブランド戦略』白桃書房，2014年）.
- Lamons, B. (2005) *The Case for B2B Branding*, South-Western Pub.
- Levin, A. M., J. C. Davis and I. Levin (1996) "Theoretical and Empirical Linkages between Consumers' Responses to Different Branding Strategies," *Advances in Consumer Research*, Vol.23, No.1, pp.296-300.
- Lichtenthal, J. D. and S. Eliaz (2003) "Internet Integration in Business Marketing Tactics," *Industrial Marketing Management*, Vol.32, No.1, pp.3-13.
- Luthje, C. H. and E. V. Hippel (2005) "User-Innovation and "Local" Information: The Case of Mountain Biking," *Research Policy*, Vol.34, No.6, pp.951-965.
- Maidique, M. A. and B. J. Zirger (1984) "A Study of Success and Failure in Product Innovation: The Case of the U. S. Electronics Industry," *IEEE Transactions on Engineering Management*, Vol.EM-31, No.4, pp.192-203.
- McCarthy, M. S. and D. G. Norris (1999) "Improving Competitive Position Using Branded Ingredients," *Journal of Product and Brand Management*, Vol.8, No.4, pp.267-285.
- McQuiston, D. H. (1989) "Novelty, Complexity, and Importance as Casual Determinants of Industrial Buyer Behavior," *Journal of Marketing*, Vol.53, No.2, pp.66-79.
- ——— and R. G. Watters. (1989) "An Examination of the Evaluative Criteria of Industrial Buyers: Implications for Sales Training," *Journal of Business and Industrial Marketing*, Vol.4, No.2, pp.65-75.
- Michaelidou, N., N. T. Siamagka and G. Christodoulides (2011) "Usage, Barriers and Measurement of Social Media Marketing: An Exploratory Investigation of Small and Medium B2B Brands," *Industrial Marketing Management*, Vol.40, No.7, pp.1153-1159.
- Mishra, S., D. Kim and D. H. Lee (1996) "Factors Affecting New Product Success: Cross-Country Comparisons," *Journal of Product Innovation Management*, Vol.13, No.6, pp.530-550.
- Mojir, N. and K. Sudhir (2022) "A Structural Model of Organizational Buying for Business-to-Business Markets: Innovation Adoption with Share-of-Wallet Contracts," *Journal of Marketing Research*, Vol.59, No.5, pp.883-907.
- Monteleone, J. P. (1976) "How R&D and Marketing Can Work Together,"

Research Management, Vol.19, No.2, pp.19-21.

■ Morgan, R. M. and S. D.Hunt (1994) “The Commitment-Trust Theory of Relationship Marketing,” *Journal of Marketing*, Vol.58, pp.20-38.

■ Mudambi, S. (2002) “Branding Importance in Business-to-Business Markets: Three Buyer Clusters,” *Industrial Marketing Management*, Vol.31, No.6, pp.525-533.

■ Mullins, R. and R. Agnihotri (2022) “Digital Selling: Organizational and Managerial Influences for Frontline Readiness and Effectiveness,” *Journal of the Academy of Marketing Science*, Vol.50, No.4, pp.800-821.

■ Munoz, T. and S. Kumar (2004) “Brand Metrics: Gauging and Linking Brands with Business Performance,” *Journal of Brand Management*, Vol.11, No.5, pp.381-387.

■ Narver, J. C. and S. F. Slater (1990) “The Effect of a Market Orientation on Business Profitability,” *Journal of Marketing*, Vol.54, No.4, pp.20-35.

■ Nelson, R. R. and S. G. Winter (1982) *An Evolutionary Theory of Economic Change*, Harvard University Press.

■ Niedermeier, K. E., E. Wang and X. Zhang (2016) “The Use of Social Media B2B in China,” *Journal of Research in Interactive Marketing*, Vol.10, No.1, pp.33-49.

■ Nonaka, I. and H. Takeuchi (1995) *The Knowledge-Creating Company: How Japanese Companies Create the Dynamics of Innovation*, Oxford University Press (梅本勝博訳『知識創造企業』東洋経済新報社，1996年).

■ Park, C. W., S. Y. Jun and A. D. Shocker (1996) “Composite Branding Alliances: An Investigation of Extension and Feedback Effects,” *Journal of Marketing Research*, Vol.33, No.4, pp.453-466.

■ Parry, M. E. and X. M. Song (1994) “Identifying New Product Successes in China,” *Journal of Product Innovation Management*, Vol.11, No.1, pp.15-30.

■ Petty, R. E. and J. T. Cacioppo (1986) *Communication and Persuasion: Central and Peripheral Routes to Attitude Change*, Springer-Verlag.

■ Polanyi, M. (1959) *Personal Knowledge: Towards a Post-Critical Philosophy*, University of Chicago Press.

■ Reichheld, F. F. and W. E. Jr. Sasser (1990) “Zero Defections: Quality Comes to Services,”*Harvard Business Review*, Vol.68, No.5, pp.105-111 (熊谷鉱司訳「サービス産業のZD運動――顧客維持率の向上で高収益を目指す」『DIAMONDハーバード・ビジネス・レビュー』1991年12・1月号，pp.83-90).

■ Robinson, P. J., C. W. Faris and Y. Wind (1967) *Industrial Buying and Creative Marketing*, Allyn& Bacon.

■ Rogers, E. M. (1982) *Diffusion of Innovations: Third Edition*, The Free Press (青池慎一・宇野善康監訳『イノベーション普及学』産能大学出版部，1990年).

■ Rosenberg, N. (1983) *Inside the Black Box: Technology and Economics*, Cambridge University Press.

- Rubenstein, A. H., A. K. Chakrabarti, R. D. O'Keefe, W. E. Souder and H. C. Young (1976) "Factors Influencing Innovation Success at the Project Level," *Reseach Management*, Vol.19, No.3, pp.15-20.
- Sasser, W. E. Jr., J. L. Heskett, L. A. Schlesinger, G. W. Loveman and T. O. Jones (1994) "Putting the Service-Profit Chain to Work," *Harvard Business Review*, Mar.-Apr., pp.164-174（小野讓司訳「サービス・プロフィット・チェーンの実践法――顧客満足と社員満足が生む高収益体質」『DIAMONDハーバード・ビジネス・レビュー』1994年6・7月号，pp.4-15）.
- Sasser, W. E. Jr. and T. O. Jones (1995) "Why Satisfied Customers Defect," *Harvard Business Review*, Nov.-Dec., pp.88-99（熊谷鉱司訳「ロイヤルティの収益化を図る」『DIAMONDハーバード・ビジネス・レビュー』1996年2・3月号，pp.82-93）.
- Siamagka, N. T., G. Christodoulides, N. Michaelidou and A. Valvi. (2015) "Determinants of Social Media Adoption by B2B Organizations," *Industrial Marketing Management*, Vol.51, pp.89-99.
- Slater, S. F. and J. C. Narver (2000) "The Positive Effect of a Market Orientation on Business Profitability: A Balanced Replication," *Journal of Business Research*, Vol.48, No.1, pp.69-73.
- Souder, W. E. (1980) "Promoting an effective R&D/Marketing Interface," *R&D Management*, Vol.23, No.4, pp.10-15.
- ――― (1981) "Disharmony between R&D and Marketing," *Industrial Marketing Management*, Vol.10, No.1, pp.67-73.
- ――― (1988) "Managing Relations between R&D and Marketing in New Product Development Projects," *Journal of Product Innovation Management*, Vol.5, No.1, pp.6-19.
- ――― and A. K. Chakrabarti (1978) "The R&D/Marketing Interface: Results from an Empirical Study of Innovation Projects," *IEEE Transactions on Engineering Management*, Vol.25, No.4, pp.88-93.
- Steinhoff, L., D. Arli, S. Weaven and I. V. Kozlenkova (2019) "Online Relationship Marketing,"*Journal of the Academy of Marketing Science*, Vol.47, No.3, pp.369-393.
- Szulanski, G. (1996) "Exploring Internal Stickiness: Impediments to the Transfer of Best Practice Within the Firm," *Strategic Management Journal*, Vol. 17, No.52, pp.27-43.
- Teece, D. J. (1977) "Technology Transfer by Multinational Firms: The Resource Cost of Transferring Technological Know-How," *Economic Journal*, Vol.87, No.346, June: pp.242-261.
- Turban, E., J. Lee, D. King and H. M. Chung (1999) *Electronic Commerce*, Prentice-Hall（阿保栄司ほか訳『e-コマース――電子商取引のすべて』ピアソン・エ

デュケーション，2000年）.

- Ulrich, K. T. and S. D. Eppinger (1995) *Product Design and Development*, McGraw-Hill.
- Ulwick, A. W. (2002) "Turn Customer Input into Innovation," *Harvard Business Review*, Vol.80, No.1, pp.91-97.
- Vaidyanathan, R. and P. Aggarwal (2000) "Strategic Brand Alliances: Implications of Ingredient Branding for National and Private Label Brands," *Journal of Product and Brand Management*, Vol.9, No.4, pp.214-228.
- Venkatesh, R. and V. Mahajan (1997) "Products with Branded Components: An Approach for Premium Pricing and Partner Selection," *Marketing Science*, Vol.16, No.2, pp.146-165.
- Wang, W. Y. C., D. J. Pauleen and T. Zhang (2016) "How Social Media Applications Affect B2B Communication and Improve Business Performance in SMEs," *Industrial Marketing Management*, Vol.54, pp.4-14.
- Webster, F. E. Jr. (1984) *Industrial Marketing Strategy*, Wiley.
- ——— and Y. Wind (1972) "A General Model for Understanding Organizational Buying Behavior," *Journal of Marketing*, Vol.36, No.2, pp.12-19.
- Weinrauch, J. D. and R. Anderson (1982) "Conflicts between Engineering and Marketing Units," *Industrial Marketing Management*, Vol.11, No.4, pp.291-301.
- Yoneyama, S., I. Oh and H-R. Kim (2004) "Knowledge Integration Capabilities of Japanese Companies: Reconstructing Intra-Firm Networks for Technology Commercialisation," *International Journal of Information Technology and Management*, Vol.3, No.1, pp.59-71.
- Zander, U. and B. Kogut (1995) "Knowledge and the Speed of the Transfer and Imitation of Organizational Capabilities: An Empirical Test," *Organization Science*, Jan.-Feb., Vol.6, No.1, pp.76-92.

索引

A～Z

ア行

カ行

■ サ行

タ行

ナ行

ハ行

マ行

ヤ行

ラ行

ワ行

【著者紹介】
余田拓郎（よだ　たくろう）
慶應義塾大学大学院経営管理研究科教授。博士（経営学）。
1960年広島県生まれ。東京大学工学部卒業、慶應義塾大学大学院経営管理研究科博士課程修了。住友電気工業、名古屋市立大学経済学部助教授などを経て、2007年より現職。19～21年慶應義塾大学大学院経営管理研究科委員長兼ビジネス・スクール校長。11～13年商品開発・管理学会会長。専門は、マーケティング戦略、BtoBマーケティング。主な著書に『カスタマー・リレーションの戦略論理』（白桃書房）、『BtoB事業のための成分ブランディング』（中央経済社）、『ゼミナール　マーケティング入門（第2版）』（共著）、『B2Bブランディング』（共編著）（ともに日本経済新聞出版社）、『実践BtoBマーケティング』（共編著、東洋経済新報社）などがある。

新版　BtoBマーケティング
DX時代の成長シナリオ

2023 年 7 月 18 日発行

著　者――余田拓郎
発行者――田北浩章
発行所――東洋経済新報社
〒103-8345　東京都中央区日本橋本石町 1-2-1
電話＝東洋経済コールセンター　03(6386)1040
https://toyokeizai.net/

装　丁……………………竹内雄二
本文デザイン・DTP……米谷　豪(orange_noiz)
印刷・製本………………丸井工文社
編集担当…………………川村浩毅／佐藤　敬

ISBN 978-4-492-55826-3